위기관리 리더십

국가안전보장회의(NSC) 운영국가 사례연구

윤태영

도서출판 진영사

위기관리 리더십 : 국가안전보장회의(NSC) 운영국가 사례연구

윤태영

2019년 05월 25일 초판 인쇄
2019년 05월 28일 초판 발행

발행인 박 진 영
발행처 도서출판 진영사
인천광역시 부평구 주부토로236 인천테크노밸리 U1 지식산업센터 B동 1507호
전화 : 032)505-4207
팩스 : 032)505-4206
E-mail : 0183734207@hanmail.net
등록 : 122-91-77317

ISBN 978-89-6541-437-7 93350

값 17,000원

이 저서는 2014년 정부(교육부)의 재원으로 한국연구재단의 지원을 받아 수행된 연구임 (NRF-2014S1A6A4025774)

책을 펴내며

국제사회에서 발생하는 위기는 안보환경의 변화에 따라 시대적인 특징을 반영하고 있으며 다양하고 복합적이다. 냉전기 국가들의 안보목표는 전통적 안보위협에 대비하고, 군사위기가 발생할 경우 위기관리를 통해 위기확대와 전쟁을 억제하고, 침해된 국가이익을 보호·증진하는 것이었다. 그러나 탈냉전기에 접어들어 지리전략적(geostrategic) 경쟁구도 변화, 군사위협과 분쟁요인 변화, 핵·미사일을 포함하는 대량살상무기(WMD) 확산 등으로 안보환경이 변화하였다. 또한 글로벌화 추세 속에서 국제테러리즘, 조직범죄, 마약밀매, 대량난민문제, 해적행위 등 다양한 초국가적 위협(transnational threats) 또는 비전통적 위협(nontraditional threats)이 등장하였다. 한편 2001년 9/11 테러사건 이후 국제사회는 테러조직과 같은 비국가행위자(non-state actor)의 화생방·핵·폭발물(CBRNE: Chemical, Biological, Radiological, Nuclear and Explosives) 무기, 테러리즘, 사이버 공격 등 비대칭적 수단과 능력에 기반을 둔 재앙적이고 파괴적인 비대칭적 위협(asymmetric threats)에 직면하게 되었다.

이렇게 냉전기를 거쳐 탈냉전기와 9/11 테러사건 이후 제기되는 초국가적·비전통적이고 비대칭적인 새로운 안보위협과 분쟁양상은 위기관리 분야에도 상당한 영향을 미치고 있다. 최근의 위기관리 연구는 전통적인 군사위기에 대처하는 위기관리뿐만 아니라, 포괄적 안보개념 하에 비군사적 영역과 비국가행위자로부터 야기되는 초국가적·비전통적·비대칭적 위협에 대한 위기관리에도 중점을 두고 있다.

필자는 영국 유학시절부터 안보 위기관리 이론과 실제에 관심을 갖고 오랜 기간 동안 연구해오고 있다. 한국전쟁 이후 수많은 위기가 발생하고 있는 한반도에서 상호경쟁과 위험공유라는 상충된 상황이 동시에 존재하는 위기상황에서, 어떻게 하면 국가이익을 보호·증진하고 위기확대를 억제해야하는지에 대한 학문적이고 정책적인 관심을 갖게 되었다. 이러한 문제의식 속에서 위기관리 이론을 기반으로 하여, 한국의 위기관리 체계 및 대북한 위기관리 행태와 전략에 대한 연구를 시작으로 주요국가의 위기관리 체계와 전략으로 연구범위를 넓혀나갔다.

최근 들어 위기관리 리더십에 관심을 갖고 있던 중에, 2014년 한국연구재단 저술출판지원사업에 선정되면서 이 책을 집필하게 되었다. 이 책에서는 포괄적 안보적 측면에서 위기관리 이론 전반을 정리하고, 이론을 냉전기부터 2001년 9/11 테러 이후까지 발생한 주요국가와 한국의 다양한 위기사례에 적용하여 분석하였다. 특히 위기관리 이론 중에서 위기 인식, 위기 정책결정, 위기관리 체계, 위기통제·강압흥정, 정보의 역할, 위기 커뮤니케이션 등 전반을 포괄할 수 있는 위기관리 리더십 이론을 분석틀로 삼아 사례연구에 적용하였다.

성공적인 위기관리를 위해서는 침해된 국익의 보호·증진과 위기고조로 인한 갈등이나 전면전의 위험을 해소하기 위해 위기 인식, 위기 정책결정과 조정, 위기 커뮤니케이션 활동을 포괄하는 위기관리 리더십 임무의 수행이 핵심적 과제이다. 또한 위기관리 리더십 임무수행을 지원하기 위해서는 위기관리 체계 또는 위기 정책결정 네트워크의 구축·운영이 뒷받침되어야 한다. 이러한 문제의식을 반영하여 이 책의 집필

목적은 포괄적 안보측면에서 위기관리 리더십 임무수행과 위기관리 체계의 연계성(nexus)에 중점을 두고, 국가안전보장회의(NSC: National Security Council)를 운영하고 있는 미국 · 영국 · 이스라엘 · 한국이 직면했던 위기사례를 통해 4개국의 위기관리 리더십을 연구하여 학문적 · 정책적 함의와 교훈을 찾고자 노력하였다.

국내에서는 위기관리 체계를 포함하는 위기관리 리더십에 대한 포괄적 연구가 미흡한 실정이다. 아무쪼록 이 책에서 분석되고 제시되는 NSC 운영실태, 위기 정책결정과정, 위기관리 리더십 행태 등이 연구자들과 실무자들에게 시사점을 제공할 수 있기를 희망한다.

필자는 위기관리 리더십 이론과 사례에 대한 주요 저서, 학술논문, 정부문서, 언론보도 등 방대한 자료를 최대한 검토하여 분석하고자 노력하였다. 이 책의 일부 내용은 필자가 기존에 작성한 논문들을 수정 · 보완하였으나 대부분의 내용은 새롭게 집필하였다. 위기관리 리더십 이론의 광범위한 영역을 검토하고, 미국 · 영국 · 이스라엘 · 한국의 위기관리 체계와 다수의 사례를 분석하고 이론을 적용 · 평가하는 연구는 예상보다 훨씬 어려운 일이었다. 이 책의 부족한 부분은 향후 추가적인 연구를 통해 보완하고자 한다.

이 자리를 빌려 이 책을 집필하고 출판할 수 있는 기회를 제공해준 한국연구재단에 감사드린다. 또한 바쁜 삶 속에서 늘 힘이 되어주는 가족에게 고마운 마음을 전한다.

2019년 4월

윤태영

목 차

2부 위기관리 체계 : 미국 · 영국 · 이스라엘 · 한국의 국가안전보장회의(NSC)

4부 위기관리 체계와 위기관리 리더십 평가

서　론

Ⅰ. 위기관리 리더십 연구의 중요성

국제안보 분야에서 위기관리에 관한 이론과 사례에 대한 연구는 1962년 10월 쿠바 미사일 위기 당시 미국과 소련사이의 경험에 근거하여 발전하기 시작했다. 맥나마라(Robert McNamara) 국방부장관은 쿠바 미사일 위기가 종결된 이후 의회 청문회에서 "오늘날에는 더 이상 전략과 같은 것은 없다. 오직 위기관리만 있다"라는 시사하는 바가 많은 말을 남겼다.[1] 조지(Alexander L. George)는 위기가 발생할 경우 양자는 국익보호와 원치 않는 사태의 확대를 촉발하는 수단의 회피라는 상충된 두 가지 목표사이의 갈등으로 딜레마에 직면하는데, 이러한 딜레마는 위기관리 정책결정자들이 반드시 해결해야하는 도전적 과제라고 설명하고 있다.[2]

국제사회는 냉전기의 전통적 안보위기와 탈냉전기 초국가적 위협(transnational threats) 또는 비전통적 위협(nontraditional threats)에 직면하였다. 2001년 9/11 테러 이후 폭력적 극단주의로 무장한 초국경적이고 비대칭적인 테러위협과 글로벌 차원에서 정치 · 경제 · 군사적 힘의 분산, 대량살상무기(WMD) 확산, 비국가행위자(non-state actors)의 영향력 증대

---

1) Phil Williams, "Crisis Management," in John Baylis, Ken Booth, John Garnett, and Phil Williams, *Contemporary Strategy I: Theories and Concepts* (London: Croom Helm, 1987), p. 233; Alexander L. George (ed.), *Avoiding War: Problems of Crisis Management* (Boulder: Westview Press, 1991), pp. 23, 377.

2) Alexander L. George, "A Provisional Theory of Crisis Management," in Alexander L. George (ed.), *Avoiding War: Problems of Crisis Management* (Boulder: Westview Press, 1991), p. 23.

등으로 유발되는 포괄적이고 복합적인 하이브리드 위협(hybrid threats)에 직면해 있다. 주요국가들은 이러한 새로운 안보위협뿐만 아니라 그들 국가의 지리전략적(geostrategic) 안보환경에 따른 고유하고 특정한 안보위협에도 대응해야하는 과제를 안고 있다.

이러한 위협으로 인해 발생되는 위기상황은 국가안보에 대한 위협, 긴급성, 불확실성을 내포하고 있다. 위기에 직면한 국가들은 침해된 국가이익을 보호·증진하고 위기고조로 인한 위험을 해소하기 위해 위기관리 임무를 수행해야한다. 적대적 국가 또는 세력과의 상호경쟁 및 공유하고 있는 위험이 혼재하는 위기상황에서 국가지도자의 위기관리 리더십은 시험대에 오르고, 그 진가가 드러난다. 위기관리 리더십의 성공과 실패는 국가이익 수호 및 정권의 정통성과 신뢰성에 영향을 미치는 중요한 변수이다.

위기관리 리더십은 위기 인식, 위기 정책결정의 조정·통합, 위기 대응책 집행, 위기 커뮤니케이션 등 위기관리 전반을 총괄하는 전략적 임무이다. 성공적인 위기관리 리더십이 발휘되기 위해서는 최고정책결정자와 위기관리 조직의 위기 인식, 위기 정책결정과 조정, 위기 커뮤니케이션 활동 등 3가지 임무의 수행이 중요하다.[3] 이러한 위기관리 리더십 임무는 국가의 안보환경과 외교·안보 정책결정 과정의 역학(dynamics)과 특징에 부합되고, 제도적으로 안정된 위기관리 체계가 뒷받침되어 수행될 때 효과적이다.

결국 성공적인 위기관리 리더십이 발휘되기 위해서는 국가안전보장회

3) Arjen Boin, Paul 't Hart, Eric Stern, and Bengt Sundelius, *The Politics of Crisis Management: Public Leadership under Stress* (2nd Edition) (Cambridge: Cambridge University Press, 2017), pp. 12, 15.

의(NSC: National Security Council)와 같은 법과 제도에 기반을 둔 위기관리 체계 하에서, 정치 · 외교 · 군사 · 정보 등의 요소를 통합적으로 고려한 위기 인식, 위기 정보분석, 정책결정과 조정, 정치 · 외교 · 군사적 대응책이 실행되어야한다. 침해된 국익의 보호와 위기확대 방지를 통해 국가이익에 유리한 방향으로 위기상황을 해소해야하는 위기 정책결정과 정과 지도자의 위기관리 리더십에 문제가 있으면 위기관리는 실패할 가능성이 높다. 따라서 국가 최고지도자와 정책결정자들은 위기상황을 정확하게 파악하고 이에 적합한 대응책을 결정 · 조정 · 집행하고, 위기상황의 전개와 대응과정을 국민들과 공유하고 소통해야하는 위기관리 리더십의 임무를 수행해야한다.

한국 학계에서는 안보 위기관리 연구의 중요성을 인식하고, 주로 한국의 위기관리 체계와 전략 분야에 대한 연구를 진행하고 있다. 특히 한국 언론과 학계에서는 통합적인 위기관리 커맨드 센터(command center)의 부재를 위기관리의 실패요인으로 지목하고 이에 대한 많은 비판을 제기하였다. 이러한 비판은 한국 역대정부의 NSC를 비교하여 개선책을 찾거나, 미국의 위기관리 체계인 NSC를 단순히 벤치마킹하자는 의견에 머물러있다. 또한 미국이외 주요국가의 선진적 위기관리 체계에 대한 심층적인 연구가 뒷받침되지 못하고 있다. 아울러 특정한 시기의 개별적 위기관리 사례연구가 주로 이루어졌고, 냉전기와 탈냉전기를 거쳐 2001년 9/11 테러 이후까지 다양하고 새로운 위협의 변화양상 속에서 발생한 주요국가와 한국의 위기사례에 대한 연구가 미흡한 상황이다. 미국, 영국, 이스라엘 등 주요국가의 위기관리 리더십에 대한 연구는 전무한 실정이다.

해외 학계의 위기관리에 대한 연구는 주로 서방세계의 사례를 중심으로 한 위기관리 이론 적용, 위기 정책결정, 위기관리 전략의 분석 · 개발에 중점을 두고 있다. 위기관리 체계와 관련해서는 미국과 영국 등 주요국가의 NSC 조직과 운영 메커니즘에 대한 연구가 대부분이다. 특히 이스라엘에 대한 위기관리 체계와 리더십에 대한 연구는 상대적으로 미흡한 편이다. 위기관리 리더십에 대해서는 외교 · 안보 · 재난적 측면에서 위기 정책결정에 중점을 두고 연구가 진행되고 있으나 활성화되지는 않고 있다.

이러한 배경에서 본 연구는 성공적인 위기관리 리더십은 위기 인식, 위기 정책결정과 조정, 위기 커뮤니케이션 임무를 통해 달성되고, 이러한 임무는 NSC와 같은 위기관리 체계 하에서 대응책이 논의되고 결정 · 조정과정을 거쳐 집행되어야한다는 전제를 설정한다. 위기관리 리더십과 위기관리 체계의 연계성(nexus)에 주목하고, 위기관리 리더십을 고찰하고 평가하기 위해서 지도자 또는 최고정책결정자의 개인적 성향보다는 위기관리 체계를 기반으로 수행되는 임무와 최고정책결정자의 역할과 책임에 중점을 둔다.

이러한 문제의식 속에서 위기관리 리더십 이론을 검토하고, NSC를 운영하고 있는 미국 · 영국 · 이스라엘 · 한국의 NSC를 중심으로 한 위기관리 체계를 분석하고, 이들 4개국의 위기관리 리더십 행태를 4개국이 직면한 위기사례를 통해 고찰한다. 이를 기반으로 NSC의 구축 · 운영 발전방향, 위기관리 리더십 평가 및 성공적인 위기관리 리더십의 요건과 발전방향을 도출해서 이론적 · 정책적 시사점과 교훈을 제시하고자 한다.

Ⅱ. 연구 방법

1. 사례선정의 배경

이 책에서 미국, 영국, 이스라엘, 한국의 NSC와 위기사례를 선정한 이유는 다음과 같다. 첫째, 국가 선정의 배경은 미국·영국·이스라엘·한국은 모두 NSC를 설립하고 운영하고 있는 국가이기 때문이다. 미국은 1947년 NSC를 전 세계 국가 중에서 최초로 설립한 이후 현재까지 모든 안보위기 발생시 NSC 회의체를 통해 위기 정책결정과 위기관리를 수행하였다. 영국은 1972년 위기관리 조직으로 내각사무처 브리핑룸(COBR 또는 COBRA: Cabinet Office Briefing Room A) 회의체를 설립하고 주요 위기사건에 대응하였으나, 태스크 포스(task force) 성격의 위기관리 체계를 개선하기 위해 2010년 NSC를 신설하였다. 이스라엘은 1999년 이전까지 총리실과 안보각료회의 등을 중심으로 위기관리를 담당하였으나, 1999년에 NSC를 신설하였다. 한국은 1963년 NSC를 설립하고 현재까지 운영하고 있다.

둘째, NSC를 공통적으로 운영하고 있는 미국·영국·이스라엘·한국의 위기관리 리더십 행태를 분석하기 위해 4개국의 외교·안보관련 위기사례 8가지를 선택하였다. 미국의 위기사례는 1947년 NSC 설립 이후 케네디 행정부 당시 쿠바 미사일 위기(1962)와 부시 행정부 당시 9/11 테러(2001)이다. 쿠바 미사일 위기는 위기관리 이론을 발전시키게 된 계기가 되었던 성공사례로 많은 연구가 되어있으나, 위기관리 리더십 이론으로 분석한 연구는 그리 많지 않다. 9/11 테러는 대테러리즘 위기관리 측면에서 매우 중요한 사례로 연구가 진행되고 있는 상황이나 위기관리 리더십 측면에서는 연구를 심화시킬 점이 많다. 영국의 위기사례는 NSC가 설립되기 이전 블레어 정부 당시 7/7 런던 폭탄테러(2005)와 2010년 NSC 설립 이후 캐머런 정부 당시 리비아 위기(2011)로, 이를 비교하여 위기관리 리더십에 대한 시사점을 도출하는데 적합한 사례이다. 이스라엘의 위기사례는 NSC 설립 이전 라빈 정부 당시 엔테베 인질위기(1976)와 1999년 NSC 설립 이후 네타냐후 정부 하에서 가자지구 구호선단 무력저지(2010)이다. 엔테베 인질위기는 대표적인 인질구출 작전 성공사례로 많은 연구가 되어있으나, 위기관리 리더십 측면에서는 연구가 미흡하다. 가자지구 구호선단 무력저지는 비군사적 우발사태 관련사례로 연구가 미비하다. 한국의 위기사례는 1963년 NSC 설립 이후 김대중 정부 당시 제1연평해전(1999)과 이명박 정부 당시 연평도 포격도발(2010)이고, 국지적 도발에 해당되는 사례이다.

이러한 사례선정의 배경 하에 NSC를 설립·운영하고 있는 국가들의 냉전기, 탈냉전기, 9/11 테러 이후 안보환경 속에서 발생한 군사적 위협, 테러리즘, 국지적 도발, 비군사적 우발사태, 인도주의적 위기와 관련된 사례를 포괄적으로 연구한다. 이를 통해 선진적이고 효과적인 안보 위기관리 체계를 구축하고 있는 미국·영국의 NSC와 위기관리 리더십을 분석하고, 한국과 유사한 안보환경에 처해있는 이스라엘의 NSC와 위기관리 리더십을 탐구한다.

〈표 0-1〉 위기관리 사례 선정의 배경

구분		행정부	위기관리 체계/NSC	사례 성격
미국	쿠바 미사일 위기 (1962)	케네디 행정부	NSC 집행위원회 (ExCom)	군사적 위협
	9/11 테러 (2001)	부시 행정부	NSC 전쟁이사회 (War Council)	테러리즘
영국	7/7 런던 폭탄테러 (2005)	블레어 정부	내각사무처 브리핑룸(COBR) 회의	테러리즘
	리비아 위기 (2011)	캐머런 정부	NSC 리비아위원회 (NSC-L)	인도주의적 위기
이스라엘	엔테베 인질위기 (1976)	라빈 정부	관계장관 특별태스크포스	테러리즘
	가자 구호선단 무력저지 (2010)	네타냐후 정부	내각 비공식 고위급회의(Septet)	비군사적 우발사태
한국	제1연평해전 (1999)	김대중 정부	NSC 상임위원회	군사적 국지도발
	연평도 포격 (2010)	이명박 정부	청와대 수석비서관회의, 외교안보장관회의	군사적 국지도발

2. 국가안전보장회의(NSC) 연구의 배경

성공적인 위기관리 리더십이 발휘되기 위해서는 효과적인 위기관리 체계의 구축과 운영이 선행되어야한다. 위기관리 체계를 구축·운영하는 목적은 우발사태와 위기상황에 신속하게 대처하기 위한 위기대응 절차를 준비하고, 적대 국가·세력으로부터의 위협을 최소화하는 동시에 분쟁의 확대나 전쟁으로 치닫지 않으면서 자국의 이익을 보호·증진하기 위한 대응책을 결정·집행하기 위함에 있다. 안보 정책결정과 위기관리 업무수행을 위한 핵심적인 법·제도적 조직은 NSC이다. 미국, 영국, 이스라엘, 한국 이외에, 최근 들어 범국가적 차원에서 포괄안보의 중요성이 강조되면서 NSC 체제를 가장 먼저 도입한 미국과 유사한 체제를 운영하거나 도입하는 국가들(러시아, 브라질, 터키, 일본 등)이 증가하고 있다.[4)]

이 책에서는 위기관리 리더십과 위기관리 체계와의 연계성에 주목하여 미국·영국·이스라엘·한국의 위기관리 체계로서 NSC 조직의 변천과정과 운영 매커니즘을 분석한다. 특히 위기 정책결정 영역에서 위기관리 체계를 분석하기 위해 위기 정책결정 조직 또는 NSC를 중심으로 한 위기 정책조정 메커니즘과 위기 대응책 집행과정을 검토한다.

미국은 1947년 7월 NSC를 설립한 이후 현재까지 NSC가 대통령을 보좌하여 수많은 위기시 위기관리를 담당하고 있다. 미국 NSC는 행정부에 따라 조직과 운영방식에 다소 차이가 있었으나 안정되고 효과적인 체계를 유지하면서 위기사례에 따라 성공과 실패의 명암이 있으나 비교적

4) 윤태영, "미국과 한국의 국가안전보장회의(NSC) 체제 조직과 운영: 위기관리 시각에서 분석," 『평화학연구』 제11권 3호 (2010), p. 203.

성공적으로 위기관리 임무를 수행하고 있다. 영국은 1972년 위기 대응기구로 임시 조직적 성격이 강한 내각사무처 브리핑룸(COBR 또는 COBRA) 회의체를 설립하고 주요 위기사건에 대응하였다. 이러한 임시적인 태스크 포스(task force) 성격의 위기대응 체계를 보완하기 위해 2010년 5월 캐머런 정부는 미국과 유사한 NSC를 신설하고 국가안보보좌관을 임명하였고, 위기상황시 NSC를 중심으로 위기관리를 수행하고 있다.

이스라엘은 1999년 NSC가 설립되기 이전 총리실, 안보각료회의, 국방조직 및 이스라엘의 정보공동체를 중심으로 위기관리를 담당하였다. 그러나 네타냐후 정부 당시인 1999년 3월에 NSC와 국가안보보좌관을 신설하고, 외교 · 안보정책 수립 · 집행과 위기상황에 대응하는 체계를 구축하였다. 그러나 이스라엘은 이후 위기사건 당시 NSC를 적극적으로 활용하지 않았고, 총리와 내각의 비공식 고위급회의(Septet) 등에서 위기 정책결정이 이루어졌다.

한국의 경우 1963년에 NSC를 설립하고 현재까지 유지하고 있으나, 한반도 위기시 대통령의 리더십 특성에 따라 조직의 축소와 확대가 거듭되고 운영방식도 차이가 있었다. 박정희 정부 당시에는 NSC의 기능과 역할이 비교적 활성화되었으나, 전두환 대통령 이후에는 NSC가 축소되고 외교안보관계장관회의와 같은 비공식적 회의체가 운영되었다. 김대중 · 노무현 정부 들어 NSC의 조직이 재정비되고 운영이 활성화되었으나, 이명박 정부에는 NSC 조직이 대폭 축소되고 비공식적인 외교안보장관회의가 위기관리를 주도하였다.

3. 사례연구 방법과 분석틀

미국 · 영국 · 이스라엘 · 한국의 8가지 위기사례를 분석하여 4개국의 위기관리 리더십 행태를 고찰하기 위해 사례연구 방법을 수행한다. 사례분석을 수행하기 위한 연구방법으로 사례선정, 연구 분석틀 도출, 문헌분석 및 이론 적용 · 평가를 진행한다. 조지(Alexander George)의 '구조화(structured)되고 집중적인(focused) 비교방법(comparison approach)'을 채택하여, 이론에 근거한 분석틀(framework of analysis)을 설정하고 다중사례 연구를 수행하여 그 결과를 기반으로 이론적 · 정책적 평가를 진행한다.[5)]

이를 위해 보인(Arjen Boin)과 하트(Paul 't Hart) 등의 위기관리 리더십의 개념 정의, 임무, 이론에 근거하여, 국제정치와 안보 분야에서 논의되고 있는 위기관리 이론 등을 활용하여 분석한다. 이 책에서는 위기관리 리더십을 분석하기 위해 지도자의 지능, 근성, 카리스마 등 개인적 성향 또는 특성보다는, 국가의 위기관리 체계를 통해 수행되는 임무와 지도자의 역할과 책임에 초점을 두고 고찰한다. 위기사례의 분석틀로는 보인과 하트 등이 제시한 ① 위기 인식(sense making), ② 위기 정책결정과 조정(decision making and coordination), ③ 위기 커뮤니케이션(meaning making) 임무를 선택하여 적용한다.[6)]

위기관리 리더십의 3가지 핵심임무인 위기 인식, 위기 정책결정과 조

---

5) Alexander L. George and Andrew Bennett, *Case Studies and Theory Development in the Social Sciences* (Cambridge: MIT Press, 2005). pp. 67-72 참고.

6) Boin et al. (2017), p. 15; Paul 't Hart, Karen Tindall, Christer Brown, "Crisis Leadership of the Bush Presidency: Advisory Capacity and Presidential Performance in the Acute Stages of the 9/11 and Katrina Crises," *Presidential Studies Quarterly*, Vol 39, No. 3 (September 2009), p. 474.

정, 위기 커뮤니케이션에 해당되는 분석단위를 제시하면 다음과 같다. 위기 인식을 평가하기 위한 분석단위는 위기징후 인지, 위기상황 파악, 위기영향 판단이다. 위기 정책결정과 조정을 평가하기 위한 분석단위는 위기 대응체계, 최고지도자 정책결정 역할, 위기 대응책 집행이다. 위기 커뮤니케이션을 평가하기 위한 분석단위는 프레임 설정, 국내정치적 의사소통, 적대 국가 · 세력에게 의도전달이다.

첫째, 특정한 위기에 대한 적합하고 능동적인 대처는 위기상황에 대한 신속하고 정확한 인식(sense making)에 달려있다. 이를 위해 사전에 위기징후를 인지할 수 있는 조기경보, 위기상황의 속성, 특징, 전개양상 파악 및 영향에 대한 판단이 신속하고 정확하게 수행되어야 한다.

둘째, 위기 발생시 NSC와 같은 사전에 구축된 위기관리 체계를 기반으로 정치 · 외교 · 군사적 요소를 고려한 전략적 대응방안을 찾기 위한 위기 정책결정과 조정(decision making and coordination)이 이루어져야한다. 적대 국가 · 세력으로부터 위협을 최소화하는 동시에 분쟁의 확대나 전쟁으로 전개되지 않으면서 자국의 이익을 극대화하기 위한 대응책을 모색하기 위한 정책결정이 요구된다. 최고정책결정자는 위기목표 설정, 외교 · 군사적 위기 대응방안 검토 · 평가 · 선택 과정에서 중심적 역할을 수행해야하고, 결정된 대응책 또한 효과적으로 집행되어야한다.

셋째, 위기관리 과정에서 국익에 유리한 환경조성과 위기해결을 위한 국가지도부의 위기 커뮤니케이션(mean making)이 전개되어야 한다. 위기관리 지도자는 당면한 위기의 특성을 바라보는 시각을 제시하고, 정치행위자, 미디어, 대중들과 소통하며 정부의 위기대응 방안과 집행과정을 전달해야한다. 또한 적대 국가 · 세력에게 당사국의 입장, 의도, 결의를 위기대화 채널을 통해 서로간의 오인식(misperception)이 없도록 명확하게 전달해야 한다.

〈표 0-2〉 위기관리 리더십 임무와 분석단위

구분		분석단위
위기관리 리더십	위기 인식	위기징후 인지
		위기상황 파악
		위기영향 판단
	위기 정책결정과 조정	위기 대응체계
		최고지도자 정책결정 역할
		위기 대응책 집행
	위기 커뮤니케이션	프레임 설정
		국내정치적 의사소통
		적대 국가·세력에 의도전달

* 출처: Arjen Boin, Paul 't Hart, Eric Stern, and Bengt Sundelius, *The Politics of Crisis Management: Public Leadership under Stress* (2nd Edition) (Cambridge: Cambridge University Press, 2017) 내용에서 임무와 분석단위 선택.

결론적으로 4개국의 8가지 위기사례에 위와 같은 연구방법과 위기관리 리더십 분석틀을 적용하여 나타난 NSC 운영방식의 결과를 비교·분석하여, 위기관리를 위한 NSC의 구축·운영 발전방향을 제시한다. 또한 국가별 사례에서 나타난 위기관리 리더십 행태를 위기 인식, 위기 정책결정과 조정, 위기 커뮤니케이션 임무 수행측면에서 평가한다. 이를 기반으로 위기관리 리더십을 총괄적으로 평가하고 성공적인 위기관리 리더십의 요건과 발전방향을 도출한다. 이상 제시한 위기관리 리더십 연구의 분석체계를 종합하여 도표화하면 다음과 같다.

〈그림 0-1〉 연구 분석체계

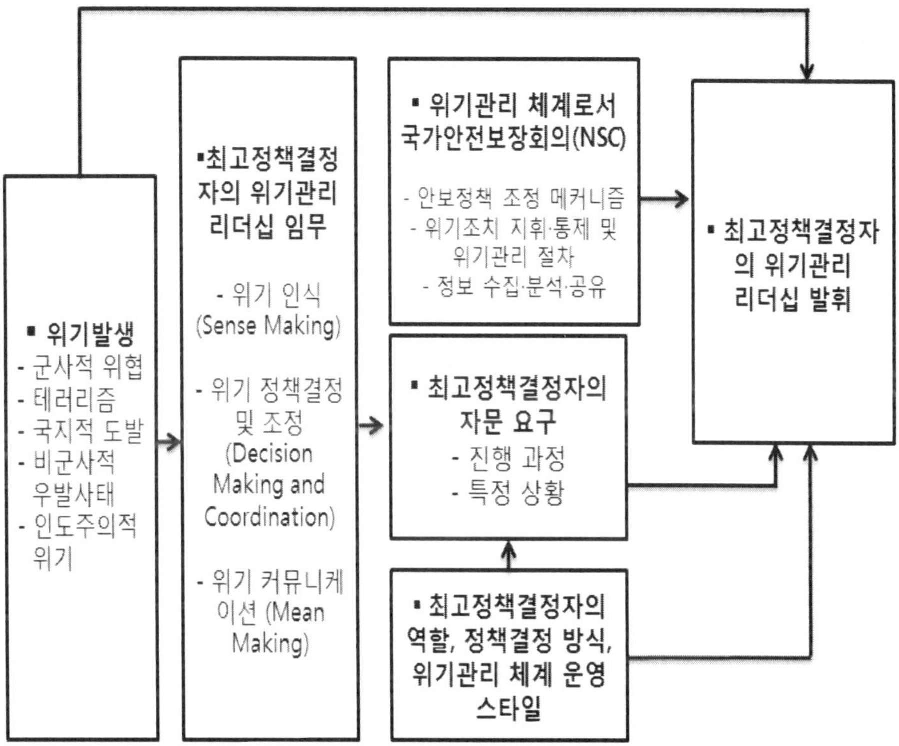

* 출처: Paul 't Hart, Karen Tindall, Christer Brown, "Crisis Leadership of the Bush Presidency: Advisory Capacity and Presidential Performance in the Acute Stages of the 9/11 and Katrina Crises," *Presidential Studies Quarterly*, Vol 39, No. 3 (September 2009), p. 477 그림 필자 수정.

Ⅲ. 책의 구성

이 책은 국가안보적 측면에서 위기관리 리더십을 고찰하기 위해 서론과 결론을 제외하고 총 4부 12장으로 구성되어 있다. 1부에서는 위기관리 리더십 이론 전반을 살펴본다. 1장에서는 국제정치와 안보 분야에서 위기관리 개념과 이론을 소개한다. 2장에서는 위기 인식, 위기 정책결정과 조정, 위기 커뮤니케이션을 포함하는 포괄적인 위기관리 리더십 개념과 이론을 검토한다.

2부에서는 미국, 영국, 이스라엘, 한국의 위기관리 체계를 NSC를 중심으로 분석한다. 3장은 미국 NSC가 1947년 창설된 이후 오바마 행정부까지 변천과정, 회의체 구성, 정책결정 메커니즘, NSC의 위기관리 역할 및 위기 커뮤니케이션 조직을 살펴본다. 4장은 영국의 내각사무처 브리핑룸(COBR 또는 COBRA) 회의체 조직과 정책결정 메커니즘, 2010년 NSC 창설 이후 조직과 정책결정 메커니즘 및 위기 커뮤니케이션 조직을 검토한다. 5장에서는 이스라엘은 총리실과 안보각료회의 정책결정 메커니즘, 1999년 창설된 NSC 조직과 정책결정 메커니즘 및 위기 커뮤니케이션 조직을 알아본다. 6장에서는 1963년 창설 이후 한국 NSC의 변천과정, 김대중 · 노무현 · 이명박 · 박근혜 · 문재인 정부의 NSC 조직과 정책결정 메커니즘 및 위기 커뮤니케이션 조직을 다룬다.

3부에서는 미국 · 영국 · 이스라엘 · 한국의 주요 위기사례를 위기사건 배경, 위기사건 개요, 위기관리 과정을 살펴보고, 위기관리 리더십 임무를 동일한 연구 분석틀을 적용하여 고찰한다. 7장 미국의 위기관리 사례에서는 쿠바 미사일 위기(1962)와 9/11 테러(2001), 8장 영국의 위기관리 사례에서는 7/7 런던 폭탄테러(2005)와 리비아 위기(2011), 9장 이스라엘의 위기관리 사례에서는 엔테베 인질위기(1976)와 가자지구 구호선단 무력저지(2010), 10장 한국의 위기관리 사례에서는 제1연평해전(1999)와 연평도 포격(2010)을 분석한다.

4부에서는 미국 · 영국 · 이스라엘 · 한국의 위기관리 체계와 위기관리 리더십을 평가한다. 11장에서는 4개국의 NSC를 조직운영체계 측면에서 비교 · 검토하고, NSC의 구축 · 운영 발전방향을 제시한다. 12장에서는 각국의 위기사례 당시 위기 인식, 위기 정책결정과 조정, 위기 커뮤니케이션을 포함하는 위기관리 리더십의 임무를 평가한다. 결론 부분에서는 성공적인 위기관리 리더십을 위한 요건과 발전방향을 도출한다.

제1부

위기관리 리더십이론

제1부 위기관리 리더십 이론

1장 위기관리의 개념과 이론

Ⅰ. 위기의 개념

현대사회의 복잡하고 불확실한 상황에서 위기는 다양한 영역에서 무수히 많이 발생하고 있다. 위기라는 용어는 자연재해, 인적·사회적 재난, 안보·군사적 위협, 테러 행위, 경제적 침체, 사회적 혼란 등 일상의 다양한 상황에서 사용되고 있다. 위기가 발생하는 영역에 따라 다양한 위기의 개념이 사용되고 있어 보편적이고 합의된 위기의 정의는 없다. 위기의 사전적 의미는 '위험한 고비나 시기'라고 정의하고 있다. 미국 헤리티지 영어사전은 위기란 "어떤 사건의 과정에서 결정적인 시기 혹은 상황, 전환점, 불안정한 상황, 갑작스런 변화, 저항의 긴장 상태"라고 정의하고 있다.[1] 영어 단어로 위기(crisis)의 어원은 그리스어 krisis로 전환점을 의미하는 의학용어이다. 이 단어는 그리스어 동사 krinein(결정하

1) Richard G. Head, Frisco W. Short, and Robert C. McFarlane, *Crisis Resolution: Presidential Decision Making in the Mayaguez and Korean Confrontations* (Boulder: Westview Press, 1978), p. 3.

다, 분리해내다, 구별하다)에서 유래되었다. 위기의 한자어인 危機는 위험(危, danger)과 기회(機, opportunity)가 공존하는 현상을 의미하는 것으로, 위태로운 상황이지만 적절히 대처하면 더 나은 기회를 모색할 수 있다는 의미이다.[2]

본 저서에서는 국제정치 및 안보 분야에서 사용되는 위기의 개념을 살펴본다. 국제위기와 안보위기의 정의에 관한 많은 연구가 있으나 일반적으로 합의된 개념 정의는 없다. 그러나 다양한 위기의 정의를 체제적 접근, 정책결정 접근, 통합적 접근 등 3가지 접근법으로 정리할 수 있다.

첫째, 체제적 접근에서 위기는 국가들 간에 기존의 상호작용의 변화 또는 국제체제의 변화를 야기하는 상황을 의미한다. 이 접근은 세계를 국가라는 기본적인 구성단위로 이루어진 하나의 체제로 간주하고, 위기로 인해 국제체제의 구조와 특성 및 안정성과 균형에 미치는 영향에 관심을 가지고 국제체제 또는 지역적 하부체제 내에서 행위자들의 상호작용에 관심을 둔 시각이다. 이러한 시각에서 맥클랜드(Charles A. McClelland)는 위기는 "기존 국제체제 구조의 급격한 변화와 붕괴(disruption)를 야기할 수 있는 국가 간의 적대적이고 불안정한 상호작용을 특징으로 하는 상황"이라고 정의하고 있다.[3] 영(Oran R. Young)은 국

---

2) Jonathan M. Roberts, *Decision-Making during International Crises* (London: MacMillan Press, 1988), p. 10; Roberts L. Pfaltzgraff, "Crisis Management: Looking Baqck and Kooking Ahead," Presented at the Crisis Management Conference: Athena 2008, Organized by the Hellenic Ministry of National Defence, July 2, 2008, p. 1; 조영갑, 『국가위기관리론』 (서울: 선학사, 2006), p. 34.

3) Charles A. McCllelland, "Access to Berlin: The Quantity and Variety of Events, 1948-1963," in J. David Singer (ed.), *Quantitative International Politics* (New York: Free Press, 1968), pp. 160-161, 고대원, "위기결정작성이론의 재평가," 김달중 (편저), 『외교정책의 이론과 이해』 (서울: 오름, 1998), p. 149 재인용.

제위기란 "국제체제 전반 또는 하부체제에서 보통 수준이상의 불안정한 힘의 충격을 증대시키거나 체제 내에서 폭력 발생의 가능성을 증가시키며 급격히 전개되는 일련의 사건"이라고 정의한다.[4] 브레허(Michael Brecher)와 야후다(Hemda Ben Yehuda)는 체제적 정의를 발전시켜 체제적 위기는 두 가지 필요·충분조건에 의해 규정되는 상황적 변화로 정의한다. 두 가지 조건은 첫째, 체제구성 행위자간의 파괴적 상호작용 수준의 증대, 둘째, 국제체제 구조 내에서 초기의 변화(힘의 배분, 행위자·레짐, 규정과 동맹형성)이다.[5]

둘째, 정책 결정적 접근은 국가에 대한 위기 발생시 정책결정자들의 인식과 행태에 초점을 둔 시각이다. 로빈슨(James A. Robinson)은 위기의 특성으로 사건의 근원(내적 또는 외적), 대응을 위한 가용시간(단기, 중기, 장기), 참여자들에 있어 가치의 상대적 중요성(낮거나 높음) 등 3가지 요소를 제시하였다.[6] 허먼(Charles F. Hermann)은 로빈슨의 개념을 발전시켜 가장 대표적인 위기의 정의를 내리고 있다. 그는 위기란 "정책결정 단위가 인식하는 최우선 목표들이 위협받고, 상황이 전환되기 전 대응을 위한 가용시간이 제한되어 있으며, 정책결정 단위 구성원들이 예상치 못한 상황"이라고 정의하고 있다.[7] 이후 브레허는 허먼과 정의

---

4) Oran R. Young, *The Intermediaries: Third Parties in International Crisis* (Princeton: Princeton University Press, 1967), p. 10

5) Michael Brecher and Hemda Ben Yehuda, "System and Crisis in International Politics," *Review of International Studies*, Vol. 11, No. 1 (January 1985), p. 23. 황병무, 『전쟁과 평화의 이해』 (서울: 오름, 2001), p. 143 참고.

6) James A. Robinson, "Crisis: An Appraisal of Concepts and Theories," in Charles F. Hermann (ed.), *International Crises: Insights from Behavioral Research* (New York: The Free Press, 1972), p. 23.

7) Charles F. Hermann, *Crises in Foreign Policy: A Simulation Analysis* (Indianapolis: The

를 구체화하여 위기는 호전적 행위, 분열적 사건 또는 환경적 변화에 의해 발생되며, 이러한 상황에서 "정책결정자들이 기본적인 가치들에 대한 위협, 대응을 위한 제한된 시간, 그리고 군사적 적대행위의 높은 가능성을 인식하게 되는 상황"이라고 정의한다.[8] 정책 결정적 위기의 개념 정의에서는 위기상황을 인지하는 능력과 적합한 정책선택에 영향을 미치는 정책결정자들의 주관적인 위기인식을 강조하고 있다.

셋째, 통합적 접근은 위기상황의 단일한 측면만을 설명하는 체제적 접근과 정책 결정적 접근을 비판하면서 이를 절충 또는 통합해야한다는 시각이다. 맥코믹(James M. McCormick)과 탄터(Raymond Tanter) 등은 위기의 개념을 정의하기 위해서는 국가 상호간의 관계 또는 체제의 변화와 함께 정책결정자들의 위기인식을 모두 고려해야 한다고 주장한다. 이러한 시각에서 맥코믹은 "국제위기란 두 국가 또는 그 이상의 국가가 심각한 위협, 기습, 짧은 결정시간을 인식하는 상황이며, 아울러 그들 국가 간의 상호작용에 변화를 초래하는 상황"이라고 정의한다.[9] 스나이더(Glenn H. Snyder)와 디징(Paul Diesing)은 "위기는 전쟁발발의 가능성이 높다고 인식되어지는, 심각한 갈등상태에 처해있는 둘 이상의 국가 간의 일련의 상호작용"이라고 정의하고 있다.[10] 또한 윌리엄스(Phil

Bobbs-Merrill Company, Inc., 1969), p. 29; Charles F. Hermann, "International Crisis as a Situational Variable," in James N. Rosenau (ed.), *International Politics and Foreign Policy: A Reader in Research and Theory* (New York: The Free Press, 1969), p. 412.

8) Michael Brecher, *Crises in World Politics: Theory and Reality* (Oxford: Pergamon Press, 1993), p. 3.

9) James M. McCormick, "International Crises: A Note on Definition," *The Western Political Quarterly*, Vol. XXXI, No. 3 (1978), p. 356.

10) Glenn H. Snyder and Paul Diesing, *Conflict among Nations: Bargaining, Decision Making, and System Structure in International Crises* (Princeton: Princeton University Press, 1977),

Williams)는 "국제위기는 두 국가 또는 그 이상의 국가들 간의 대결이고 보통 짧은 기간 동안 전개되며, 관련국들 사이에 전쟁발생 가능성에 대한 인식이 급격히 높아지는 상황"이고, "국제위기는 참여자의 중요한 가치나 목표를 크게 위협하는 상황 속에 전개된다"고 정의하고 있다.[11] 그림 〈1-1〉은 위기가 진행되는 단계의 전개과정을 보여주고 있다.

〈그림 1-1〉 위기의 단계

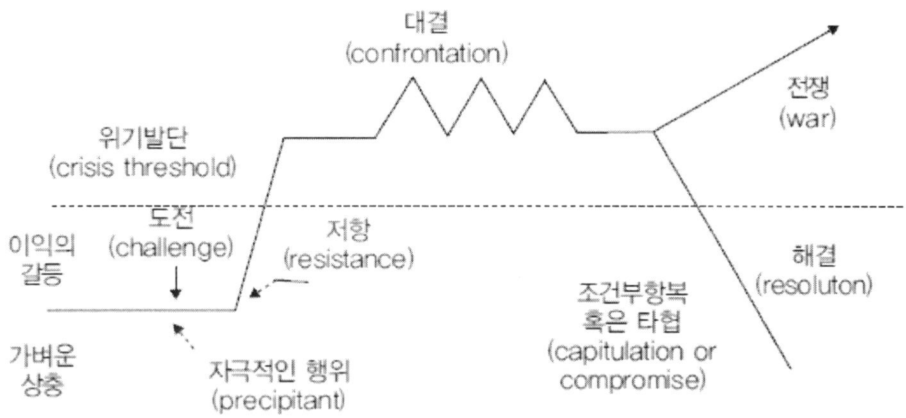

* 출처: Glenn H. Snyder and Paul Diesing, *Conflict among Nations: Bargaining, Decision Making, and System Structure in International Crises* (Princeton: Princeton University Press, 1977), p. 15. 신승원, "국가정보와 위기관리의 실증적 연구," 『전략논단』, 통권 제2호 (2005년 봄 · 여름호), p. 149, 그림 재인용.

한편 사회적 위기, 재난, 테러리즘, 위기관리 리더십 등 포괄적 위기를 연구하는 학파는 위기를 "시간적 압박과 높은 불확실성하에서 기본적 구조, 근본적 가치 및 체제 규범에 대한 심각한 위협으로 핵심적 결정

p. 6. 고대원 (1998), p. 152 참고.

11) Phil Williams, *Crisis Management: Confrontation and Diplomacy in the Nuclear Age* (London: Martin Robertson, 1976), p. 25.

들을 필요하게 하는 것"으로 정의한다.[12] 즉 위기의 개념에는 기본가치에 대한 위협, 불확실성, 긴급성 등 3가지 핵심요인이 내재되어 있다고 설명하고 있다.[13] 이 책의 사례에 포함되는 테러행위로 인한 위기는 새로운 위기 유형중의 하나이다. 특히 2001년 9/11 테러, 2004년 3월 마드리드 열차테러, 2007년 7/7 런던 폭탄테러 등은 해당 국가와 국제사회를 위협한 엄중한 위기였다. 테러리즘은 정부의 민주적 과정, 법, 경제적 이익, 국내질서 등 국가와 사회의 핵심적 가치를 위협하기 때문이다. 테러리스트 공격은 발생 장소와 시점으로 볼 때 대체로 기습이고 예상하기 힘든 상황에서 발생하기에 불확실성을 내포하고 있다. 또한 테러리즘 사건은 대개 한정된 대응 시한과 공세적인 최후통첩 등을 수반하기에 긴급하게 대처해야한다.[14] 이 책에서는 포괄적 안보측면에서 통합적 위기의 개념정의를 채택하여 포괄적 범주의 위기사례를 분석한다.

Ⅱ. 위기관리의 개념

국제정치와 안보 분야에서 위기관리의 개념 정의에 대해서도 학파마

12) Uriel Rosenthal, Michael T. Charles, and Paul 't Hart, *Coping with Crises: The Management of Disasters, Riots and Terrorism* (Springfield: Charles C Thomas Publisher, 1989), p. 10. Arjen Boin, Paul 't Hart, Eric Stern, and Bengt Sundelius, *The Politics of Crisis Management: Public Leadership under Stress* (Cambridge: Cambridge University Press, 2005), p. 2 참고.

13) Uriel Rosenthal, R. Arjen Boin, and Louise K. Comfort, *Managing Crises: Threats Dilemmas, Opportunities* (Springfield: Charles C. Thomas Publisher, LTD, 2001), p. 7.

14) Dan Hansén, "Crisis and Perspectives on Policy Change: Swedish Counter-terrorism Policymaking," Swedish National Defence College, Crismart, Publication No. 34 (January 2007), p. 19.

다 다양하고 서로 상반된 시각들을 제시하고 있다. 첫 번째 학파는 위기관리의 목표를 '전쟁의 회피'와 '대결의 평화적 해결'이라고 설정하고 있다. 립슨(Leslie Lipson)은 "위기관리는 무력의 사용 없이 양측이 수용할 수 있는 해결책을 모색하는 것"이라고 주장한다. 두 번째 학파는 위기관리를 '승리하기 위한 노력'이라고 정의하고 있다. 킨트너(William R. Kintner)와 슈워츠(David C. Schwarz)는 위기관리란 "위기시 승리하면서 동시에 양측이 참을 수 있는 위험의 한도를 유지하는 것"이라고 주장한다.[15)]

그러나 또 다른 학파들은 비록 위와 같은 시각들이 위기관리의 중요한 요소를 포함하고 있으나 위기의 한쪽 측면만을 설명하고 있다고 비판한다. 윌리엄스는 위기관리란 위기시 '상호경쟁'과 '위험공유'라는 두 상반된 요소의 균형과 조정을 위한 노력이라고 주장한다.[16)] 이러한 통합적 시각에서 스나이더(Glenn H. Snyder)와 디싱(Paul Diesing)은 "위기시 정치적 수완의 핵심적 문제는 자신의 전략에서 어떻게 강압과 타협 조치 간에 최적의 조합을 이룰 수 있는가이다. 즉 전쟁의 회피와 이익 극대화 또는 손실의 최소화를 조합시키는 노력을 의미한다"고 언급하고 있다.[17)] 위기시 국가는 위기관리를 위해 타협적 측면에서 위기가 통제를 벗어나서 전쟁으로 치닫는 상황을 최소화하기 위해 노력하는 한편, 강압적 측면에서 국익의 보호와 증진을 위해 상대국을 제압하거나 이익의 최대화 또는 손실의 최소화를 위해 노력한다. 타협정책을 위한 목표

15) Williams (1976), pp. 27-29; Richard Ned Lebow, Between Peace and War: The Nature of International Crisis (Baltimore: The Johns Hopkins University Press, 1981), p. 292; NATO Letter, "Crisis Management or Crisis Prevention," (August-September 1966), p. 14.

16) Williams (1976), p. 29; Lebow (1981), p. 292.

17) Snyder and Diesing (1977), p. 10.

는 위기해결이고 제한사항은 손실의 최소화이다. 강압정책을 위한 목표는 승리이고 제한사항은 전쟁위험의 회피이다. 따라서 위기에 개입된 국가들 간에 해결이라는 목표와 전쟁의 위험성 회피라는 제한사항은 공동의 이익이 되고, 승리라는 목표와 손실의 최소화라는 제한사항은 상충된 이익이 된다. 이러한 위기관리 과정은 위기시 국가 간의 공동이익과 상충이익이 병존하면서 복잡한 상호작용 속에서 전개된다.[18]

이와 관련하여 러스튼(Lynn Rusten)과 스턴(Paul C. Stern)은 국제위기는 당면한 국가이익의 보호와 군사적 분쟁 또는 원치 않는 위기확대라는 두 가지 목표 간의 근본적인 상충을 내포하고 있는데, 이러한 상황에서 위기관리란 대립되는 목표들의 조율을 위해 위기관리 전략을 개발하고 수행하는 것이라고 설명하고 있다.[19] 위기관리보다 포괄적인 개념인 위기외교(crisis diplomacy)라는 용어를 사용하는 리처드슨(James L. Richardson)은 위기외교의 핵심적 특성이란 "전쟁을 회피하는 동시에 잠재적으로 상충되는 두 가지의 목표, 즉 위협을 가하는 상대방을 제압하는 목표 또는 적어도 자신이 확연한 패배자가 되지 않도록 하는 목표를 동시에 추구해야한다"고 설명한다.[20] 또한 조지는 "위기시 양자는 가장 중요한 이익의 보호와 증진을 모색하고, 동시에 원치 않는 위기의 확대를 촉발하는 방책과 행동을 회피하려하는데, 이것이 위기관리의 딜레마이다. 이러한 두 가지 목표사이의 갈등으로 나타나는 딜레마는 위기관

---

18) Snyder and Diesing (1977), pp. 207-208.

19) Lynn Rusten and Paul C. Stern, *Crisis Management in the Nuclear Age* (Washington, D.C.: National Academy Press, 1987), pp. 1-2.

20) James L. Richardson, "Crisis Management: A Critical Appraisal," in Gilbert R. Winham(ed.), *New Issues in International Crisis Management* (Boulder and London: Westview Press, 1988), p. 15.

리에 관여하는 정책결정자들이 반드시 해결해야하는 기본적인 도전"이라고 강조하고 있다.[21)]

이러한 통합적 시각에서 윌리엄스는 "위기관리는 한편으로는 위기가 통제를 벗어나 전쟁으로 전개되지 않도록 위기를 통제하고 조절하는 과정이면서, 다른 한편으로는 위기가 당사자 국가에 만족스럽게 해결되어 국가의 사활적 이익이 안전하게 보호되도록 하는 것이다. 위기관리의 한 가지 임무는 위험을 감소시키고 가능한 낮은 수준에서 통제 가능하도록 하는 것이며, 또 다른 임무는 적대국으로부터 양보를 얻어내고 자국의 입장을 유지하기 위해 효과적인 강압외교와 위험감수 전술을 구사하는 것이다"라고 정의하고 있다.[22)] 따라서 위기관리의 핵심적 고려사항과 정책적 딜레마는 특정 위기 상황시 이에 대응하는 상반된 성격의 위기통제와 강압흥정 조치를 어떻게 적절하고 조화롭게 추구할 것인가이다.

한편 이 책에서 분석하고 있는 테러리즘 사례를 위기의 유형으로 간주하고 이에 대응하는 대테러리즘 활동도 위기관리 시각으로 접근할 수 있다. 대테러 위기관리는 "테러리즘의 위협 또는 행위에 대한 예측, 예방 및 해결하기 위한 대책 확인, 확보 및 필요한 자원 사용계획 등의 조치와 법집행 기능으로, 정보수집, 감시, 전술적 작전, 협상, 법의학, 조사활동 등을 포함한다"고 정의할 수 있다.[23)] 그림 〈1-2〉는 위기관리 임

21) Alexander L. George, "A Provisional Theory of Crisis Management," in Alexander L. George (ed.), *Avoiding War: Problems of Crisis Management* (Boulder: Westview Press, 1991), p. 23.

22) Williams (1976), p. 30.

23) Jeffrey D. Brake, "Terrorism and the Military's Role in Domestic Crisis Management: Background and Issues for Congress," *CRS Report for Congress*, updated January 27, 2003,

무가 수행되는 단계의 전개과정을 보여주고 있다.

〈그림 1-2〉 위기관리의 단계

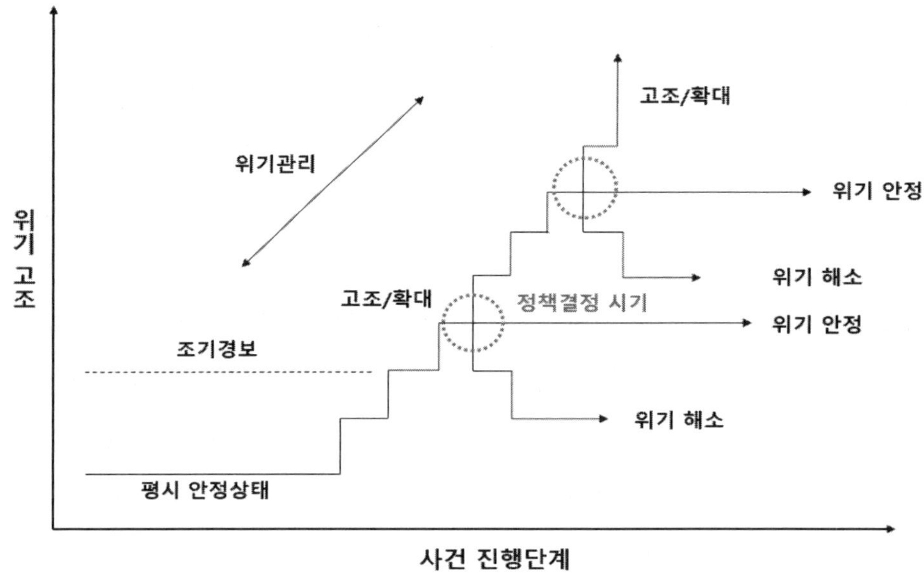

* 출처: Kwa Chong Guan, "Role of Intelligence in International Crisis Management," *RSIS Working Paper*, No. 243 (23 July 2012), p. 9.

Ⅲ. 위기관리 이론24)

해외의 위기관리에 관한 선행연구들은 위기관리 이론, 전략, 영향변수

---

p. 6; Federal Emergency Management Agency, "Federal Response Plan, Notice of Change," February 7, 1997, p. 2. Federal Bureau of Investigation, "CONPLAN: United States Government Interagency Domestic Terrorism Concept of Operations Plan," January 2001, p. 7 참고.

24) 윤태영, "한국의 대북한 위기관리 평가와 발전방향: 천안함 피격사건과 연평도 포격도발을 중심으로," 『정책연구』 통권 183호 (2014 겨울호), pp. 99-100 수정 · 보완.

등에 집중되어있다. 이에 대한 대표적인 연구로는 윌리엄스, 르보(Richard Ned Lebow), 리차드슨(James L. Richardson), 조지(Alexander L. George) 등이 있다. 특히 위기관리에 대한 주요이론은 위기통제와 강압흥정측면에서 논의되고 있는데, 쉘링(Thomas C. Schelling), 스나이더 및 디싱, 윌리엄스, 유리(William L. Ury), 프리드먼(Lawrence Freedman), 바이먼 및 왁스먼(Daniel L. Byman and Matthew C. Waxman) 등에 의해 발전되었다.[25)]

특히 윌리엄스는 안보 위기관리 이론을 가장 체계적으로 정립하여 위기관리의 핵심요인을 위기통제와 강압흥정으로 구분하여 설명하고 있다. 첫째, 국제위기시 국가들은 안보증진과 국인보호를 위한 조치를 취하면서도, 흥정과정에서 전쟁의 위험을 억제하고 통제하기 위한 신중하고 조심스러운 방책을 수행한다.[26)] 윌리엄스는 위기통제를 위한 조치로 의도적 폭력회피, 의도하지 않은 폭력예방, 행동의 자유유지 등 3가지를 강조하고 있다. 즉 강압과 폭력의 차이를 인식하고 그 문턱을 넘지 않아야할 것이며 의도적 또는 우발적 폭력의 발생을 막아야 한다. 위기시 내재되어있는 잠재적 통제 상실의 위험성을 인식하고 의도적 또는 인가되지 않는 폭력을 최소화해야한다. 또한 돌이킬 수 없는 결과나 공약을 회피하

25) Williams (1976); Richard Ned Lebow, *Between Peace and War: The nature of International Crisis* (Baltimore: The John Hopkins University Press, 1981); Richardson (1988); George(ed.) (1991); Thomas C. Schelling, *Arms and Influence* (New Haven: Yale University Press, 1966); Snyder and Diesing (1977); William L. Ury, "Strategies for Nuclear Crisis Control," in Hilliard Roderick with Ulla Magnusson, (eds.), *Avoiding Inadvertent War: Crisis Management* (Austin: The University of Texas, 1983); Lawrence Freedman(ed.), *Strategic Coercion: Concepts and Cases* (Oxford: Oxford University Press, 1998); Daniel Byman and Matthew Waxman, *The Dynamics of Coercion: American Foreign Policy and the Limits of Military Might* (Cambridge: Cambridge University Press, 2002) 참고.

26) Williams (1987), p. 248.

고 행동의 자유를 유지할 필요가 있다.[27] 위기통제 방안과 관련하여 유리(William L. Ury)는 지분의 제한, 시간벌기, 불확실성 감소, 선택방안 확대, 호전적 행동에 대한 예상 감소 등 5가지를 제시하고 있다.[28]

조지는 위기관리를 위한 정치적 요건과 운용적 요건을 제시하고 있다. 정치적 요건으로는 ① 목표의 제한, ② 수단의 제한을 제시하고 있다. 운용적 요건으로 ① 군사적 선택에 대한 최고지도부의 정치적 통제, ② 시간적 여유를 주기위한 군사작전의 시차조절, ③ 정치 · 외교적 행동과 조율된 군사적 행동, ④ 제한된 외교목표와 일치된 군사력 위협, ⑤ 대규모 전투에 의지하려 한다는 인상의 회피, ⑥ 협상하려는 의지와 일치하는 외교 · 군사적 선택, ⑦ 적대국의 기본적 이익과 양립될 수 있는 퇴로 조성 등 7가지 위기통제 요건을 제시하고 있다.[29]

둘째, 전쟁의 위험성을 동반하는 강압흥정은 한편으로는 적대국으로부터 양보를 얻어내고, 다른 한편으로는 양보를 할 의사가 없다는 것과 요구사항을 적대국에게 전달하기 위해 채택된다.[30] 윌리엄스는 강압흥정 전술로 억제적 위협, 돌이킬 수 없는 개입, 합리성에 기반을 둔 비합리성 표출전략, 의도적 상황 확대를 제시하고 있다. 그러나 적대국으로부터 양보를 얻어내기 위하여 강압흥정 조치가 중요하나 경쟁적 과정 속에서 위험성이 내재되어 있기에, 완화되고 제한적인 강압흥정 조치의 적용을 위한 방안으로 힘 · 이익 · 결의의 균형, 목표의 제한, 수단의 제한 또는 강압의 희석, 의사소통의 기능을 강조하고 있다.[31] 결국 위험공

27) Williams (1976), pp. 101-101, 113, 119, 133-134.
28) Ury (1983), p. 135.
29) George (1991), pp. 24-.25.
30) Williams (1976), pp. 135, 137; Williams (1987), p. 240.
31) Williams (1976), pp. 137-147, 154-182.

유와 상호경쟁이 내재된 위기상황에서 위기상황을 통제하려는 노력과 강압흥정의 위험성을 줄이려는 노력은 상호보완적이고 서로를 강화시키는 요인이다. 성공적인 위기관리를 위해서는 위기통제와 강압흥정이라는 두 가지 측면을 융화시키고 균형을 이루기 위해 노력해야 한다.[32)]

32) Williams (1987), p. 240; Williams (1976), pp. 94-95.

2장 위기관리 리더십 개념과 이론

Ⅰ. 위기관리 리더십의 개념

포괄적인 안보영역에서 위기관리 리더십에 대한 여러 학자들의 개념 정의를 종합하여 숀버그(Allan L. Schoenberg)는 위기관리 리더십을 "구성원들과 올바른 의사소통을 실행하고, 조정자들을 효과적으로 결집하며, 명확한 방향을 제시하여 위기에 대처하고, 변화하는 상황에 따라 정책결정자들에게 조정력과 유연한 행동을 할 수 있는 권한을 부여하는 것"이라고 설명하고 있다.[33)]

위기관리 리더십에 대한 연구의 대표적인 학자들인 보인(Arjen Boin)과 하트(Paul 't Hart) 등은 위기관리 리더십을 위기인식(sense making), 정책결정과 조정(decision making and coordination), 위기 커뮤니케이션(mean making) 임무를 포괄하는 것으로 "위기관리 모든 단계에서 이루어지는 활동을 포괄하는 전략적 임무"로 정의하고 있다.[34)] 또 이들은 위기관리 리더십을 "위기대응에 대한 총괄적인 지침과 이러한 대응을 둘러싼 정치적 과정"이라고도 정의하고 있다.[35)] 보인과 하트 등은 위기관리 리더십을 개인이나 관계적 시각보다 기능적 시각에서 분석하고 있다. 이를 위해 지도자의 지능, 근성, 카리스마 등 개인적 성향보다는 핵심적 임무

33) Allan L. Schoenberg, "What it Mean to Lead During a Crisis: An Exploratory Examination of Crisis Leadership," *Chapter Proposal*, Syracuse University, S.I. Newhouse School of Public Communications (Spring 2004), p. 5.
34) Boin et al. (2005), p. 9.
35) Boin et al. (2017), p. 12.

에 중점을 두고 위기관리 리더십을 고찰하고 있다. 이러한 위기관리 리더십 임무는 위기대응 네트워크를 통해 수행되고, 지도자는 이러한 임무가 달성될 수 있도록 요구되는 책임을 이행해야한다고 설명하고 있다.[36)]

첫째, 위기 인식(sense making) 임무란 "위기관리자에게 도움이 되는 정보를 수집 및 처리하여 대두되는 위기를 탐지하고, 위기시 전개되는 상황의 중요성을 인지하는 것이다". 정책결정자들은 위기상황을 파악·평가하고 위기상황을 정확히 인식하여 위기사건 전개과정에 대한 판단이 중요하다.[37)] 둘째, 정책결정과 조정(decision making and coordination) 임무란 "전략적 딜레마에 대한 핵심적 결정과 결정을 집행하기 위한 일관성 있는 대응을 조정하는 것이다". 정책 결정적 측면에서는 불확실성이 혼재하는 위기 상황시 정보와 자원이 충분이 부족한 상황에서 부처간 조정과 정치적 판단을 통한 정책결정이 이루어져야한다.[38)] 셋째, 의미형성(mean making)을 의미하는 위기 커뮤니케이션 임무란 "국민과 반응자에게 설득력 있고 유용하고 공감이 되는 상황적 정의를 제공하고 담화를 발표하는 것이다". 위기 커뮤니케이션 단계에서는 지도자들이 위기 성격과 상황전개, 당면한 침해이익, 대응조치 등을 국민과 국제사회에 설득력 있게 전달해야한다.[39)] 이러한 맥락에서 국가안보에 대한 위협, 불확실성 및 긴급성이 내재되어 있는 위기상황 속에서 정책결정자는 위기를 정확하게 인식하여 상황을 파악하고, 위기관리 체계의 운영을 통해 평화적 해결과 대결의 승리 사이에서 원치 않는 위기확대와 침

36) Boin et al. (2017), p. 13.
37) Boin et al. (2017), p. 15.
38) Boin et al. (2017), p. 15; Boin et al. (2005), pp. 11-12.
39) Boin et al. (2017), p. 15; Boin et al. (2005), p. 13.

해된 국가이익의 보호라는 두 가지 상충된 목표의 적절한 조합을 위한 정책결정, 그리고 국력의 결집과 국제적 지지를 획득하기 위한 국내외적 의사 전달 및 소통을 수행해야한다.

또한 위기시 정책결정자들이 국가안보에 대한 위협을 인식하고, 이에 대한 독자적 또는 국제적 연대를 통한 대응조치를 취해야하는 상황에서, 위기관리 지도자들은 다음과 같은 임무를 수행해야한다. 첫째, 정책결정자들이 침해된 국가이익의 범주를 파악하고 위기목표를 수립하여 대응조치를 집행해야한다. 국가존립을 위협하는 것은 전쟁이나 군사적 위협뿐만 아니라 내란·혁명·폭동과 같은 비상사태와 테러리즘과 같은 비전통적 위협도 포함된다. 둘째, 국가의 위기조치를 국민들에게 적절히 공표하고 위협에 대한 국민적 공감대 형성과 국력 결집을 모색하여 유사시 동요함이 없도록 해야한다. 위기는 국내외적 상호성을 내포하고 있어, 외부로부터의 위기 발생시 리더십의 부재는 국내적 혼란을 야기하여 국가 리더십에 대한 심각한 도전 상황으로 이어질 수 있다. 셋째, 당면한 위기를 국제적으로 공론화하여 국제 공조체제 구축과 동맹태세 강화를 통해 최소의 비용으로 최대의 억제 효과를 달성해야한다.[40]

Ⅱ. 위기관리 리더십 이론

1. 위기 인식

기본 가치에 대한 위협, 불확실성, 긴급성이 내재되어 있는 위기발생

40) 채경석, 『위기관리정책론』 제2판 (서울: 대왕사, 2007), pp. 25-26.

시 정책결정자들은 사건의 전개에 대한 신속하고 정확한 감지와 파악이 중요하다. 특히 위기 초기단계에서는 잠재적으로 확대 가능한 위협의 실체에 대해 모호하고 양면적이고 모순되는 신호와 첩보 속에서 정확하고 완벽한 정보가 부족하다. 이러한 상황에서 정책결정자들은 대두되는 위협과 불안정성을 탐지하고, 작전적 · 전략적 변수 및 위기상황 전개양상에 대해 파악해야한다.[41]

1) 위협 인식

위협이란 "상대방에게 부정적 결과를 가져오도록 하기 위한 의도적 행동"을 의미한다. 위협은 범죄자, 적대국, 초국가적 위협 등 사회적 행위 주체의 의도적 행위가 손상의 원천인 경우에 정치적 · 군사적 · 사회적 · 심리적 문제로 인해 발생한다. 전통적으로 위협은 위협을 가하는 측의 능력과 의도가 결합된 산물로 설명할 수 있다.[42]

위협은 인식된 위협으로, 국가의 정책결정 단위가 무엇을 위기의 구성요소로 결정하는가에 달려있다. 일반적으로 위협은 국가의 존속, 세계정세에 대한 국가의 입장, 정치 · 경제 · 사회안정 · 군사 등의 영역에서 핵심가치에 대한 위협이다. 위협인식은 위기현상에 있어 중심적인 것이며 위기 사건과 반응간의 매개변수이다. 코헨(Raymond Cohen)에 의하면 위협인식은 "국가에 임박한 군사적 · 전략적 · 경제적 위해에 대한 관찰자와 정책결정자의 예측"이라고 설명하고 있다. 예상되는 위해의 최소 수준은

41) Boin et al. (2005), pp. 10-11, 38; Boin et al. (2017), p. 23.
42) 김열수, 『국가안보: 위협과 취약성의 딜레마』 제2판 (서울: 법문사, 2011), pp. 6-7, 10-11.

관찰자의 위협인식의 문턱, 위협신호, 가치, 목표, 예상되는 결과에 대한 관찰자의 예측변화에 달려있다. 인식되는 위협은 실재적이거나 상상적일 수 있고, 그것이 인식될 경우 행동이 취해질 것이다. 위협이 인식되지 않을 경우 어떠한 행동도 취해지지 않을 것이다.[43]

한편 위협은 많은 요인들이 복합적으로 작용하여 실체를 구성하기에, 위협의 평가에 있어 과대평가와 과소평가의 문제를 고려해야한다. 위협을 과도하게 평가하면 안보를 위해 공세적인 정책을 수행해야하는데 이럴 경우 한정된 자원의 불균형적 사용, 대중의 불안, 공격적인 국가 이미지, 경미한 위협에 대한 과잉반응의 가능성이 높아진다. 반면, 위협을 과소하게 평가하면 소극적인 정책을 수행하는데 이 경우 국가이익의 침해와 전쟁패배의 비용을 치를 가능성이 높아진다.[44]

위협이 고조되어 위기로 전개되는 상황에서 정책결정자들의 위기에 대한 총체적인 인식은 위기관리에 중요한 영향을 미친다. 이와 관련하여 로저스(J. Philip Rogers)는 위기협상에 대한 정책결정자들의 인식을 적대국 이미지, 위기역동성 이미지, 일반적 신념 등 3가지로 구분하고 이를 위기협상 규범으로 규정하고 있다. 첫째, 적대국에 대한 이미지는 적대국의 전형적인 목표, 정책결정 방식, 협상전략을 포함한다. 둘째, 위기역동성 이미지는 위기확대와 위기통제의 성격 및 위기가 전쟁으로 전개되는 과정에 대한 신념을 의미한다. 셋째, 일반적 신념은 국가이익에 부합되게 위기해결을 위한 협상의 방책을 의미하는 것으로, 전반적 협상전략에서 강압, 타협, 설득의 시기와 최선의 배합을 포함한다. 위의 3

43) Roberts (1988), pp. 51, 53; Raymond Cohen, *Threat Perception in International Crisis* (Madison: University of Wisconsin Press, 1979), p. 4.
44) 김열수 (2011), p. 17.

가지 요소가 중요하지만, 특히 위기단계 고조와 해소의 전개에 영향을 미치는 요인에 대한 정책결정자들의 인식적 사고를 의미하는 위기역동성 이미지는 위기관리 전략의 선택에 결정적인 영향요인이 된다고 주장한다.[45)]

2) 위기관리를 위한 정보의 역할

불확실성과 긴급성이 내재된 위기 발생시 다양한 정부기관으로 첩보와 의견이 산발적으로 제공되고 통합된 고급정보가 부족하여 정책결정자들은 위기의 전반적인 실체를 파악하기 힘든 상황이 자주 발생한다.

효과적인 위기관리를 위해서 정책결정자들은 정보기관의 적시적인 위기경보와 위기상황에 대한 정보분석 및 정책대안에 대한 판단정보가 요구된다. 테일러(Stan A. Taylor)와 랠스톤(Theodore J. Ralston)은 위기관리에서 정보의 역할을 위기 이전 단계에서 우방국과 적대국의 행동에 관한 정보제공, 임박한 공격 및 상황역전 또는 대외정책의 기회에 관한 조기경보, 위기시 전통적인 정보지원, 위기 이후 위기조치 및 행태에 대한 평가 등 4가지 단계로 설명하고 있다.[46)]

첫째, 위기 이전 상황에서 정확한 위기예측의 어려움에도 불구하고 정보기관은 적대국의 공격 가능성과 상황반전 전개에 대해 사전경고를 수행해야한다. 둘째, 모호함과 불확실성속에서 실질적 정보가 부족하고 추

45) J. Philip Rogers, "Crisis Bargaining Codes and Crisis Management," in Alexander L. George (ed.), *Avoiding War: Problems of Crisis Management* (Boulder: Westview Press, 1991), pp. 413, 415.

46) Stan A. Taylor and Theodore J. Ralston, "The Role of Intelligence in Crisis Management," in Alexander L. George (ed.), *Avoiding War: Problems of Crisis Management* (Boulder: Westview Press, 1991), P. 396.

측이 난무하는 위기 초기단계에서 정보기관은 정책결정자들에게 위기상황 전개와 대응조치 선택에 대한 정보를 제공해야한다. 셋째, 위기가 초기단계를 넘어 확대되는 상황에서는 위협인식이 더욱 증대되고 정보수집활동이 증가되며, 정책결정자들은 위기 정책결정을 위해 정제되고 명확한 정보를 원하게 된다. 정보기관들은 이러한 요구에 중압감을 느끼게 되어 정보의 양이 증가되고 선택적 정보를 제공하게 된다. 그러나 정책결정자들은 많은 정보가 제공될수록 정보관리의 어려움에 봉착하게 된다.[47] 따라서 정보기관은 당면한 위기상황의 전개와 확대과정에서 정확성, 명료성, 적시성, 판단수정 및 대안적 견해를 포괄하는 위기정보를 제공하여 정책결정자들이 위기 대응조치를 선택할 수 있도록 지원해야 한다.[48] 넷째, 위기 종결 이후 위기관리 조치와 전략에 관한 평가와 더불어 위기관리 사례의 성공과 실패요인을 분석하고 교훈을 도출하여 향후 효과적인 위기관리에 기여할 수 있도록 해야 한다.

2. 위기 정책결정과 조정

정책결정자들은 다양한 행위자로 구성된 위기관리 체계를 운영하면서, 국가이익을 반영한 위기목표를 설정하고 외교·군사적 위기조치의 검토, 수직적·수평적 정책방안 조정·결정 및 위기조치 집행을 수행해야한다. 정책결정자들의 위기 대응책은 탑다운 방식을 통해서 결정되기도 하지만, 위기관리 체계 또는 네트워크를 통해 결정된다.[49]

47) Taylor and Ralston (1991), pp. 396-397; Rusten and Stern (1987), p. 12.

48) 로저 조지·제임스 브루스 엮음, 박동철 옮김, 『정보분석의 혁신』 (서울: 한울 아카데미, 2010), pp. 131-133.

49) Boin et al. (2017), pp. 16, 50.

1) 지도자의 위기 정책결정 역할

외교정책과 위기정책의 결정에서 지도자의 역할에 대해서는 상반된 견해가 있으나, 위기 정책결정에서 지도자의 개인적 특징에는 지도자의 신념, 동기, 정책결정 방식, 대인관계 스타일 등 개인적 특성 영향을 미친다는 연구도 꾸준히 진행되고 있다.[50] 위기관리 리더십 측면에서 지도자의 특성에 관한 분석에는 다양한 가설이 있다. 첫째, 서로 다른 정권의 유형은 지도자의 정책에 대한 통제를 제약하는 수준의 차별성을 제공한다. 둘째, 지도자의 외교정책에 대한 특별한 관심 여부이다. 외교정책에 관심이 없는 지도자들은 부하들에게 상당한 권한을 위임하나, 이 경우 부하들의 성향을 확인하고 검증하려한다. 반면에 지도자가 외교분야에 관심을 갖거나 특정사안에 이해관계를 갖게 될 경우에는 외교정책 결정과정에 대한 개입의 수준도 높아진다. 셋째, 위기상황시 대처방향은 대체로 정부의 최고위 수준에서 논의되고 결정되며, 최고지도자들은 위기상황에 직접 개입하고 정책결정에 참여한다. 넷째, 불확실하고 애매한 상황에서 지도자의 개인적 성향이 정책결정에 보다 중요한 역할을 할 수 있다. 다섯째, 마거릿 허먼(Margaret G. Hermann)이 지적한 지도자의 외교능력에 대한 훈련 여부와 수준이다. 지도자가 외교적 훈련을 받은 경우 개인적 기질을 자제하나, 그렇지 않은 경우 개인적 세계관에 의지하는 경향이 있다. 여섯째, 특정 정책이나 세계 지역에 대한 전문적 지식은 지도자들이 비록 최고위급이 아니더라도 선택된 정책의

---

50) Alexander L. George, "The Operational Code: A Neglected Approach to the Study of Political Leaders and Decision-Making," *International Studies Quarterly*, Vol. 13, No. 2 (June 1969), p. 197. 이충묵, "리더십과 외교정책," 김달중 (편저), 『외교정책의 이론과 이해』 (서울: 오름, 1998), pp. 297, 303.

집행에 있어서 개인적 성향을 반영시킬 수 있다. 외교분야에 많은 경험과 전문성을 가진 지도자는 경험이나 전문성이 부족한 지도자에 비해 유연한 태도를 견지하고 대안이나 행동계획을 보다 폭넓게 고려할 수 있다. 일곱째, 권한 주도형 또는 위임형 등 리더십의 유형이 위기 정책결정에 영향을 미친다.[51)]

위기 정책결정에 있어 지도자 개인의 역할의 강조하는 모델로는 우선 허먼(Charles Hermann)과 브래디(Linda Brady)의 개인적 긴장모델(individual stress model)이 있다. 이 모델은 국제위기시 국가정책결정자는 국가의 목표로 내재화하고 이를 개인적 목표로 다룬다고 주장한다. 이러한 개인목표에 대한 위협은 정책결정자들의 심리적 스트레스를 증대시킨다. 스트레스는 상황인식에서 대안이나 정보의 수를 감소시키고 인지과정에서 경직성을 증대시켜 복합적 학습능력의 능력을 감소시킨다.[52)]

캘러먼(Barbara Kellerman)은 앨리슨의 3가지 모델을 수정·발전시켜 소그룹 모델, 지배적 지도자 모델, 인지과정 모델을 제시하고 있다. 이 중 지배적 지도자 모델(dominant leader model)은 지도자의 성격과 특성 및 정치적 환경이 정책결정의 배경이 된다고 보며, 위기시 정책결정은 지배적 지도자의 성격, 사회·문화적 요인, 상황변수의 융합에 의한 개인적 선택이라고 주장한다.[53)]

---

51) 밸러리 허드슨 지음, 신욱희·최동주·조윤영·김재천 옮김, 『외교정책론』 (서울: 을유문화사, 2009), pp. 70-72.

52) Charles F. Hermann and Linda P. Brady, "Alternative Models of International Crisis Behavior," in Charles F. Hermann (ed.), *International Crises: Insights from Behavioral Research* (New York: The Free Press, 1972), pp. 283-285.

53) Barbara Kellerman "Allison Redux: Three More Decision-Making Models," *Polity*, Vol. 15, No. 3 (Spring 1983), pp. 352, 357-358.

2) 위기 정책결정 모델과 소집단 역동성

위기 정책결정에 대한 대표적인 모델은 앨리슨(Graham Allison)이 제시한 합리적 행위자 모델, 조직행태 모델, 정부정치 모델이 있다. 이외 많은 학자들은 일반적인 합리성 개념에 근거한 정책결정 모델뿐만 아니라, 조직적 · 관료적 · 집단사고적 요인 등에 근거한 다양한 정책결정 모델을 제시하고 있다. 또한 위기시 불충분하고 촉박한 시간 및 과도한 책임과 긴장 속에서 유발되는 스트레스가 정책결정에 미치는 영향에 중점을 두는 심리적 또는 인지적 접근이 있다. 위기시 스트레스가 일정 수준까지는 정책결정의 효율성에 긍정적 역할을 하지만, 일정한 분계점을 넘어서게 되면 효율성에 부정적으로 작용한다는 것이다.[54)]

위기 정책결정에 대해 앨리슨(Graham Allison)은 합리적 행위자 모델, 조직행태 모델, 정부정치 모델을 제시하고 있다. 합리적 행위자 모델(rational actor model)은 통일된 국가행위자가 목적과 목표에 따른 이득과 비용을 평가하여 가장 큰 효용가치를 가져다주는 대안을 선택한다는 것이다. 집단적 정책결정 측면에서 조직행태 모델(organizational behavior model)은 분석의 기본단위로 조직의 산출로서 정부의 행동을 분석의 기본단위로 삼고, 정부의 정책결정은 조직행위자가 미리 수립된 표준행동절차(SOPs: Standard Operating Procedures)와 프로그램에 의해 수행된다는 것이다. 1971년 저서의 초판에서 제시한 관료정치 모델을 발전시킨 정부정치 모델(governmental politics model)은 분석의 기본단위를 정치적 결과물로서 정부의 행동을 분석의 기본단위로 삼고, 정부의 결정과 행동은

54) Margaret G. Hermann, "Indicators of Stress in Policymakers During Foreign Policy Crises," *Political Psychology*, Vol. 1 (Spring 1979), pp. 28-29. 고대원 (1998), pp. 159-160 참고.

다양한 이해관계와 권한을 가진 여러 관리들이 서로 타협하고 갈등하는 밀고 당기는 게임의 결과로 나타난다는 것이다.55)

윌리엄스는 위기 정책결정에서 나타나는 전략적 합리성(strategic rationality) 모델을 제시하고, 이에 대한 4가지 가정을 제시하고 있다. 첫째, 외교정책은 국가의 주요 가치와 목표를 달성하기 위해 정보통제에 의해 지도되고, 하나의 단일화된 정책결정 조직에 의해 수행된다. 둘째, 정책결정 조직의 정치가나 관료는 강한 책임감을 가지고 있고, 경쟁적이고 상당히 위험한 환경에 처해있는 그들의 국가이익을 보호하고 증진하는데 집중한다. 셋째, 특정 전략을 수행하기 전에 정책결정자들은 다른 국가의 가능한 대응에 대해 신중히 고려하고 평가하여 적대국에 대한 자국의 입장과 이익을 증진하려한다. 정책의 선택은 잠재적 이득과 손실에 대한 냉철한 계산과 적대국의 행동의 개연성을 기반으로 결정된다. 넷째, 외교정책은 국내정치보다 최우선적으로 고려된다. 비합리적 국내정치의 압력보다는 국가이익에 충실한 합리적이고 논리적인 계산에 의해 전략적으로 바람직 방향을 우선시한다.56)

한편 위기시 정책결정에 영향을 미치는 요인은 최고 정책결정자를 중심으로 구성된 소규모 그룹의 역할과 역동성이다. 첫째, 위기시 국가핵심 가치 위협, 불확실성, 긴급성 등이 내재된 상황에서 최고정책결정자가 다수의 정부 부처와 조직보다는 소수의 고위관리를 중심으로 구성되는 소집단을 활용하여 정책결정을 수행하는 경우가 대부분이다. 허먼은

55) Graham T. Allison and Philip Zelikow, *Essence of Decision: Explaining the Cuban Missile Crisis* (2nd Edition) (New York: Addison-Wesley Educational Publishers Inc, 1999), pp. 24, 164, 168-169, 255, 294-295.

56) Williams (1976), p. 63.

집단 구성원들이 수행하는 역할의 유형은 물론 집단 내 권력분배와 같은 집단의 구조에 관한 요소들이 외교 정책결정 과정에 영향을 미친다고 주장한다.[57] 소집단에 나타날 수 있는 집단 역동성에 대한 대표적인 연구는 재니스(Irving L. Janis)의 연구가 있다. 재니스는 집단사고(groupthink)란 "사람들이 응집력 내부 내부집단 속에 깊숙이 포함되어 있을 때, 그리고 구성원들의 만장일치를 향한 열망이 대안적인 행동계획들을 현실적으로 평가하려는 동기를 압도할 때, 사람들이 보이게 되는 사고의 양상"이라고 설명한다. 그는 소집단은 다음과 같은 특징을 가지고 있다고 설명한다. 첫째, 극도의 응집성을 가지고 있다. 둘째, 외부로부터 격리되어 있으며, 정상적으로 마땅히 정책결정에 참여해야하는 인원들이 소외되고 있다. 셋째, 집단의 지도자가 자기의 견해를 강조할 때, 그 집단의 응집성을 유지하고 만장일치로 정책을 합리화하려는 욕구에 사로잡혀 현실적이고 합리적인 대인분석의 노력을 포기하게 되는 경향이 있다.[58]

집단사고의 증후군으로는 다음과 같은 양상이 나타난다. 첫째, 그룹 구성원 전체 또는 대부분이 자신이 내린 결정이 완벽하다는 환상에 사로잡히게 된다. 둘째, 정책결정에 대한 비판이 있을 경우 이를 집단적으로 무시하고 자신의 결정을 합리화하려는 집단적 노력을 경주한다. 셋째, 자신들의 도덕성에는 전혀 문제가 없고, 자신들의 결정에 어떠한 윤리적·도덕적 결함이 없다고 확신한다. 넷째, 상대는 사악함으로 협상의 가치가 없다는 자신의 지나친 우월성에 도취되어있다. 다섯째, 그룹 내

57) 고대원 (1998), pp. 164-165; 허드슨 (2009), p. 117.
58) Irving L. Janis, *Groupthink* (2nd Edition) (Boston: Houghton Mifflin Company, 1982), pp. 9; 박한규, 『외교정책의 이해』 (서울: 경희대학교 출판국, 2005), p. 98.

반대자를 이단자로 규정하고, 그룹 전체 차원에서 응징을 가하여 그룹에 충성하게 한다. 여섯째, 정책결정에서 침묵은 찬성으로 간주하고, 자신의 결정이 절대 다수 또는 만장일치로 결정되었다고 여긴다. 이러한 집단사고의 폐해를 예방하기 위한 방법으로는 첫째, 정책책임자는 결정과정을 너무 중앙에 집중하지 말고 하위수준으로 분산해야한다. 둘째, 업무를 분산할 경우 절대 공정하여야한다. 셋째, 독립적이고 객관적인 평가를 내릴 수 있는 전문그룹을 만들고, 검토 및 토의를 통해 이 그룹에게 정책에 대한 평가를 맡긴다. 넷째, 집단내부에 한명을 어떤 정책에 대해 비판적인 의견을 제시하도록 하는 소위 내부 비판자(devil's advocate)를 지정한다. 다섯째, 적 또는 상대편의 반응과 의도에 대해 충분한 시간을 가지고 검토한다.[59)]

3. 위기 커뮤니케이션

위기시 대중들은 상황전개에 대해 알고자하고, 그들의 이익을 보호하기 위해 무엇을 할 수 있는지 확인하고자한다. 정부는 위기상황과 관련한 다양한 보도와 소문 등이 난무하는 가운데 대체로 정확한 정보를 제공하지 못한다. 국민들에게 정확하고 명확한 정보를 전달하기 위해서는 의사소통 노력이 요구된다. 위기시 지도자들에게는 불확실성을 감소시키고 위기 성격과 상황 전개 및 대응조치에 대한 권위 있는 결정이 요구된다. 지도자들은 직면해있는 위협, 위기의 원인, 가능한 대응조치 등을 포함한 위기의 실체에 대해 납득할만한 설명을 제시해야한다. 아울

59) Janis (1982), pp. 174-175, 262-268. 박한규 (2005), pp. 98-99.

러 위기조치 집행과정에서 리더십의 신뢰성 증진, 정치적 생존 및 국익에 유리한 환경을 조성하기위해서는 대중매체, 국내정치적, 국제적 수준에서 위기 커뮤니케이션이 전개되어야 한다.[60]

1) 프레임(frame) 설정

안보위기, 테러, 군사적 충돌이 발생할 경우 정부 지도자들은 사건의 발생 경위, 전개상황, 대처방안 등에 대한 의사소통이 요구된다. 이러한 위기상황에서 지도자들은 대중의 인식과 감정에 영향을 미치고, 리더십의 신뢰성 증진, 정치적 이득과 명성 및 국익에 유리한 위기해결을 위해 프레임(frame)을 설정할 기회를 갖게 된다.[61]

엔트만(Robert M. Entman)은 프레임이란 "인식된 현실들에 대한 단면을 선택하는 것으로 소통하는 메시지에서 그것들을 뚜렷이 드러나게 만드는 것"으로, 특정한 이슈에 대한 수용자의 태도와 인식에 영향을 미치는 것이라고 정의한다. 그는 또한 프레임은 "특정한 문제의 정의, 인과관계의 해석, 도덕적 평가, 대처의 권유를 증진하는 방법으로 작용된다고 설명하고 있다.[62]

효과적인 프레임 설정을 위해서는 설득력 있는 담화, 개인적 · 조직적

---

60) Boin et al. (2005), pp. 12-13, 70-71.

61) Boin et al. (2005), p. 82; Boin et al. (2017), pp. 86, 91.

62) Robert M. Entman, "Framing: Toward Clarification of a Fractured Paradigm," Journal of Communication, 43(3), Autumn 1993, p. 52; Eva-Karin Olsson, Malin Söderlund and Jesper Falkheimer, "Communicating Terror: Selecting, Reinforcing and Matching Frames in Connection to the Attacks in Norway on July 22, 2011," *Scandinavian Journal of Public Administration*, 19(1), 2015, p. 5. 이수범 · 김성학 · 한성준, "정당의 위기관리 커뮤니케이션 전략과 언론 보도 프레임에 대한 연구: 통합진보당 비례대표 경선부정 사건을 중심으로," 『현대정치연구』 5권 2호 (2012), p. 82 참고.

신뢰성, 효과적인 커뮤니케이션이 요구된다. 첫째, 능력 있는 지도자들은 위협에 직면하여 대중들의 우려감을 희석시키고 불확실성을 제거하기 위한 메시지를 발표하고 위기상황에서 벗어나기 위한 방안들을 제시한다. 위기시 설득력 있는 프레임 설정은 집단적으로 추구할 수 있는 실행 가능한 조언, 행동방책 및 적절한 해결전략을 제공한다. 위기시 프레이밍에는 통상적으로 도덕적 상상력과 정보, 논쟁, 역사적 유사성의 선택적 활용의 배합이 요구된다. 효과적인 프레임 설정방법은 상황발생에 대한 신뢰성 있는 설명, 가이드라인 제시, 희망적 방향 제시, 공감표출, 지도자의 상황통제 등이 있다.[63)]

둘째, 성공적인 프레일 설정이 이루어지기 위해서는 지도자 개인과 위기관리 조직에 대한 지지자들의 신뢰성이 중요한 요소이다. 셋째, 효과적인 커뮤니케이션이 이루어지기 위해서는 프레인 설정과 메시지 전달의 확실한 역할분담, 준비도, 전문가 개입, 전개상황 정보의 조정, 소셜미디어 전략, 균형적 투명성, 지지적 의식절차와 공식적 조사 등이 중요하다.[64)]

2) 국내정치 과정에서 위기 커뮤니케이션

정책결정자는 외교·안보정책이나 위기정책의 효율적 수행을 위해 관료, 입법부, 여론, 이익집단, 미디어 등으로부터 정책에 대한 지지를 확보하여 합의를 형성·유지하려하는데, 이는 정책의 정당성의 확보와 정치적 이익의 극대화를 의미한다.[65)] 국내정치 구조와 과정이 위기 정책

63) Boin et al. (2017), p. 87.
64) Boin et al. (2017), pp. 90-91, 93-97.

결정의 대내적 환경을 구성하기에, 위기상황에서 정책결정자들은 국내 정치 과정과 연관된 그들의 정치적 이익을 끊임없이 추구하는 경향이 있다. 위기상황에서는 평상시의 일반적인 다원주의적 정치과정을 거치지 않고 요구나 기대 등이 정책결정자들에 의해 직접 인식되어지는 경향이 있다. 따라서 이러한 요구나 기대 등의 정치적 압력은 정책결정자들이 위기방안을 수립하고 선택함에 있어 각 방안에 따르는 기대효용과 그들의 정치적 위험성과 기회를 심각하게 고려하도록 만든다.[66]

위기 정책결정 과정에서 국내정치의 영향과 더불어 위기로 인해 촉발된 공공적·정치적 불확실성을 감소시키기 위해서 정책결정자들은 의사소통의 임무를 수행해야한다. 보인과 하트에 의하면, 정책결정자들의 의사소통은 정치적 행위자(정부와 비정부기구), 매스 미디어, 대중을 포함하는 3각관계속에서 전개된다. 모든 위기상황시 정부 행위자는 대중의 행위와 의견에 직접적 영향을 미치려한다. 대중 매체는 위기의 발견, 전달 확대·완화에 중심적 역할을 하고 여론을 형성하는데 기여한다. 위기에 대한 대중들의 반응은 미디어를 통한 정보뿐만 아니라 그들의 인구통계학적·사회적 입장과 문화적·정치적 정향에 따라 다양하게 나타난다.[67]

3) 위기시 상대방에 대한 의사소통 기능

위기시 개입국간의 서로 다른 위협인식, 오인식(misperception), 위기역동성 이미지, 안보딜레마, 전략문화 등에 의해 위기 대응조치가 의도치

65) 고대원, "대북정책의 국내정치적 결정요인: 분석틀과 사례분석," 『한국과 국제정치』 제19권 4호 (2003년 겨울), p. 211.
66) 고대원 (1998), pp. 170-172.
67) Boin et al. (2017), pp. 79, 81-82, 84.

않은 방식으로 전달되거나 왜곡되면 위기확대 및 전쟁으로 전개될 가능성이 있다. 따라서 위기시 개입국간의 인식과 의도 파악, 외교적·군사적 조치 전달, 오인식 해소 등을 위한 의사소통 기능은 위기확대 방지, 전쟁억지 및 위기해결을 위해 핵심적 역할을 한다. 위기확대 및 축소는 위기통제와 강압흥정 조치를 포함하는 위기관리 전략의 수행을 집행되는 위기 당사자의 외교 및 군사적 조치(구두경고, 방어준비태세 및 정보감시태세 수준 강화, 국제적 제재, 군사력 전개 등)가 상대국에 전달되는 양태와 이에 대한 인식 및 평가에 대한 상호작용의 결과에 좌우된다고 볼 수 있다. 이와 관련해 르보(Richard Ned Lebow)는 전쟁의 원인으로 선제공격, 통제의 상실, 오산된 확대(miscalculated escalation)를 들고 있다.[68]

윌리엄스에 의하면 위기시 의사소통의 기능은 다음과 같다. 첫째, 의사소통은 위기의 구조를 규정하는데 기여하여 대결국가들이 당면한 이익의 가치를 정확하게 인식할 수 있도록 한다. 둘째, 의사소통 노력은 대결의 게임규칙을 구축하는데 도움을 주어 적대국들의 정당하거나, 암묵적이거나 금지된 행동들에 대한 공동의 추정을 공유하게 한다. 셋째, 효과적인 커뮤니케이션은 적대국의 입장과 문제들에 대한 인식과 감응도를 촉진하여 적대국에 대한 행동의 함의에 대한 정확한 평가를 가능하게 한다. 넷째, 커뮤니케이션의 성공적 수행은 오판의 가능성을 최소화시킨다. 다섯째, 커뮤니케이션은 상대방간 평화적 해결을 위한 합의와 타협적 제안들 전달될 수 있는 수단을 제공한다.[69]

68) Richard Ned Lebow, "Is Crisis Management Always Possible?," *Political Science Quarterly*, Vol. 102, No, 2 (Summer 1987), pp. 189-191.
69) Williams (1976), p. 182.

결국 효과적인 커뮤니케이션은 상대국이 자국의 위기 대응조치에 대해 어떻게 인식·평가하는지에 대한 명확한 이해에 달려있다. 상대국 반응에 대한 부정확한 예측은 오인식의 문제를 악화시켜 작용·반작용의 역동성을 확대시킬 수 있기에, 자국의 결의와 의도를 적대국에 명확하게 전달해야한다.[70] 이를 위해서는 위기시 의사소통의 기능을 활성화시키고 상대 정부와의 직접적·간접적 위기 커뮤니케이션 채널이나 핫라인의 구축이 필요하다.[71]

---

70) Rusten and Stern (1987), p. 19.

71) 위기시 정부간 커뮤니케이션 수단구축과 관련해서는 Dale M. Landi, Bruno W. Augenstein, Cullen M. Crain, William R. Harris and Brian M. Jenkins, "Improving the Means for Intergovernmental Communications in Crisis," *Survival*, Vol. XXVI, No. 5 (September/October 1984) 참고.

제2부

위기관리 체계

제2부 위기관리 체계 : 미국 · 영국 · 이스라엘 · 한국의 국가안전보장회의(NSC)

3장 미국의 위기관리 체계

Ⅰ. NSC 창설과 변천과정

제2차 세계대전 종결 이후 미국의 외교정책이 고립주의에서 개입주의로 전환됨에 따라 외교·국방·정보 분야사이의 상호협력과 대외공조를 위한 정책 조율과 통합의 필요성이 제기되었다. 또한 전후 정책과 주요국들에 대한 정책결정을 위해 대통령에게 군사·외교·경제·정보 등을 포괄한 다차원적 문제를 조언할 수 있는 제도화된 통합적 안보정책 조직체가 요구되었다. 이에 따라 1945-47년 트루먼 대통령은 진주만 공격과 같은 미국에 대한 기습공격을 예방하고 소련 공산주의 위협에 대항하기 위한 국가안보의 제도적 개혁을 추진하였다.[1)]

---

1) Richard A. Best Jr., "The National Security Council: An Organizational Assessment," *CRS Report for Congress* (December 28, 2011), p. 1; Cody M. Brown, "The National Security Council: A Legal History of the President's Most Powerful Advisers," Project on National Security Reform (2008), p. ii, 1; Alan G. Whittaker, Shannon A. Brown, Frederick C. Smith, and Elizabeth McKune, "The National Security Policy Process: The National Security Council and Interagency System," *Research Report*, Industrial College of the Armed Forces, National Defense University, Annual Update (November 15, 2008), p. 6.

미국의 NSC는 1947년 7월 26일 트루먼 행정부하에서 '국가안전보장법(National Security Act)'에 의거하여 국가안보와 관련한 대통령의 자문기구로 설치되었다. 1949년 8월에 국가안전보장법 개정을 통해 NSC는 대통령비서실(Executive Office of the President) 산하로 재편되었다.[2] NSC는 국가안보와 관련된 국내 · 외교 · 군사정책에 대해 대통령에게 조언하고, 군, 정부 부처, 관련기관이 안보관련 문제를 효과적으로 조정 · 협력하도록 하는 기능을 수행하게 되었다.[3] 이후 행정부마다 대통령의 안보정책 기조와 리더십 스타일에 따라 NSC 조직의 구성 · 기능, 위상, 보좌관 역할이 서로 달랐고 정책결정 메커니즘도 다양하게 운영되었다.[4]

트루만 대통령은 국무부와 국방부에 대한 대통령의 통제력을 강화하기 위한 목적으로 NSC를 이용했으나, 백악관내 NSC 지원 인력은 매우 소수로서 정책 분석이나 입안보다는 단순히 비서실의 역할을 수행하는데 불과했다. 아이젠하워 대통령도 트루만 대통령과 유사한 방식으로 NSC를 운영했으나, 백악관내 국가안보특별보좌관 직책을 신설하고 NSC 지원 인력을 대폭 확대하고 조직도 세분화하였다.[5]

케네디 대통령은 아이젠하워 행정부의 NSC가 지나치게 비대하고 관료적이라고 판단, 규모를 대폭 축소하고 단순한 비서실로 격하시켰으나,

---

2) The White House, "National Security Council," https://www.whitehouse.gov/nsc/; Best(2011), pp. 6-7.

3) National Security Act of 1947, p. 7.

4) Kim R. Holmes, "Memo to a New President: How Best to Organize the National Security Council," The Heritage Foundation, *Backgrounder*, No. 3098, April 14, 2016, pp. 1, 4.

5) 외교부, "미국개황," 2014.6, p. 55; Best Jr., Richard A., "The National Security Council: An Organizational Assessment," *CRS Report for Congress* (December 28, 2011), p. 8. 정춘일 · 유영철 · 서남열, "국가 위기관리체계 정비 방안 연구," 연구보고서, 한국국방연구원, 1998.7, p. 57 참고.

국무부의 정책개발 역할이 미흡함에 따라 다시 NSC의 정책개발 기능을 강화하였다. 그러나 당시 NSC는 임시 기구적 성격을 띠었고 주로 위기관리 역할을 수행하였다.[6] 케네디 대통령은 이전 아이젠하워 행정부 당시 보다 공식 NSC 회의를 자주 개최하지 않았다. 1958-1960년 3년간 NSC 회의는 125회가 개최되었는데, 1961-1963년 케네디와 존슨 대통령 당시 NSC 회의는 공식적으로 46회가 개최되었다. 1961년 케네디 행정부에서 NSC 회의는 21회, 1963년에는 단 13회가 개최되었다. 케네디 대통령은 공식적인 NSC 회의는 자주 개최하지 않았으나 NSC 법정 구성원들은 정기적으로 만나 안보현안을 논의했다. 한편 대통령 국가안보보좌관의 역할이 강화되었고, 현안중심의 임시위원회를 설치하여 특정국가와 위기사건을 다루었다.[7] 특히 위기관리와 군사작전에 대해서는 NSC 특별임시위원회가 활용되었는데, 그 대표적인 사례가 쿠바 미사일 위기 당시 운영된 NSC 집행위원회(ExCom: Executive Committee of the National Security Council)라는 핵심참모회의였다. 집행위원회(ExCom)는 쿠바 미사일 위기 초기부터 위기관리 목표 설정, 공범위한 위기조치 수단 검토 및 실행에 이르기까지 13일 동안 미국의 대응책을 검토하고 결정하는 중추적 기능을 수행하였다.[8]

한편 1961년 5월 피그만 사건 이후 케네디 대통령은 백악관상황실

---

6) 외교부, "미국개황," 2014, p. 55.

7) U.S. Department of State, Office of the Historian, *Foreign Relations of the United States, 1961-1963, Volume VIII, National Security Policy*, "Overview," https://history.state.gov/historicaldocuments/frus1961-63v08.

8) Robert F. Kennedy, *Thirteen Days: A Memoirs of the Cuban Missile Crises* (New York: W.W. Norton & Company, 1971), p. 8; 전경만 · 정춘일, "신안보정책 결정체계 정립방안 연구," 연구보고, 한국국방연구원, 1994.12, p. 16.

(White House Situation Room)을 설립하여 위기관리 업무 지원과 정보제공 업무를 담당하게 하였다. 백악관상황실은 백악관 웨스트 윙 지하에 위치하였으며 회의시설 운영, 보안통신 처리, 정보수집의 중심 및 비상대비 활동의 역할을 수행하였다. 상황실 요원은 정보기관, 국방부 및 군 등에서 파견된 요원으로 구성되었고, 모든 국가안보기관, 미국 대사관 및 군 지휘부와의 24시간 통신 업무를 담당하였다.[9)]

존슨 대통령은 주요 안보정책을 국무부장관, 국방부장관, CIA국장과의 소규모 비공식 회의를 거쳐 직접 결정함으로써 NSC의 역할이 미비했다. 닉슨 대통령은 케네디와 존슨 행정부에서 NSC가 지나치게 비공식 기구로 약화되었다고 생각했으나 아이젠하워 행정부 당시처럼 지나치게 관료 조직화되는 것도 견제하여, 정책입안을 일차적으로 각 부처에서 하되 NSC에서 지속적으로 재분석을 하도록 하는 방식으로 운영했다. 그러나 키신저 국가안보보좌관이 국무부장관에 취임한 이후에는 국무부의 위상 강화로 인해 NSC 기능이 크게 위축되었다.[10)]

카터 대통령은 닉슨 대통령과 정반대로 NSC를 운영하여, NSC에서 먼저 정책을 수립한 이후 각 부처에서 이를 분석·검토하도록 했으나, 국무부와 국가안보보좌관의 경쟁 및 NSC와 실무부처간의 의견 대립으로 정책 입안과 시행이 교착상태에 직면했다. 이를 해결하기 위해 후기에 NSC의 기능을 대폭 강화함에 따라 국무부의 역할이 약화되기도 했다. 레이건 대통령은 카터 행정부 말기 NSC의 비대화에 문제가 있다고 판단

9) Whittaker et al. (2011), p. 8; The White House Blog, "Inside the Situation Room," December 18, 2009, http://www.whitehouse.gov/blog/2009/12/18/inside-situation-room; Wikipedia, "White House Situation Room," 27 March 2015, http://en.wikipedia.org/wiki/White_House_Situation_Room.

10) 외교부, "미국개황," 2014, p. 55. 길정일, "미국 국가안보회의(NSC) 운영사례 연구," 『국가전략』, 제6권 2호 (2000), p. 104 참고.

하여, NSC 보좌관실 조직을 대폭 격하시키고 국무부를 중심으로 국방부 등 실무 부처에 주로 의존했다.[11)]

부시 대통령은 레이건 행정부와 유사한 방식으로 NSC를 운영했으나 주요 대외정책에 대한 대통령 자신의 정책결정 개입이 확대됨에 따라 레이건 행정부 당시 보다는 NSC의 역할이 강화되었다. 클린턴 행정부에서 NSC는 과거보다 많은 부처를 포용함으로써 다수 부처간 의견 조율이 가능해졌지만 효율성은 감소했다.[12)]

부시 행정부는 2001년 출범 직후인 2001년 2월 13일 국가안보대통령지시서(NSPD: National Security Presidential Directives) 1호를 통해 클린턴 행정부의 NSC 체계를 대폭 개편하였다. 콘돌리자 라이스를 국가안보보좌관으로 임명하고 NSC 인원을 1/3로 축소하고 미국의 방위전력과 국제경제에 중점을 두는 방향으로 NSC 조직의 개편을 단행했다.[13)]

NSC의 대테러리즘 관련 조직으로 클린턴 행정부 당시 대테러리즘국가조정관(National Coordinator for Counter-Terrorism)이 의장을 맡고 있던 대테러리즘안보그룹(CSG: Counter-Terrorism Security Group)은 부시행정부의 NSPD-1에 의해 재조정되어 정책조정위원회의 '대테러리즘 및 국가대비' 조직으로 변경되었다.[14)] NSC 사무처는 사무처장과 2명의 사무차장 하에 6개의 지역국과 11개의 기능국으로 구성되었으며 대통령에

11) 외교부, "미국개황," 2014, p. 55; 길정일(2000), pp. 104-105.

12) 외교부, "미국개황," 2014, p. 55.

13) Ivo H. Daalder, "How Operational and Visible an NSC?," Brookings Institution, February 23, 2001; Brown(2008), p. 71; 외교부, "미국개황," 2014, p. 55.

14) The White House, "Combating Terrorism: Presidential Decision Directive 62," *Fact Sheet*, May 22, 1998, p. 1; Roger Cressey, "U.S. Counter-Terrorism Policy and Organization," MIT SSP, *Wednesday Seminar Series*, September 27, 2000, p. 1; The White House, National Security Presidential Directive-1, "Organization of the National Security Council System," February 13, 2001, p. 5.

게 제출할 정책에 대한 예비검토 및 부처간 실무정책 조정을 담당했다. 담당자들은 NSC 직원, 행정부 및 연구소 등에서 파견된 정책전문가들로 구성되었다. 이러한 NSC 체제 하에서 9/11 테러사건 당시 플로리다를 방문 중이었던 부시 대통령과 백악관의 콘돌리자 라이스 국가안보보좌관과의 통화가 이루어졌고, 딕 체니 부통령, 리처드 클라크 대테러조정관, 국방부, 안보관련 기관간의 원격 화상회의 등이 개최되어 위기관리를 수행했다.[15)]

오바마 대통령은 NSC 참석범위를 확대함으로써 주요 현안에 대한 NSC의 조정역할을 강화하고, 전통적인 외교·안보 영역을 넘어서는 복합적인 안보위협에도 대처할 수 있는 방향으로 NSC를 개편했다.[16)] 2009년 5월 26일 오바마 대통령은 비전통적이고 초국가적인 21세기 위협에 통합적으로 대처하기 위해 2001년 창설된 국토안보회의(HSC: Homeland Security Council)는 유지하되 국토안보회의 참모조직을 NSC 참모조직과 통합하기로 결정하였다. 이로 인해 테러리즘과 대량살상무기(WMD), 자연재해, 질병 유행 등 국내 안보와 관련된 업무와 직원들이 NSC로 통합되었다. 국토안보보좌관은 대통령에게 직접적이고 신속한 접근이 가능하나 국가안보보좌관에게 보고할 의무가 있다.[17)] NSC 인원은 2000년 클린턴 행정부 당시 100명에서 부시행정부에서 2001년 70명 정도로 감축되

15) National Commission on Terrorist Attacks Upon the United States, "The 9/11 Commission Report," pp. 35-39 참고.

16) 외교부, "미국개황," 2014, pp. 55.

17) The White House, "Statement by the President on the White House Organization for Homeland Security and Counterterrorism," May 26, 2009; The Association of the United States Army's Institute of Land Warfare, "Reforming the National Security Council for the 21st Century: Integrating Homeland Security and Transnational Threats," *Defense Report*, DR 09-4 (July 2009), p. 1.

었다가 2008년 109명으로 증가되었다. 오바마 행정부에서는 국토안보회의 참모조직이 통합되면서 인원이 240명으로 증가하였다.[18)]

Ⅱ. NSC 회의체와 정책결정 메커니즘[19)]

오바마 행정부를 기준으로 볼 때, NSC 회의체는 NSC와 관련부처 조율을 위한 위원회들로 구성되었다. 본회의인 NSC 회의는 안보정책에 관해 국내, 외교, 군사, 정보 및 경제 정책을 통합하여 대통령을 보좌하는 최고회의이다. NSC의 정규 참석자는 대통령을 의장으로 부통령, 국무부장관, 재무부장관, 국방부장관, 국가안보보좌관이다. 법정 보좌진으로는 CIA국장과 합참의장이 참석하고, 대통령비서실장과 경제정책보좌관도 회의에 참석하였다. 대통령고문, 검찰총장, 백악관관리예산처장 등도 사안에 따라 참석하였다. 국가안보보좌관은 대통령의 지시와 NSC 구성원들과의 협의를 통해 안건을 정하며 필요한 문건을 작성한다.[20)]

NSC 위원회는 관련 부처 간 정책조율을 위한 조직으로 참석자의 직급에 따라 '장관급위원회(NSC/PC: NSC Principal Committee)', '차관급위원회(NSC/DC: NSC Deputies Committee)', '부처간정책위원회(NSC/IPCs: NSC

18) Gabriel Marcella (ed.), "Affairs of State: The Interagency and National Security," Strategic Studies Institute, U.S. Army War College (December 2008), pp. 8-9; The Association of the United States Army's Institute of Land Warfare (2009), p. 1; John P. Burke, "The Obama National Security System and Process: At the Sixth Month Mark," *The White House Transition Project* (August 3, 2009), p. 2.

19) 윤태영 (2010), "미국과 한국의 국가안전보장회의(NSC) 체제 조직과 운영," pp. 234-236 인용.

20) The White House, Presidential Policy Directive-1, "Organization of the National Security Council System," February 13, 2009, pp. 1-2.

Interagency Policy Committee)'로 구분된다. 장관급위원회(NSC/PC)는 부처간 고위직 협의로서 국가안보와 관련된 정책적 문제를 검토한다. 법정 참석자로 국가안보보좌관이 의장이 되며 국무부장관, 재무부장관, 국방부장관, 대통령비서실장 등이 참석한다. CIA국장과 합참의장은 사안의 필요성에 따라 참석한다. 국가안보보좌관은 NSC/PC 구성원들과 협의를 통해 NSC/PC를 소집하고, 안건을 정하며 필요한 문건 준비 및 결정사항을 적시에 회람시킨다.[21]

차관급위원회(NSC/DC)는 부처간 하위 각료급 협의체로서 국가안보와 관련된 정책 사안을 검토한다. 이 위원회는 국가안보회의의 부처간 조정업무를 지시검토하고, NSC와 NSC/PC에서 현안 분석과 정책결정을 논의하기 전에 상정안건을 검토한다. NSC/DC는 국가안보부보좌관을 의장으로 국무부부장관, 재무부차관, 국방부부장관, 검찰부총장, 관리예산처 부처장, CIA부국장, 합참차장, 부통령안보보좌관 등이 참석한다. NSC/DC는 위기관리를 담당하고 있으며, 동 위원회의 정규 참석자는 신속한 위기관리를 위해 위원회 소집을 요청할 수 있다.[22]

부처간정책위원회(NSC/IPCs)는 다수 기관의 안보정책 개발과 수행 관리 및 부처간 일일정책에 대한 조정을 담당한다. NSC/IPCs는 NSC 상위 위원회의 판단을 위한 정책분석을 제공하며 대통령의 적시적인 결정을 지원한다.[23]

21) Presidential Policy Directive-1 (2009), pp. 2-3.
22) Presidential Policy Directive-1 (2009), pp. 3-4.
23) Presidential Policy Directive-1 (2009), pp. 4-5.

〈그림 3-1〉 미국 NSC 체계 조직도

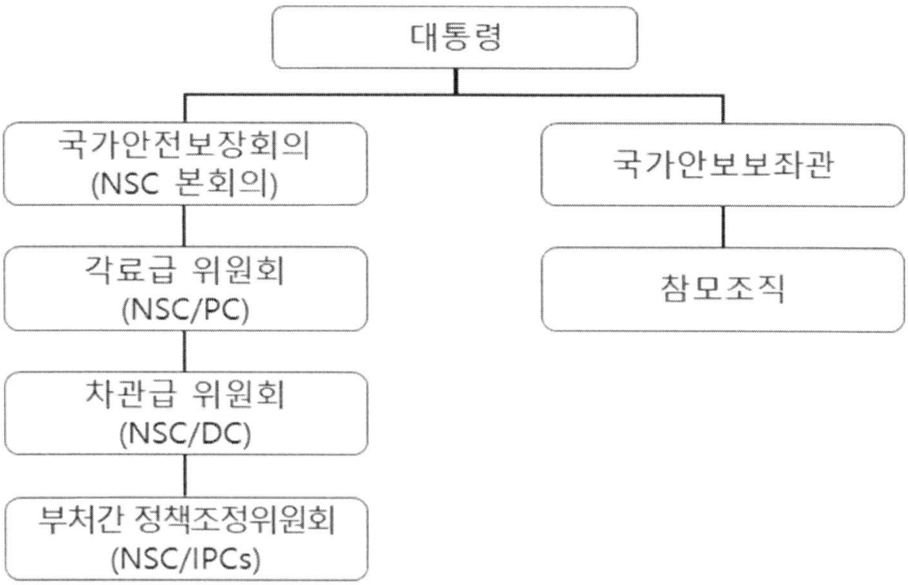

* 출처: 김열수, 『21세기 국가위기관리체제론: 한국 및 외국의 사례 비교연구』 (서울: 오름, 2005), p. 95, 필자 수정·작성; The White House, Presidential Policy Directive-1, "Organization of the National Security Council System," February 13, 2009 참고.

Ⅲ. NSC의 위기관리 역할[24)]

위기상황이 발생할 경우 대통령은 NSC 회의체에 전적으로 의지하거나 NSC 내에서 위기관리그룹을 조직하여 활용하기도 하였다. 위기조치그룹의 예는 쿠바미사일 위기시 케네디 대통령이 소집한 NSC의 집행위원회(ExCom: Executive Committee), 닉슨대통령 당시 워싱턴특별행동그룹(WSAG: Washington Special Actions Group), 카터 대통령 당시 특별조정위

24) 윤태영 (2010), pp. 239-240 인용.

원회(SCC: Special Coordinating Committee), 레이건 대통령 당시 특별상황그룹(SSG: Special Situation Group), 위기사전기획그룹(CCCG: Crisis Pre-Planning Group) 및 위기관리센터(CMC: Crisis Management Center), 클린턴, 부시 및 오바마 행정부의 '위기관리차관급위원회(Deputies Committee/CM)' 등이 있다.[25)]

위기관리를 위한 NSC의 역할은 ① 위기에 대한 명확한 확인, ② 포괄적이고 객관적이며 계속적인 정보수집 위임, ③ 외부와 내부 전문가들과 협의, ④ 주요 참여자의 정책대안 도출과 모든 견해 취합, ⑤ 시나리오 분석을 통한 대응방안의 함의와 결과에 대한 정확한 확인, ⑥ 정보, 대안 및 상황변수 제공을 통해 대통령의 결정 촉진, ⑦ 대통령의 결정을 모든 행위자에게 신속하게 연락, ⑧ 제안된 방안에 대한 모든 법률적 제한사항 준수, ⑨ 정책수행에 대한 신중한 모니터, ⑩ 즉시적이고 전략적인 정책평가와 프로그램 검토 등이다.[26)] 국가안보보좌관은 위기관리 임무를 총괄적으로 지휘하고, 위기확대를 완화시키는 동시에 다양한 국제행위자를 관리해서 효과적인 위기관리를 달성해야하는 위치에 있다. 따라서 국가안보보좌관은 대통령의 통제와 지침 하에 신속하고 조율된 위기조치를 위해 관련 부처와 협의하고, 위기상황 전개가 안보에 미치는 영향에 대해 대통령에게 적극적으로 조언하는 역할을 수행한다.[27)]

---

25) John (1998), pp. 105-106; Carnes Lord, "Crisis (Mis-) Management," *Joint Forces Quarterly* (Summer 1999), p. 75; Carnes Lord, "Rethinking the NSC Role," *Comparative Strategy*, vol. 6, no. 3 (1987), pp. 260-261; The White House, National Security Decision Directive Number 3, "Crisis Management," (December 1981), pp. 1-2; Presidential Policy Directive-1 (2009), p. 4.

26) John (1998), pp. 109-110.

27) John (1998), p. 110; Whittaker et al. (2011), p. 26.

위기 상황시 NSC의 장관급위원회(NSC/PC), 차관급위원회(NSC/DC) 및 부처간정책위원회(NSC/IPCs)는 손실을 최소화하고 위기확대를 예방하며 다양한 행위자와 이해당사자의 활동을 조정하기 위해 수시로 개최된다. 특히 위기관리를 담당하는 NSC/DC의 지침에 따라 NSC/IPCs는 부처별 위기관리 메커니즘의 조정업무를 담당하며, NSC/PC와 NSC/DC에서 논의될 정책 사안을 준비하고 상위위원회의 지침과 정책 판단 및 결정을 처리한다. NSC의 위기관리 요원에게는 유연한 사고, 지속적 개입, 경보체제 유지, 전략적 중점사항 숙지, 보고서 작성 능력 및 공정한 시각 등의 능력이 요구된다.[28)]

NSC는 1962년 10월 쿠바미사일 위기, 1968년 1월 푸에블로호 나포사건, 1973년 10월 아랍·이스라엘 전쟁, 1975년 5월 마야구에즈호 나포사건, 1979-81년 이란 미 대사관 인질사건, 1982-83년 레바논 위기, 1991년 걸프전, 1999년 코소보 위기, 2001년 9/11 테러사건 등의 위기 발생시 위기관리 임무를 수행하였다.[29)]

Ⅳ. 위기 커뮤니케이션 조직

미국 정부의 커뮤니케이션 체계는 백악관, 국무부 및 각 부처 대변인실을 중심으로 구성되어있다. 대통령 중심제 정치제도를 유지하고 있는

28) Whittaker et al. (2011), pp. 32-33, 39-40; National Defense University, "Interagency Management of Complex Crisis Operations Handbook," (January 2003), p. 9.

29) Anthony Wanis-St. John, "The National Security Council: Tool for Presidential Crisis Management," *Journal of Public and International Affairs*, vol. 9, no. 1 (1998), pp. 116-119; Whittaker et al. (2011), p. 33 참고.

미국은 국가전체 차원의 국정 공보 총괄조직으로 백악관 내 공보보좌관, 공보기획비서관실 및 대변인실을 운영하고 있다. 공보보좌관은 공보기획, 미디어 활동, 연설문 작성, 공보업무와 관련하여 대통령을 보좌하고 있다. 공보기획비서관실은 중장기 정책홍보 계획 수립, 전국 언론매체를 통한 메시지 수립 · 조정 · 일관성 관리, 홍보수단 개발 등의 업무를 담당하고 있다. 대변인실은 대외발표의 창구로서 대통령을 포함한 정부활동 관련 상황과 사건 정보수집, 대통령 관련 국내외 행사 공보활동, 브리핑 등을 통한 미디어 접촉, 일일 대언론 활동 회의, 보도자료 배포 및 브리핑 개최, 미디어 보도 모니터링 등의 업무를 담당하고 있다.[30]

위기시 커뮤니케이션 분야에서는 백악관의 언론담당 수석비서관이 핵심적 역할을 수행하고 있다. 주요업무는 일일 및 특별 언론 브리핑의 개최이며, 대부분의 브리핑이 텔레비전으로 방송된다. 언론담당 비서관과 커뮤니케이션 담당자는 수석보좌관 뿐만 아니라 현안으로 대두되는 사안을 담당하는 보좌관과 긴밀히 협력하여 활동한다. 일반적으로 주요 현안은 대통령에게 보고가 되고, 사안의 성격이나 중요도에 따라 다양한 방식의 전달방식이 활용되고 있다.[31]

국무부의 공보조직은 정부 대변인을 맡고 있는 공보담당 차관 산하에 차관보 3명, 비서관 3명, 10개의 부서로 구성되어있다. 공보담당 차관실의 주요 역할은 대외발표 등 언론업무 수행, 연방정부 내의 지역정부와 대외정책 조율, 지역언론 및 외신 지원 업무, 국내외 영상음반 및 홍보

---

30) 강정석 · 이재호 · 최호진, “정부신뢰와 소통제고를 위한 Public Relations 시스템 구축,” KIPA 연구보고서 2010-29, 한국행정연구원, 2010, pp. 281-282.

31) 이근형, “국정홍보 효율화를 위한 정부 조직 구성과 운영방안 연구,” 동국대학교 언론정보대학원 석사학위논문, 2001, p. 46; 강정석 · 이재호 · 최호진 (2010), pp. 292-293.

자료 제작지원 등이다. 공보담당 차관실에서는 공공외교 중심의 해외공보를 주로 담당하면서 국내공보의 일부 기능도 수행하고 있다. 또한 일반적으로 각 연방부처 공보담당조직은 공보담당 차관보가 담당하고 있다. 국내공보는 각 부처별로 공보실(OPA: Office of Public Affairs)이라는 조직을 두고 부처의 현안과 연관된 국내공보 업무를 담당한다.[32)]

32) 김영창, "정부 PR의 조직과 기능에 관한 연구: 국정홍보처를 중심으로," 연세대학교 언론홍보대학원 석사학위논문, 2003, pp. 45-47; 강정석 · 이재호 · 최호진 (2010), pp. 283-285, 289

4장 영국의 위기관리 체계

Ⅰ. 내각사무처 브리핑룸(COBR) 회의와 정책결정 메커니즘

영국은 의원내각제 정치제도 하에서 내각은 국가 주요정책의 최종 결정, 정부의 최고 통솔기능 및 정부 부처간 업무조정 역할을 하며, 대부분의 정책결정은 관련부처 장관들로 구성되는 내각내 상설 또는 특별위원회에서 검토되어 각료회의에 상정하여 처리되어왔다. 2차 세계대전이후 1946년에 영국 정부는 국방위원회(Defence Committee)를 설치하여 국방 방침과 전략을 심의하고 내각에 조언하는 역할을 담당하도록 했다. 이후 1964년 국방위원회(Defence Committee)를 모체로 수상이 의장을 맡는 국방·대외정책위원회(Defence and Oversea Policy Committee)와 하위기구인 국방회의(Defence Council)을 설치하여 국방 및 안보정책을 심의·결정하였다. 국방·대외정책위원회는 안보정책의 조정과 내각에 대한 보좌기능을 수행하고 구성원은 수상이 의장을 맡고 외무부장관, 국방부장관, 내무부장관, 연방관계장관 등이었다. 국방회의는 국방·군사정책의 종합조정 역할을 수행하고 내각과 국방대외정책위원회에 보고하는 체계를 갖추었다.[33]

영국의 정보공동체는 외무부장관의 통제 하에 국외정보활동을 담당하

---

33) 외무부, “영국개황,” 1998.2, p. 10; 박재하·정길호, “국가안전보장회의의 활성화 방안연구: 기능 및 기구 정립을 중심으로,” 『국방논집』 제7호 (1988.12), pp. 187-188; 정춘일·유영철·서남열 (1998), p. 67. The National Archives, “Cabinet and its committees,” http://www.nationalarchives.gov.uk/help-with-your-research/research-guides/cabinet-and-committees.

는 비밀정보부(MI6), 내무부장관의 통제 하에 국내정보활동을 담당하는 보안부(MI5), 외무부장관의 통제 하에 신호정보를 담당하는 정부통신본부(GCHQ: Government Communications Headquarters), 국방부장관의 통제 하의 국방정보참모부(DIS: Defence Intelligence Staff)로 구성된다. 내각사무처 산하에 합동정보위원회(JIC: Joint Intelligence Committee)는 안보 · 국방 · 테러리즘 관련 정보에 대한 보좌 · 통제 역할을 수행하고 있다.[34) 1989년 보안부법은 보안부(MI5)의 임무를 ① 스파이 · 테러 · 파괴 · 외국정보요원 활동, 정치 · 경제 · 폭력적 수단으로 민주주의를 전복 · 훼손하려는 활동으로부터 국가안보 보호, ② 외국인의 행동과 의도에 의한 위협으로부터 영국의 경제적 이익 보호라고 규정하고 있다. 보안부(MI5)는 스파이 활동, 테러리즘, 대량살상무기(WMD) 확산, 사이버 위협 등을 영국에 대한 중대한 위협요소라고 강조하고 있다.[35)] 2003년 6월에는 보안부에 합동테러리즘분석센터(JTAC: Joint Terrorism Analysis Centre)가 설치되어 국내외 테러리즘에 대한 통합된 정보 분석, 평가, 경보발령 등의 역할을 담당하였다.[36)].

위기관리 조직과 관련하여, 1972년에 접어들어 영국 정부는 테러사건에 대처하기 위해 작전통제, 통신 및 첨단기술 등을 포함하는 우발사태 계획을 준비하기 위해 연구그룹을 설립했다. 이 그룹은 내각사무처 브리핑룸(COBR 또는 COBRA: Cabinet Office Briefing Room A)에 위치하였

34) House of Commons, Home Affairs Committee, "Project CONTEST: The Government's Counter Terrorism Strategy," Ninth Report of Session 2008-09, 29 June 2009, pp. 5-8.

35) Security Service, MI5, "What We Do," https://www.mi5.gov.uk/home/about-us/what-we-do.html.

36) Security Service, "Joint Terrorism Analysis Centre," https://www.mi5.gov.uk/home/about-us/who-we-are/organisation/joint-terrorism-analysis-centre.html.

다. 이후 내각사무처 브리핑룸(COBR) 회의는 영국 국가안보 및 위기 정책결정을 담당하는 국가비상대책위원회의 역할을 수행하고 있다. COBR 회의의 목적은 위기 사건시 중앙정부의 대응에 있어 효과적인 정책결정과 주요부처(안보, 정보기관, 경찰 등)의 자원을 활용하여 신속한 조정을 제공하는 것이다. 이후 내무부장관이 COBR의 의장을 맡아 1980년 이란 인질사건시 특수부대(SAS)를 동원하여 위기를 해결하는데 핵심적인 역할을 수행했다. 1982년 2월 대처 총리는 런던 스탠스테드 공항에 강제 착륙한 에어 탄자니아 항공기 납치에 대응하기 위해 한 번 COBR 회의의 의장을 맡았다. 67명의 영국인이 사망한 9/11 테러 당시 2001년 9월 11일 블레어 총리가 의장을 맡아 COBR 회의가 개최되었고 10월에는 3회 개최되었다. 블레어 총리는 과도한 토론모임을 배제하고 공식적인 COBR 회의보다 비공식적이고 소규모 선별된 내부모임을 선호하는 정책결정 방식을 채택하였다.[37)]

2005년 7/7 런던 테러 당시 영국정부는 대테러 위기관리를 위해 COBR 회의를 개최하였다. 또한 합동테러리즘분석센터(JTAC)도 테러용의자 관련 정보 분석 등의 신속한 대응으로 비교적 효과적인 대테러리즘 위기관리를 수행하였다.[38)]

---

37) James Boys, "Intelligence Design: UK National Security in a Changing World," *A Target Paper*, The Bow Group, July 2012, pp. 12-13; Chris Mason, "London 2012: What exactly is a Cobra meeting?," BBC News, 23 July 2012, http://www.bbc.com/news/uk-politics-18958032.

38) The Stationery Office, "Report of the Official Account of the Bombings in London on 7th July 2005," 11th May 2006, pp. 7-10; *Homeland Defense Journal*, "The London Bombing. Special Report," July 29 2005, p. 3.

Ⅱ. NSC 창설과 정책결정 메커니즘

2008년 3월 브라운 노동당 정부 당시 논의와 2010년 보수당 정책보고서에서 임시회의체 성격의 COBR 운영체제를 개선하여 국가안보 지휘통제와 위기관리 임무를 담당하는 새로운 국가안보작전센터와 같은 공식적 기구의 필요성이 제기되었다.[39] 이에 따라 2010년 5월 12일 캐머런 정부는 출범 직후 국가안보 정책 전반을 조정·통합·감독하고 총리를 보좌하기 위해 NSC를 창설하고 국가안보보좌관을 임명하였다. NSC는 법적근거 없이 정부조직 개편을 통해 창설되었다.[40] NSC 창설과 함께 COBR 회의의 존속에 대해 많은 논란이 있었으나 이를 존속시키기로 하고, NSC는 정책기획을 담당하고 COBR 회의는 작전통제적 업무를 담당하기로 결정했다. NSC 산하에 위원회를 두어 중장기적 안보현안에 대한 정책기능을 부여하고, COBR 회의는 당면한 위기에 대한 위기관리와 작전적 업무의 수행을 담당하도록 역할 분담을 하였다.[41]

캐머런 정부 당시 NSC의 참여 구성원은 총리를 의장으로 하고, 부총리, 외교부장관, 재무부장관, 내무부장관, 국방부장관, 에너지·기후변화부장관, 국제개발부장관, 재무부수석국무상, 내각사무처장관 등이었다. NSC 산하에는 위협·위험·복구·우발사태위원회, 핵억지·안보 위원회, 등장세력위원회 등 3개의 위원회를 설치하였다.[42]

---

39) Boys (2012), pp. 14, 23.

40) Jon Lunn, Louisa Brooke-Holland, Claire Mills, "The UK National Security Council," House of Commons Library, *Briefing Paper*, Number 7456, 11 January 2016, pp. 4-5; GOV.UK, "Announcement: New National Security Council Established," 12 May 2010, https://www.gov.uk/government/news/new-national-security-council-established.

41) Boys (2012), pp. 22-23; House of Lords and House of Commons, Joint Commission on the National Security Strategy, "First review of the National Security Strategy 2010," First Report of Session 2010-12, 27 February 2012, pp. 26-27.

〈그림 4-1〉 영국의 NSC 조직

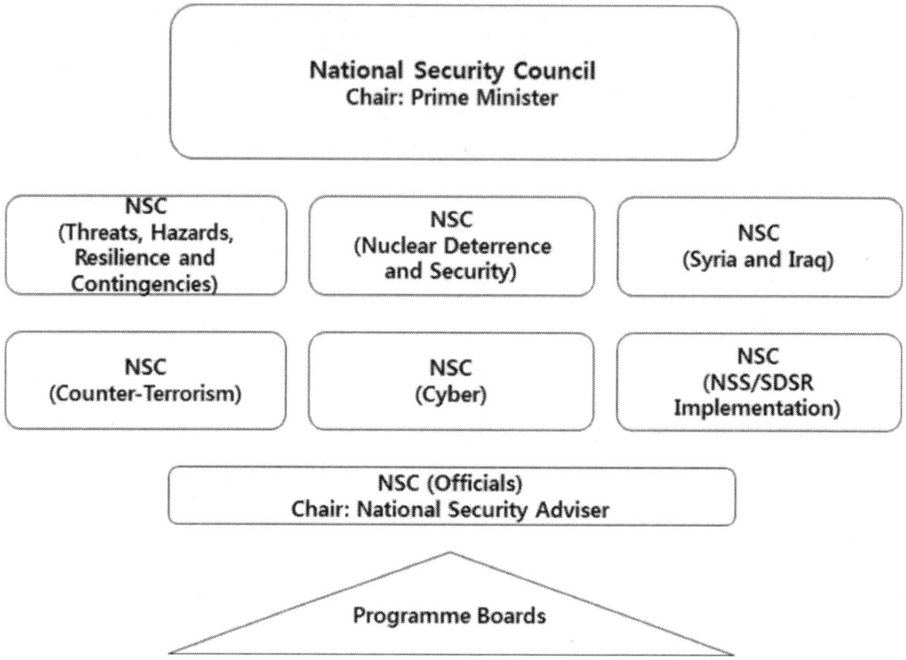

* 출처: HM Government, "National Security Strategy and Strategic Defence and Security Review 2015: A Secure and Prosperous United Kingdom," 23 November 2015, p. 82, 필자 요약·작성.

국가안보보좌관 휘하에 국가안보비서실(National Security Secretariat)이 신설되어 NSC와 합동정보위원회(JIC)를 지원하며 안보, 대테러리즘, 위기관리 등 국가안보 전반에 대해 총리를 보좌하는 역할을 담당한다. 국가안보비서실은 내각사무처 브리핑룸(COBR)을 운영하며 안보, 정보, 테러공격 및 비상사태를 포함한 정부 위기관리 전반에 대한 업무를 보좌하

42) Cabinet Office, "National Security Council," https://www.gov.uk/government/organisations/national-security/groups/national-security-council; Joe Devanny and Josh Harris, "The National Security Council: National Security at the Centre of Government," Institute for Government, 4 November 2014, p. 25.

고 있다. 2010년 10월 국가안보비서실은 국가안보보좌관을 수장으로 전략방위 · 안보검토, 외교 · 국방정책, 전략 · 대테러리즘, 안보 · 정보, 사이버안보, 민간비상사태 등을 담당하는 부서로 구성되었다. 국가안보보좌관의 임무는 첫째, NSC의 비서로서 회의 전반을 준비하고 관련부서 대표자와 사전회의를 통해 안건을 조율하고, 회의 이후 이행사항을 점검하는 것이다. 둘째, 외교정책에 대해 총리를 보좌하는 업무를 담당한다. 셋째, 국가안보비서실의 수장으로서 역할을 수행한다.[43]

〈그림 4-2〉 영국의 NSC 정책결정 메커니즘

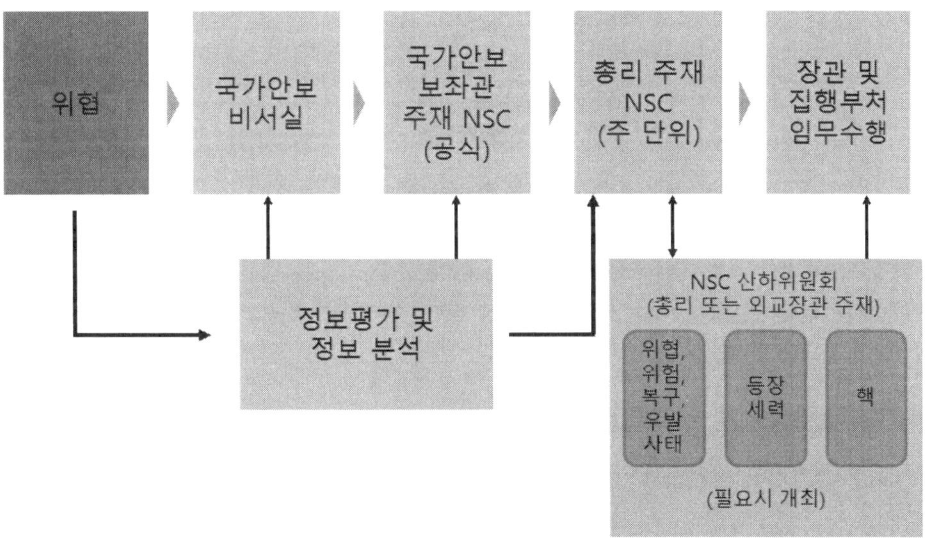

* 출처: HM Government, "Securing Britain in an Age of Uncertainty: The Strategic Defence and Security Review," October 2010, "Fact Sheet 21: Coordinating Our National Security Approach," p. 2.

43) House of Commons, Home Affairs Committee, "Project CONTEST," p. 8; Cabinet Office, "National Security and Intelligence," https://www.gov.uk/government/organisations/national-security.

2011년 리비아 위기 당시 NSC는 리비아위원회(NSCL)를 구성하고 62차례의 회의를 통해 위기관리 임무를 수행했다. 이는 미국이 1962년 쿠바 미사일 위기 당시 NSC에 임시로 집행위원회(ExCom)를 설치하여 대응했던 방식과 유사했다.[44]

Ⅲ. 위기 커뮤니케이션 조직

영국에서 국정 커뮤니케이션의 총괄 조정기능은 총리실과 내각사무처에서 담당하고 있다. 총리실은 수석(Permanent Secretary)을 중심으로 정책실, 총리비서실, 대변인실로 구성되어있다. 정책실은 총리에게 정책방안을 제공하고 총리의 주요 국정현안에 대한 범부처간 업무조정을 담당하고 있다. 총리비서실은 정부부처 파견 공무원으로 구성되며, 연설문 작성, 일정 관리, 타부처 비서실과의 연계를 통해 총리를 보좌하고 있으나 소규모로 자체 정보 수집·분석 능력은 보유하지 않고 있다. 대변인실은 대변인과 2명의 부대변인으로 구성되며 총리의 기자회견, 이미지 관리, 연설문 작성, 여론분석을 담당한다.[45]

내각사무처는 내각과 내각의 위원회를 보좌하는 기구로 각 부처의 파견 직원으로 구성되며 부처간 정책조율을 담당하고, 문서 회람·배포, 토의내용 기록, 내각 결정사항 집행을 수행한다. 내각사무처는 국방·외

44) Boys (2012), p. 23; Prime Minister's Office, "Libya crisis: National Security Adviser's view of central coordination and lessons learned," 29 April 2013, p. 3; House of Lords and House of Commons (2012), p. 27.

45) 주 영국 대한민국 대사관, "영국 정세: 영국의 정치제도," 2008.9.19.; Cabinet Office, "Structure Charts," 30 June 2010, https://www.gov.uk/government/uploads/ system/uploads/attachment_data/file/60745/Cabinet-Office_0_0.pdf.

교 · 경제 · 국내 · 유럽 정책 담당으로 구성되고, 정책결정까지 책임을 지며 결정사항의 집행은 담당부처에 일임하고 있다. 이외에 내각이 필요로 하는 정보를 외교부, 보안부(MI5), 비밀정보부(MI6), 국방정보참모부(DIS) 등을 통해 수집하여 이를 종합 · 분석하는 합동정보위원회(JIC) 등이 있다. 내각사무처차관(Cabinet Secretary)은 1982년부터 Head of Home Civil Service의 역할을 겸직하여 위상이 높아졌다. 내각사무처차관과 내각사무처의 4개 부서장들은 위원회 제도의 확대에 따라 그 역할이 증대되고 있다.[46)]

내각사무처에서 공보활동을 담당하는 부서는 정부 커뮤니케이션 공보수석(Permanent Secretary in Government Communications)을 수장으로 한 정부 커뮤니케이션 그룹(Government Communication Group)이 활동하고 있다. 내각사무처 산하의 내각 공보실(Cabinet Office Press Office)은 중앙뉴스 데스크, 제도적·정치적 개혁 데스크, 그리고 거대사회·투명성·효율성·개혁 데스크 등 3개의 부서로 구성되어있다. 이들의 임무는 인쇄, 방송, 인터넷 매체에 대한 내각 각료들 및 내각관리단의 정책 대변 등이다. 한편 내각 공보실내의 총리의 언론담당 수석비서관(Chief Press Secretary)이 영국 정부의 모든 공보부서를 총괄하면서 총리의 대언론담당 대변인으로서의 역할을 수행하고 있다.[47)]

영국 정부는 언론 또는 대중 매체를 통한 위기관리의 중요성을 인식하고, 위기관리 조직 및 정부 내에 대언론관계를 담당하는 다양한 기관

46) 주 영국 대한민국 대사관 (2008).
47) 이민호, "사회적 소통 제고를 위한 국정 PR시스템 구축 및 운영방안: 거버넌스 및 소통 메커니즘을 중심으로, KPA 연구보고서 2013-38, 한국행정연구원, 2013, p. 133; 강정석 · 이재호 · 최호진 (2010), pp. 375-376, 382.

을 설치하여 운영 중이다. 예를 들면 골드조정그룹의 언론담당, 내각의 언론 협조 및 조정센터 등이 있다.[48]

〈그림 4-3〉 영국 정부의 대언론 대응기관 구성도

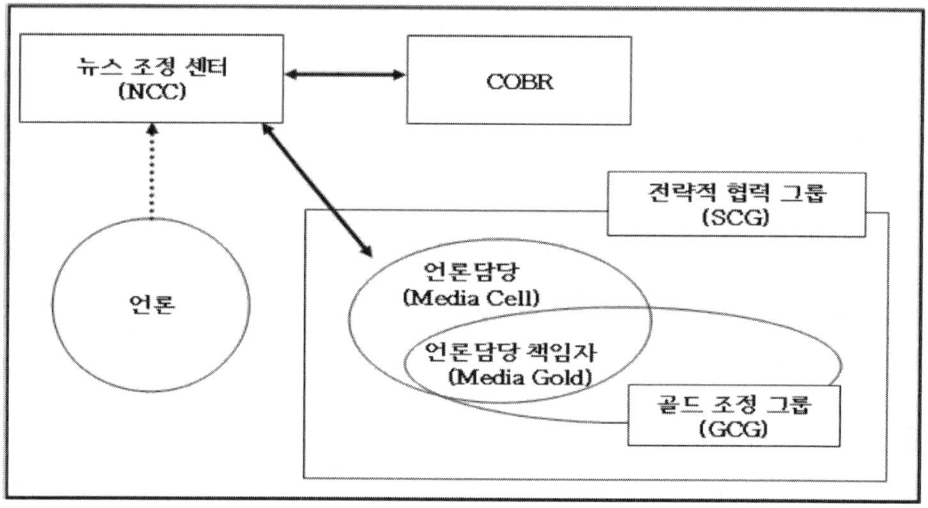

* 출처: 김선빈 · 김용기 · 민승규 · 고현철, "영국에서 배우는 위기관리," 『CEO Information』, 제530호, 삼성경제연구소, 2005.12.7., p. 11.

48) 김선빈 · 김용기 · 민승규 · 고현철, "영국에서 배우는 위기관리," 『CEO Information』 제530호, 삼성경제연구소, 2005.12.7, p. 11.

5장 이스라엘의 위기관리 체계

Ⅰ. 총리실 조직과 정책결정 메커니즘

이스라엘은 1948년 5월 14일 독립 선포 당일부터 이집트, 요르단, 시리아, 레바논, 이라크 정규군들의 침공에 대항하여 1차 중동전쟁을 시작하여 15개월간 지속되었고, 전쟁 중인 5월 31일에 이스라엘 방위군(IDF)을 창설하였다. 이후 이스라엘은 1950년 아랍국 대상 대테러 보복작전, 1956년 2차 중동전쟁(수에즈 전쟁), 1967년 3차 중동전쟁(6일 전쟁), 1967년 제한적 소모전쟁 및 휴전 선언, 1973년 4차 중동전쟁(욤키푸르 전쟁) 등 주변국과 수많은 전쟁을 수행했다. 이 기간 동안 이스라엘의 국가안보전략 특성은 첫째, 전쟁에서 재래식 무기의 질적인 우수함 강조, 둘째, 핵 억제력 이미지 강조, 셋째, 프랑스나 미국 등과 같은 강대국들과 특수 관계의 중요성 강조, 넷째, 기술과 경제의 우위성 확보, 다섯째, 유태인들 이민지역 국가회복과 이스라엘이외의 유태인 거주지(Diaspora)에 살고 있는 유태인들과 연결 중시 등이었다.[49)]

이스라엘의 국가안보정책은 총리 산하의 주례 각료회의에서 결정하고, 필요에 의하여 특별 각료회의도 개최되고 있다. 각료들은 각자의 임무 수행에 대해 총리에게 책임을 지게 되며 총리가 특정 부서를 맡아 장관을 겸할 수도 있다.[50)] 1999년 NSC가 설립되기 전에는 총리실은 전통적

49) 송대성, “이스라엘 국가안보: 지혜, 경험 그리고 교훈,” 『2011년 한국국가정보학회 학술회의 논문집』 2011.5.26, p. 4; 외교부, “이스라엘 개황,” 2015.11, p. 49.

50) 외교부, “이스라엘 개황,” p. 38.

으로 비서실장, 외교보좌관, 국방비서관 등의 보좌진들로 구성되었다. 이들은 총리의 안보관련 업무를 지원하였으나, 체계적인 정책 수립과 조정역할을 수행할 수 있는 상황이 아니었다. 1953년 외교·안보각료위원회가 창설되었고 1961년 명칭을 변경한 안보각료회의가 있었으나 그 역할은 미약하였다.[51)]

이스라엘 국방부와 총참모부는 국가위기관리에 있어 핵심적인 역할을 수행하고 있다. 이스라엘 방위군(IDF: Israel Defense Forces) 조직은 총참모장(3성 장군) 휘하에 육군 3개 사령부(2성 장군), 지상군 사령부(2성 장군), 공군 사령부(2성 장군), 해군 사령부(2성 장군), 민방위 사령부(2성 장군)로 구성된다. 또한 군내에서 독립적으로 기능을 수행하는 정보부대인 군정보국(Israel Defense Intelligence)을 설립하고, 총리, 의회, 국방부장관, 총참모장, 국가정보기관(해외전문 모사드, 국내전문 샤박) 등에 정보를 제공하고 이들 정보기관과 정보를 공유하고 있다.[52)]

51) Charles D. Freilich, "National Security Decision-Making in Israel: Processes, Pathologies, and Strengths," *Middle East Journal*, Vol. 60, No. 4 (Autumn 2006), p. 641; Mahmoud Muhareb, "The Process of National Security Decision-Making in Israel and the Influence of the Military Establishment," *Research Paper*, Arab Center for Research & Policy Studies, May 2011, pp. 7-8.

52) 외교부, "이스라엘 개황," p. 45.

〈그림 5-1〉 이스라엘 방위군(IDF) 총참모부 조직

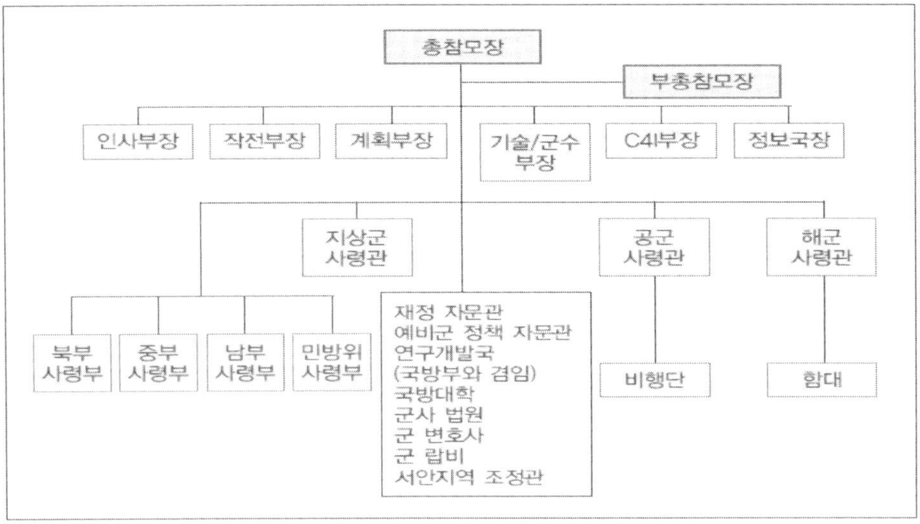

* 출처: 외교부, "이스라엘 개황," 2015.11, p. 45.

이스라엘의 정보공동체는 해외정보를 담당하는 모사드(Mossad), 국내 보안 담당하는 보안국(ISA: Israel Security Agency/Shabak 또는 Shin Beth), 군 정보를 담당하는 아만(Aman) 등으로 구성되었다. 1951년 창설된 모사드는 해외정보를 수집·분석하고 이스라엘 영토 밖에서 비밀공작 임무를 담당하였다. 1948년 이스라엘 정부 수립 직후 창설된 보안국(ISA)의 임무는 국내 대테러, 스파이활동, 정치적 전복, 방첩, 요인 경호, 정부시설물 보호, 국내 보안관련 조사·수사 활동 등을 담당하였다. 주요 조직으로는 아랍테러리스트 활동에 대한 테러예방과 대테러활동을 하는 '아랍보안부', 비아랍국가 정보기관의 활동에 대한 감시 및 방첩 등을 담당하는 '비아랍 업무부', 정부 및 주요시설물에 대한 보호 및 경비업무를 담당하는 '보안부' 등이 있었다.[53]

1976년 엔테베 인질 구출작전 당시 라빈 정부는 모사드를 통해 테러리스트와 인질관련 정보를 제공받고 국방부장관, 합참의장, 외교부장관 등 각료들과 위기 정책결정을 수행하였으며 대테러 특수부대인 사이렛 매트칼(Sayeret Matkal)을 동원하여 인질을 구출했다.

Ⅱ. NSC 창설과 정책결정 메커니즘

1999년 3월 7일 네타냐후 정부는 4차 중동전쟁(욤키푸르 전쟁)의 교훈을 기반으로 정부결정 제4889호에 의거하여 NSC를 설립하였다. NSC는 총리 직속 참모조직으로 총리와 내각을 보좌하여 국가안보 문제에 대한 심의·조정·통합 업무 등을 담당한다.[54]

2008년 7월 29일 국가안전보장회의법이 제정되어 NSC의 역할에 대한 법적기반이 강화되었다. NSC의 주요역할은 다음과 같다. 첫째, 외교 및 국가안보 문제를 다루는 정부, 국가안보각료위원회(Ministerial Committee on National Security), 기타 장관급위원회의에 관한 참모업무를 총괄적으로 관리한다. 둘째, 정부와 관련 위원회의 심의업무를 준비하고, 정책결정에 대한 집행 경과를 파악하여 총리에게 보고한다. 셋째, 외교안보 문제에 대한 국가안보각료위원회와 장관급위원회의 논의를 위한 현안과 의제를 제안한다. 넷째, 외교안보 문제에 대한 부처조직 및 부처 위원회

---

53) Wikipedia, "Shin Bet," http://en.wikipedia.org/wiki/Shin_Bet; 한희원, 『국가정보: 법의 지배와 국가정보』 (서울: 법률출판사, 2008), pp. 1192-1193.

54) Shmuel Even, "The National Security Staff: Will the New Law bring About Change?" *Strategic Assessment*, Vol 11, No, 3 (January 2009), p. 87; 이인호 외, "바람직한 국가위기관리 모델," 2009년도 청와대 위기상황센터, 연구용역 최종보고, 2009.4.9, p. 56.

사이의 조정·통합평가 업무를 책임지고 총리를 보좌한다. 다섯째, 단기 및 중장기 외교안보 상황을 평가하여 국가안보각료위원회에 보고한다. 여섯째, 총리실 산하의 국가위기관리센터를 운영한다. 일곱째, 이스라엘의 국가안보 독트린을 평가하고 개선한다.[55)]

NSC 의장은 국가안보보좌관이 맡으며 총리를 보좌하고 NSC 업무를 관장한다. NSC는 안보정책과, 외교정책과, 전략문제과, 대테러리즘과로 구성되며, 경제 및 법률 보좌관을 두고 있다. 이외에 이스라엘은 총리를 의장으로 내각의 장관으로 구성되는 국가안보각료위원회(Ministerial Committee on National Security 또는 Security Cabinet)를 두고 외교·안보·군사문제를 심의하고 결정하는 체계를 가지고 있다.[56)]

대외관계와 외교정책과 관련하여 NSC는 팔레스타인, 레바논, 시리아, 이집트, 요르단 등 중동 주변국과 미국, 러시아, 유럽연합, 중국, 인도 등 강대국 및 터키·인도 등 핵심국가들에 대한 정책을 입안한다. 최근에는 에너지 공급, 전략자원 등 포괄적 안보분야에 대한 활동을 강화하고 있다.[57)]

한편 이스라엘의 안보환경과 지리전략적 요인으로 군이 위기관리에 있어 핵심적인 역할을 수행한다. 이스라엘의 군사전략은 3가지로 정리

---

55) Even (2009), pp. 98-99. Wikipedia, "National Security Council (Israel)," https://en.wikipedia.org/wiki/ National_Security_Council_(Israel) 참고.

56) Even (2009), p. 99; Prime Minister's Office, "About the Office," http://www.pmo.gov.il/ENGLISH/PRIMEMINISTERSOFFICE/Pages/About.aspx; Wikipedia, "Security Cabinet of Israel," https://en.wikipedia.org/wiki/Security_Cabinet_of_Israel. Hasan-Askari Rizvi, "National Security Council: A debate on institutions and processes for decision-making on security issues," *PILDAT Discussion Paper*, Pakistan Institute of Legislative Development and Transparency, April 2012, pp. 14-15 참고.

57) Wikipedia, "National Security Council(Israel),"

되는데 첫째, 적 공격징후가 농후할 경우 산제 기습공격으로 주도권을 장악한다. 둘째, 전쟁 발생시 공격 위주의 전투를 전개하고 가능한 자국 영토 밖에서 전쟁을 수행한다. 셋째, 우수한 정보력을 기반으로 최단 시간 내에 결정적 승리를 도모한다. 군의 주요정책 및 작전은 내각(안보장관회의)와 NSC의 승인을 받아 수행한다. 국방부장관은 국방본부장과 총참모장을 통제하여 업무를 수행한다. 이스라엘 군은 통합군제를 채택하여 총참모장 지휘 하에 지상군, 해군, 공군, 지역 사령관이 임무를 수행한다.[58]

특히 이스라엘은 전·평시 모두 군사 및 비상대비 업무를 군이 수행하고 있다. 민방위사령부(Home Front Command)는 생·화학 테러, 지진, 전쟁 및 재난 등 통상적·비통상적 사건 전반과 위기관리를 담당하고 있다. 민방위사령부의 사령관은 국가경찰, 소방대 및 민방위 지원 부서를 통합하여 지휘하고, 조직은 구조, 보안, 생화학, 관찰, 의료, 소방, 경보·경고, 정보지시, 대시민 관련 부서로 편성되어있다. 주요업무는 최적의 국가적 대응을 위한 사건관련 조직간 협력·통제·훈련·교리개발, 시민교육 및 공지, 경보체계 계획·실행, 테러발생시 경찰지원 등이다.[59]

Ⅲ. 위기 커뮤니케이션 조직

이스라엘 정부의 커뮤니케이션 활동은 여러 정부기관의 책임 하에 수행된다. 총리실, 외교부, 국방부, 이스라엘 방위군(IDF) 대변인, 경찰 등

58) 공군본부, 『외국 군구조 편람 2005』, 2005, pp. 226-228.
59) 김열수, 『21세기 국가위기관리체제론』 (서울: 오름, 2005), pp. 168-69.

은 모든 국내외 언론에 보도자료 및 관련정보를 전파를 하는데 중심적인 역할을 하고 있다. 그러나 각 정부기관과 담당부처들은 독립적으로 활동하고, 물리적으로도 수도의 별도 지역에 위치해 있어 일상의 사무실 간에 조정이 힘든 상황이었다. 또한 정보전략, 정책 및 위기관리 커뮤니케이션을 결정하기 위해 정부에 의해 부여된 중앙 집중적 정보권한의 부족으로 인해 총리실, 외교부, 국방부 및 이스라엘방위군(IDF) 대변인은 상호 선의에 의존하여 그들의 공보활동을 조율하였다. 그러나 각 부처의 공보기관들 간의 경쟁적 활동으로 상호 선의에 의한 조정이 원만히 작동하기 어렵고, 조율되지 않은 입장과 메시지가 전달되고 심지어 중복적인 공보활동이 행해지기도 했다.[60] 예를 들어, 2006년 제2차 레바논 전쟁 당시 이스라엘 공공기관과 부처들은 그들의 메시지를 조정하지 않았다. 이로 인해 국민들은 정부가 위기상황에 효과적으로 대응하지 못했다고 인식하여 혼란이 나타났고, 정부는 대중들로부터 신뢰를 얻지 못했다.[61]

따라서 효과적인 공보활동 및 정보제공 정책의 집행을 위해서는 총리실의 지휘·통제센터로서의 역할이 중요하다. 이를 위해 총리실은 NSC의 공보·정보 능력, 정부 공보실의 해외 언론과의 장기적인 관계, 그리고 총리의 국내·해외담당 언론 보좌관 활동 등을 총괄해야한다. 총리의 공보정책에 대한 통제와 조율된 메시지의 전달이 중요하다. 총리와 내각이 정부의 공보정책 및 메시지를 결정한 이후, 외교부, 국방부, 이스

60) Dan Diker, "Why Are Israel's Public Relations So Poor?" *Jerusalem Letter/Viewpoints*, No. 487, 9-26 Heshvan 5763, 15 October-1 November 2002, Jerusalem Center for Public Affairs, http://www.jcpa.org/jl/vp487.htm.

61) Hiddai Wagschal, "Public Information in Emergency Crisis Situations," Innovation *Exchange 17*, Ministry of Public Security, 2014.1.11, p. 70.

라엘방위군(IDF) 대변인, 경찰에 전달해야한다. 이러한 권한과 책임의 체계적 절차는 단일한 보고체계를 유지하고 의사소통의 조율을 보장하며 최신 정보 흐름의 병목현상을 해소할 수 있다.[62)]

이스라엘 정부는 제2차 레바논 전쟁 당시의 교훈과 위기 커뮤니케이션 체계를 개선하여 모든 국가 메시지를 조정하기 위해 총리실 산하에 국가정보국(National Information Directorate)을 설립했다. 국가정보국의 기능은 외교·안보·사회·경제 분야의 다양한 정부기관의 공공외교 활동을 조정하는 것이다. 또한 총리실 산하에는 미디어보좌관을 수장으로 하는 공공외교국(Public Diplomacy Directorate)을 설립하여 총리, 총리실 및 미디어의 활동을 조정하도록 했다. 미디어보좌관과 공공외교국의 역할은 정부와 총리의 정책결정 전달, 이스라엘 및 해외의 언론매체에 대한 이스라엘의 공공외교 캠페인 기획·관리·실행, 평시와 비상시 미디어 관련 조언과 미디어 위기관리, 미디어 관련현안 상황보고서 작성·분석 등이다.[63)]

한편 공공안전부(Ministry of Public Security)의 비상사태 대비노력의 일환으로 위기 커뮤니케이션팀이 설립되었다. 이 팀은 모든 비상관련기관의 상황을 파악하고 이스라엘과 해외의 매스 미디어를 관찰하고 대중에 대한 메시지 지침을 작성하고, 총리실의 국가정보국과 함께 메시지 조율업무를 수행하고 있다.[64)]

---

62) Diker (2002).

63) Prime Minister's Office, "About the Office," http://www.pmo.gov.il/ENGLISH/PRIMEMINISTERSOFFICE/Pages/About.aspx.

64) Wagschal (2014), p. 71.

6장 한국의 위기관리 체계

Ⅰ. 국가안전보장회의(NSC) 창설과 변천과정

한국의 국가안전보장회의(NSC)는 1963년 안보정책의 기획·발전의 중요성을 인식하고 국가차원의 제도와 기능을 강화하기 위해 대통령 자문기관으로 설치되었다. 1962년에 박정희 대통령의 지시에 따라 안보현안을 논의하기 위해 1962년 12월 26일 개정된 헌법 87조에 근거하여 국가안보에 관련되는 대외정책·군사정책과 국내정책의 수립에 관하여 국무회의의 심의에 앞서 대통령의 자문에 응하기 위하여 국가안전보장회의를 둔다는 조항을 신설하고, 1963년 12월 14일 국가안전보장회의법의 제정에 의해 창설되었다. 1963년 12월 16일 NSC 운영규정을 제정하여 회의업무 관장을 위해 사무국을 설치하고 산하에 정책기획실, 조사동원실과 5개과를 두었고 정원은 47명이었다.[65] 이후 1964년 2월 과 단위 조직을 폐지하였고, 1969년 3월에 NSC 산하에 사무국과 대등한 비상기획위원회를 신설하여 사무국장이 비상기획위원장을 겸직하였다. 1974년 12월 사무국을 확대 개편하여 2실 6담당관 1과를 두었고 정원은 88명이었다. 주요업무로 안보정책의 수립, 종합조정, 자료 수집·분석, 연구, 의사록 관리 등을 수행했다.[66] 박정희 정부 당시 NSC는 1963년 12월 창설 이후

65) 정찬권, 『21세기 포괄안보시대의 국가위기관리론』, 제2판 (서울: 대왕사, 2012), p. 108; 박재하·정길호, "국가안전보장회의의 활성화 방안연구: 기능 및 기구 정립을 중심으로," 『국방논집』, 제7호 (1988.12), pp. 177-178.

66) 박재하·정길호 (1988), p. 178.

1964-1969년에 12회, 1970-1979년에 18회가 개최되었다. 이중 1976년 8월 판문점 도끼만행사건 당시 5차례 개최되었다.[67]

이후 NSC 사무국은 수차례의 조직의 축소 개편을 거듭하였다. 전두환 정부 출범 이후 1981년 11월 사무국이 폐지되고 NSC 행정실로 개편되었다. 1986년 6월에 행정실의 폐지로 실무조직이 없어짐에 따라 회의개최와 행정업무는 비상기획위원회가 지원하게 되었다. 이에 따라 실제 위기시 위기관리에 대한 정치·군사적 통제와 협의는 공식적인 NSC 조직보다는 대통령을 중심으로 국방부장관, 외무부장관, 국가안전기획부장, 합참의장 등이 참석하는 비공식적 임시회의체가 담당하였다.[68]

Ⅱ. 김대중 정부와 노무현 정부의 NSC 조직과 정책결정 메커니즘[69]

1998년 김대중 정부가 들어서면서 외교·국방·통일 정책을 통합하여 안보 정책결정 과정을 체계화하고 위기관리 역량을 강화하기 위해 NSC를 확대·개편하였다. 김대중 정부는 1998년 5월 25일 개정된 국가안전보장회의법과 6월 8일 국가안전보장회의 운영 등에 관한 규정(대통령령 제15808호)에 의거하여 상임위원회, 실무조정위원회 및 정세평가회의를 설치하고, 회의체를 지원하기 위해 사무처 직원 12명을 두었다.[70]

67) 박재하·정길호 (1988), p. 181; 전경만·정춘일, "신안보정책 결정체계 정립방안 연구," 연구보고, 한국국방연구원, 1994.12, p. 102.

68) 국가안전보장회의, 비상기획위원회, 『비상대비 20년사』(서울: 국가안전보장회의, 비상기획위원회, 1990), pp. 40-47.

69) 윤태영 (2010), "미국과 한국의 국가안전보장회의(NSC) 체제 조직과 운영," pp. 241-244 수정·인용.

70) 국가안전보장회의 사무처, "업무보고," 2008.1.7, p. 1.

당시 개정된 NSC의 구조와 운영은 다음과 같다. 첫째, NSC는 대통령, 국무총리, 외교통상부장관, 통일부장관, 국방부장관, 국가정보원장, 대통령비서실장 및 NSC 사무처장으로 구성된다. 둘째, 상임위원회의는 통일부장관이 위원장이 되고, 외교통상부장관, 국방부장관 및 국가안전기획부장(1999년 1월 이후 국가정보원장) 및 NSC 사무처장으로 구성하여 대외정책·대북정책·군사정책 및 국내정책에 관한 사항을 협의한다. 셋째, 상임위원회를 지원하기 위해 산하에 실무조정회의와 정세평가회의를 두고, 관련부처의 차관보 또는 이에 상응하는 공무원으로 구성한다. 넷째, NSC 사무처는 대통령 외교안보 수석비서관이 사무처장을 겸직하고, 국가안보전략의 기획조정, 국가위기 예방관리 대책의 기획, 군비통제 관련 사항, NSC 상임위원회 심의사항 이행 점검, 관련 회의체 운영에 관한 직무를 수행한다.[71]

이러한 위기관리 체계 하에서 1998년 7월 12일 묵호 무장간첩 침투사건 당시 상임위원회(7.13)와 전체회의(7.15) 및 1998년 12월 17일 여수해안 반잠수정 침투사건 당시 상임위원회(12.18)가 개최되었다. 또한 1999년 6월 북한 경비정의 서해 북방한계선(NLL) 침범으로 발생한 제1연평해전 당시 상임위원회가 해군에 대응지침을 전달하고 위기상황을 통제·관리하였다.[72]

71) 법제처, "국가안전보장회의 운영 등에 관한 규정," 전문개정 1998.6.8 (대통령령 제15808호). 이서항, "NSC 개편과 안보정책 결정과정의 변화,"『정세와 정책』세종연구소, 1998.7, p. 3; 동아시아연구원 외교안보정책결정체계연구팀, "비람직한 한국형 외교안보정책 컨트롤타워," *2013 EAI Special Report*, 2013.1, pp. 5-6.

72) 국방부 군사편찬연구소,『국방편년사(1998-2002)』(서울: 국방부군사편찬연구소, 2004), pp. 179-180, 309;『조선일보』, 1998.7.14., 1998.7.16., 1998.12.9.

〈그림 6-1〉 김대중 정부의 NSC 조직

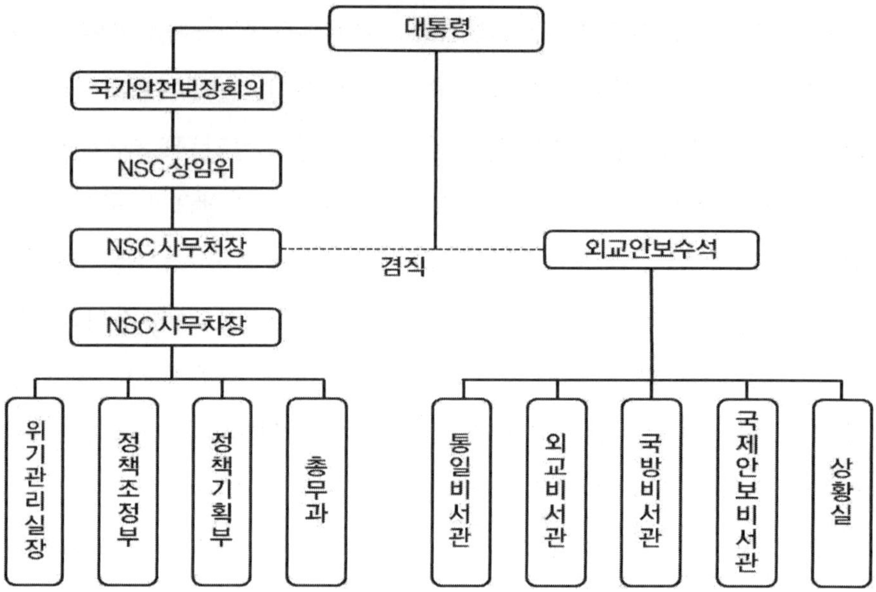

* 출처: 동아시아연구원 외교안보정책결정체계연구팀, "바람직한 한국형 외교안보정책 컨트롤타워," 2013 EAI Special Report, 2013.1, p. 6.

한국의 NSC가 더욱 기능을 강화하고 체계화된 것은 2003년 출범한 노무현 정부에 들어서였다. 2003년 3월 22일 대통령령 제17944호에 의거하여 안보관련 정책 조정기능 강화와 위기관리체계 구축과 개선을 위해 사무처 기능과 인력을 확대 · 개편하였다. 이에 따라 국가안보보좌관이 겸직하는 NSC 사무처장을 두고 사무차장 직급을 차관급 정무직으로 격상하였다. 사무처 실무조직으로는 전략기획실, 정책조정실, 정보관리실, 위기관리센터 및 총무과를 신설하고, 정원은 46명으로 증가되었다. 2003년 6월 25일에는 국가안보종합상황실을 설치하여 국가위기상황 보고 · 전파, 모니터링 및 국가 위기시 대통령의 지휘 · 통제센터 역할을 수행하였다.[73)]

NSC 회의체의 최고위 회의는 국가안전보장회의로 안보정책 기본방향 설정과 수립에 대한 심의를 주임무로하고 긴급 안보상황 발생 시에도 소집된다. 참석자는 대통령을 의장으로 국무총리, 통일부장관, 외교통상부장관, 국방부장관, 국가정보원장, 국무조정실장, 국가안보보좌관, 대통령비서실장 등이 참석하였으며, 외교 · 국방보좌관과 NSC 사무차장 등이 배석하였다. 상임위원회는 NSC의 위임에 의해 안보정책에 관련되는 대외정책, 대북정책, 군사정책 및 국내정책을 협의 · 조정하기 위해 주1회 개최되었다. 참석자는 국가안보보좌관을 위원장으로 통일부장관, 외교통상부장관, 국가정보원장, 국무조정실장 이었으며, 외교 · 국방보좌관과 NSC 사무차장이 배석하였다. 실무조정회의는 안보관계 부처 차관보급 회의로 상임위원회의 원활한 운영을 지원하기위해 주 1회 개최되었으며, 주요현안은 실무조정회의 협의를 거쳐 상임위원회에 상정되었다. 참석자는 NSC 사무차장 주재 하에 NSC 정책조정실장, 통일부 정책실장, 외교부 차관보, 국방부 정책실장, 국가정보원 관계관, 국무조정실 심의관 등이었다. 정세평가회의는 관계부처 차관보급으로 구성되었고, 북한동향, 남북관계, 국제정세 등을 논의 및 평가하기 위해 격주로 개최되었으며, 회의 결과는 NSC 상임위원을 포함한 유관부처의 정책수립에 활용되었다. 참석자는 NSC 사무차장, 통일부 · 외교통상부 · 국방부 · 국가정보원의 차관보급 관계자, NSC 전략기획실장 및 정보관리실장 등이었다.[74)]

---

73) 법제처, 국가법령정보센터, “국가안전보장회의 운영 등에 관한 규정,” [대통령령 제17944호, 2003.3.22 일부개정]; 국가안전보장회의 사무처(2008), pp. 1, 5.

74) 국가안전보장회의 사무처, “업무현황보고,” 제248회 임시회,『국회국방위원회 업무보고』, (2004.7), p. 9; 국회국방위원회 수석전문위원실, 『국회국방위원회편람』, (2004.5), p. 154; 국가안전보장회의 사무처, “국정조사 요구자료,” 김선일씨 피랍 · 납치사건 관련, 2004.7, pp. 225-227.

그러나 2006년 1월 27일 NSC의 비대화와 과도한 정책결정 권한 집중이라는 국회의 비판에 직면하여 사무처 인원을 30명(정원 15명, 파견인력 15명)으로 감축하였다. NSC 사무처내 전략기획, 정책조정, 정보관리 기능은 신설된 대통령비서실 통일외교안보정책실로 이관하고, NSC 사무처는 회의체 운영지원과 위기관리 및 국가안보종합상황실 운영 업무를 수행하였다.[75] 이에 따라 2006년 5월 2일 설치된 안보정책조정회의가 NSC 상임위원회의 역할을 사실상 대체하게 되었다. 안보정책조정회의는 청와대 통일외교안보정책실장의 사회로 NSC 상임위원장인 통일부장관, 외교부장관, 국방부장관, 국정원장, 국무조정실장, 청와대 비서실장, 통일외교안보정책수석 등이 참석하였다.[76] 2007년 5월 25일에는 대통령령 제20071호에 따라 대통령비서실 통일외교안보정책실장이 사무처장을 겸임하고, 위기관리비서관이 사무차장을 겸임하며 하부조직으로 3관 1팀 1실로 축소되었다.[77] 노무현 정부 초기 NSC 체계는 미국 NSC 체계와 비교적 유사한 안보정책 조정체계라 볼 수 있었으나, 국가안전보장회의법에 따른 운영의 불일치와 NSC 사무차장의 과도한 권한 행사라는 비판에 직면하여 개편을 거듭하였다.[78]

위기관리와 관련해서는 2003년 3월 22일 신설된 NSC 위기관리센터가 각종 국가위기 및 재해·재난 관리체계에 관한 부처 간 협의·조정, 전

75) 법제처, 국가법령정보센터, "국가안전보장회의의 운영 등에 관한 규정," [대통령령 제19309호, 2006.1.27 일부개정]; 청와대 브리핑, "회의운영 지원 및 위기관리 업무 수행," (2006.1.24).

76) 국가안전보장회의 사무처(2008), p. 12; 『연합뉴스』, 2006.10.3.

77) 국가안전보장회의 사무처(2008), pp. 1-2; 법제처, 국가법령정보센터, "국가안전보장회의의 운영 등에 관한 규정," [대통령령 제20071호, 2007.5.25 일부개정].

78) 전봉근, "이명박 정부 외교안보 조정체계의 특징과 의미," 『정세와 정책』 2008년 5월호, p. 9.

시국가지도에 관한 사항, 긴급사태 발생시 상황전파와 초기조치 및 국가안보종합상황실 운영·유지 업무를 담당하였다. 위기관리센터는 군, 경찰, 소방 등의 기관으로부터 파견된 요원들이 24시간 각종 상황을 모니터하고 국가안보종합상황실에서 취합되는 정보를 분석·평가하여 국가위기 징후를 조기에 식별하고 이를 관련 부처에 경보·전파하여 국가위기의 사전 예방기능을 수행하였다. 또한 통일·외교·국방 등 안보관련 부처와 중앙재해대책본부 및 중앙긴급구조본부 등 23개 상황정보망, 8개 영상정보(CCTV)망, 84개 기관 화상회의, 27개 유관기관 핫라인을 연결하는 유기적인 네트워크를 구축하였다.[79)]

〈그림 6-2〉 노무현 정부의 NSC 조직(2006.1-2008.2)

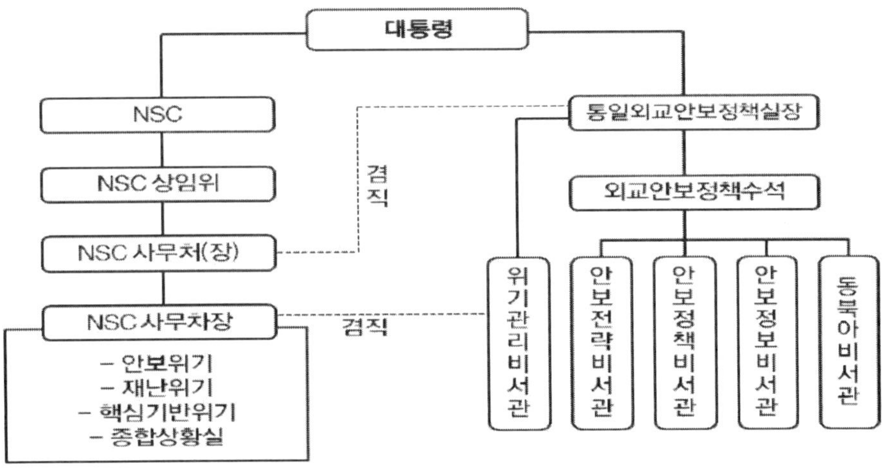

* 출처: 동아시아연구원 외교안보정책결정체계연구팀, "바람직한 한국형 외교안보정책 컨트롤타워," 2013 EAI Special Report, 2013.1, p. 12.

79) 청와대 브리핑, "NSC 위기관리센터 본격 가동," 제81호 (2003.6.25), pp. 1-2; 국가안전보장회의 사무처 (2008), p. 5. 대통령자문 정책기획위원회, 『새로운 도전, 국가위기관리: 국가안보와 국민안위를 보장하는 참여정부의 위기관리』 참여정부 정책보고서 3-21 (2008), pp. 7-10.

한편 NSC는 2004년 7월 12일 '국가위기관리기본지침(대통령훈령 제124호)'을 제정하여 포괄적 안보개념에 기반을 둔 전통적 안보, 재난관리, 국가핵심기반 등 국가위기 전 분야의 위기관리 활동 기본방향과 원칙을 제시하였다. 2004년 9월에는 위기 유형별로 범정부 차원의 위기대응 및 경보 체계, 기관별 업무와 역할 및 기관간 협력체계를 규정한 '위기관리 표준매뉴얼'을 제정·시행하였다. 대통령 지시문서 형식으로 시행되는 표준매뉴얼은 전통적 안보분야 13개, 재난분야 11개, 국가핵심기반 분야 9개 등 총 33개 유형의 국가위기를 선정하고, 위기 유형별로 정부의 위기관리체계(예방→대비→대응→복구)와 위기상황에 따라 '관심→주의→경계→심각' 4단계의 위기 조기경보 체계를 규정하였다.[80] 2005년 11월에는 위기 발생시 정부 각 기관이 실제 적용하고 시행해야할 조치절차를 수록한 '위기대응 실무매뉴얼'(39개 부처 272권)을 수립하였다. 이어 2006년 12월에는 위기 발생시 위기 현장에서 임무를 직접 수행하는 단위기관의 행동조치 절차를 구체적으로 기술한 '현장조치 행동매뉴얼'(1271개 기관 2339권)을 수립하였다.[81]

---

80) 대통령 홍보비서실 보도자료, "새로운 국가위기 경보시스템 구축, 국가위기관리 기본틀 완성," (2004.9.8); 국가안전보장회의 사무처, "국가위기관리기본지침," (2004.9.8), pp. 1-3; 국가안전보장회의 사무처, "유형별 위기관리 표준매뉴얼," (2004.9.8), p. 1; 국가안전보장회의 사무처 (2008), p. 6.

81) 대통령실 홍보수석실 보도자료, "NSC, 270여개 위기대응 실무매뉴얼 수립... 국가위기관리 문서체계 완성," (2005.11.29); 국가안전보장회의 사무처 (2008), p. 6.

Ⅲ. 이명박 정부의 NSC 조직과 정책결정 메커니즘[82)]

2008년 출범한 이명박 정부는 김대중 정부 당시 체계를 갖추고 노무현 정부 당시 확대·강화된 NSC 체계를 대폭 축소·개편하였다. 2008년 2월 29일 국가안전보장회의법을 개정하여 NSC는 존속시키되 1998년 김대중 정부 당시 설치되었던 NSC 상임위원회와 사무처를 폐지하고, 사무처의 기능은 대통령실장 산하에 외교안보수석비서관실로 이관하였다.[83)]

2008년 3월 8일자로 노무현 정부의 청와대 통일외교안보정책실과 NSC 상임위원회를 대체하는 외교안보정책조정회의를 신설하고, 외교안보 정책 등을 협의·조정하고 대통령을 보좌하는 역할을 부여했다. 조정회의의 간사는 외교안보수석으로 하고, 외교통상부장관, 통일부장관, 국방부장관, 국가정보원장, 국무총리실장 및 대통령실 외교안보수석비서관이 참석하며, 필요시 관계부처 장관 및 대통령실의 관계 수석비서관 등이 참석한다. 조정회의의 의제를 사전에 협의·조정하고 운영을 지원하고 위해 산하에 외교안보수석이 주재하는 차관·차관보급 외교안보정책 실무조정회의를 신설하아였다.[84)] 한편 긴급현안 발생시 대통령이 소집하는 임시회의체 성격의 '외교안보장관회의'를 운영하였다. 이 회의에는 대통령, 국방부장관, 통일부장관, 외교통상부장관, 국가정보원장, 대통령실장, 외교안보수석, 홍보수석 등이 참석하였다.[85)]

---

82) 윤태영 (2010), "미국과 한국의 국가안전보장회의(NSC) 체제 조직과 운영," pp. 244-245 수정·인용.

83) 전봉근, "이명박 정부 외교안보 조정체계의 특징과 의미," 『정세와 정책』 2008년 5월호, p. 8; 전봉근, "국가안보 총괄조정체제 변천과 국가안보실 구상," 『주요국제문제분석』 2013.2.7., p. 8. 법제처, 국가법령정보센터, "국가안전보장회의법," [법률 제8874호, 2008.2.29. 일부개정] 참고.

84) 법제처, 국가법령정보센터, "외교안보정책 조정회의 운영규정," [대통령훈령 제245호, 2009.4.3 제정]; 『문화일보』, 2008.3.8.

이명박 정부에서는 NSC 체계의 축소뿐만 아니라 노무현 정부의 위기관리센터를 폐지하고 대통령실장 직속으로 15명 규모의 행정관급 위기정보상황팀을 설치하였다. 그러나 2008년 7월 11일 발생한 금강산 관광객 피격·사망사건 당시 위기정보상황팀의 보고지체와 위기관리 커맨드센터(command center)의 부재가 문제점으로 지적되어, 7월 22일 위기정보상황팀을 국가위기상황센터로 확대·개편하고 외교안보수석이 센터장을 겸임하도록 하였다.[86] 2010년 3월 26일 발생한 천안함 폭침사건 당시 국가위기상황센터의 위기상황 보고·전파 부실 및 효과적인 위기관리 대응에 문제점이 지적되어 다시 개편되었다. 이명박 대통령은 5월 4일 전군주요지휘관회의에서 대통령실에 안보특별보좌관을 신설하며, 국가위기상황센터를 국가위기관리센터로 확대·개편한다고 발표하였다.[87] 기존의 국가위기상황센터는 외교안보수석이 센터장을 겸임하여 국가위기상황팀장이 외교안보수석을 통해 대통령에게 보고하는 3단계 보고체계였으나, 신설된 국가위기관리센터는 대통령 안보특보의 관장 하에 비서관급의 별도기구로 분리되어 위기상황 발생시 센터장이 대통령에게 직보하는 체계를 갖추었다. 또한 기존의 국가위기상황센터는 위기상황 전파가 주된 임무였으나, 국가위기관리센터는 산하에 위기상황 접수 및 전파를 담당하는 안보상황관리팀과 위기진단 및 기획기능을 담당하는 기획운영팀을 두었다. 이는 과거 NSC 사무처가 담당했던 위기진단 및 기획 등 일부기능을 부활시킨 체제이다.[88]

---

85) 허만섭, "MB의 관계장관회의 선호가 천안함 초기대응 실패 원인," 『신동아』 2010년 6월호, 통권609호, http://shindonga.donga.com/docs/magazine/shin/2010/06/01/201006010500007/201006010500007_1.html.
86) 대통령기록관, 청와대 뉴스, "청 국가위기상황센터 신설," 2008.7.22; 동아시아연구원 외교안보정책결정체계연구팀 (2013), p. 15.
87) 대통령기록관, 청와대 뉴스, "이대통령, 전군주요지휘관회의 주재," 2010.5.4.

이러한 NSC 체계와 국가위기관리센터를 중심으로 2010년 11월 23일 연평도 포격도발에 대한 위기관리를 수행하였으나 위기 정책결정 과정에서 지침의 전달, 교전규칙 적용해석, 위기관리 리더십 등에서 많은 문제점이 나타났다. 이후 청와대는 2010년 11월 23일 연평도 포격사건 당시 표출된 부실한 위기대응체계를 강화하기 위해 12월 1일 기존 국가위기관리센터를 수석비서관급이 실장을 맡는 국가위기관리실로 격상하였다. 국가위기관리실은 위기상황 관리 및 조치를 담당하며, 위기발생시 개최하는 NSC를 주관하는 방향으로 기능이 조정되었다.[89)]

〈그림 6-3〉 이명박 정부의 NSC와 외교안보 정책결정 체계

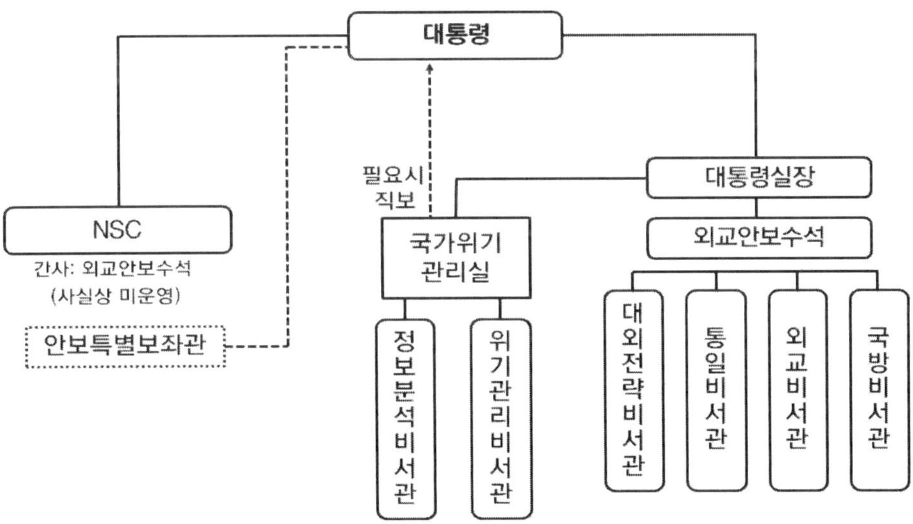

* 출처: 동아시아연구원 외교안보정책결정체계연구팀, "바람직한 한국형 외교안보정책 컨트롤타워," 2013 EAI Special Report, 2013.1, p. 16.

---

88) 대통령기록관, 청와대 브리핑룸, "김성환 외교안보수석 브리핑," 2010.5.9; 『조선일보』, 2010.5.10; 『연합뉴스』, 2010.5.9., 2010.5.14.

89) 청와대, 국정자료, 부처별 정책, "청와대, 수석급 국가위기관리실장 신설," 2010년 12월 21일.

Ⅳ. 박근혜 정부와 문재인 정부의 NSC 조직과 정책결정 메커니즘

2013년 2월 출범한 박근혜 정부는 이명박 정부의 위기관리 체계의 문제점을 보완하고, 외교·국방·통일 정책조정과 위기시 안보 위기관리 기능을 보강하기 위해 커맨드 센터 역할을 수행하는 기구로 국가안보실을 청와대에 신설하였다. 이에 따라 국가안전보장회의법이 개정되었으나 역할과 기능은 전임정부와 유사하고 외교안보장관회의도 계속 운영하였고, 전임정부의 외교안보정책조정회의를 국가안보정책조정회의로 명칭을 변경하였다. NSC 간사는 국가안보실장이 되고, 국가위기관리는 국가안보실을 중심으로 운영되는 체계를 구축했다.[90)]

그러나 청와대는 2013년 12월 20일 동북아 안보정세의 변화와 한반도 안보정세의 악화에 따라 NSC 산하에 상설 상임위원회와 사무처를 설치하고, 국가안보실의 기능·조직을 확충하는 'NSC 활성화 및 국가안보실 강화안'을 발표했다. 강화안의 주요 내용은 첫째, NSC 상임위원회는 국가안보실장을 위원장으로 하여 외교·안보정책 조율하고 대책수립을 담당한다. 둘째, NSC 사무처는 국가안전보장회의, NSC 상임위원회의, 실무조정회의 등의 준비·운용 지원과 회의결과 이행상황 점검을 수행한다. NSC 사무처장은 국가안보실에 신설되는 국가안보실 1차장이 겸직한다. 셋째, 국가안보실에 1차장 및 2차장을 두고 국제협력비서관실을 정책조정비서관실로 개편하며 안보전략비서관실을 신설한다. 국가안보실 1차

90) "국가안전보장회의법," [시행 2013.3.23] [법률 제11690호, 2013.3.23., 타법개정]; "국가안보정책 조정회의 운영에 관한 규정," [시행 2013.3.27] [대통령훈령 제304호, 2013.3.27., 일부개정]; 『뉴스1』, "베일속의 靑국가안보실, 어떤 일 하나 봤더니," 2013.4.18.

장을 신설하고, 국가안보실 2차장은 대통령비서실에 외교안보수석비서관이 겸직한다.[91]

〈그림 6-4〉 박근혜 정부의 NSC와 국가안보실 조직

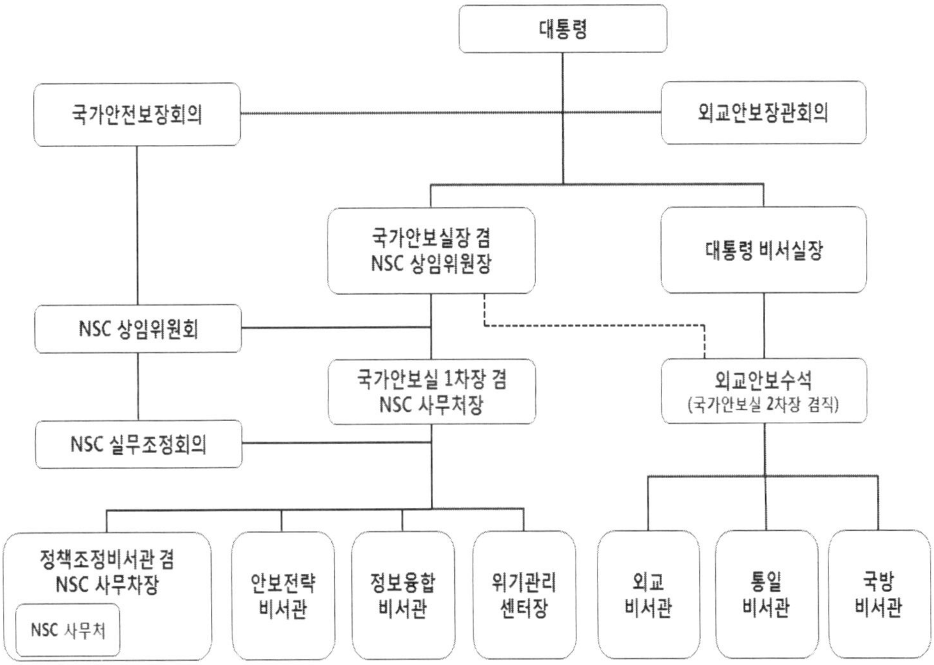

* 출처: 『연합뉴스 그래픽』, "청와대 NSC상임위 설치 후 기구도," 2013.12.20., https://www.yna.co.kr/view/GYH20131220001300044?section=search 필자 수정 · 작성.

2017년 5월 출범한 문재인 정부는 전임정부의 국가안보실을 개편 · 강화하여, 전임정부의 비서실장 산하에 있던 외교안보수석실을 폐지하고, 그 기능을 국가안보실로 이관하여 외교 · 안보의 커맨드 센터 역할을 국가안보실로 일원화하였다. 또한 국가안보실장 직속으로 국가위기관리센

91) 청와대 정책브리핑, "국가안전보장회의 관련 주철기 외교안보수석 브리핑," 2013.12.20.

터를 설치하여 안보·안전 위기에 신속하여 대응할 수 있는 체계를 구축하였다. 2019년 3월 국가안보실은 1차장 산하에 안보전략비서관, 국방개혁비서관, 사이버정보비서관, 2차장 산하에 평화기획비서관, 외교정책비서관, 통일정책비서관 체제로 개편되었다.[92] NSC 체계는 전임정부와 유사하게 대통령을 의장으로, 상임위원회, 실무조정위원회, 사무처로 구성되며 국가안보실 1차장이 사무처장을 겸임한다.

〈그림 6-5〉 문재인 정부의 국가안보실 조직

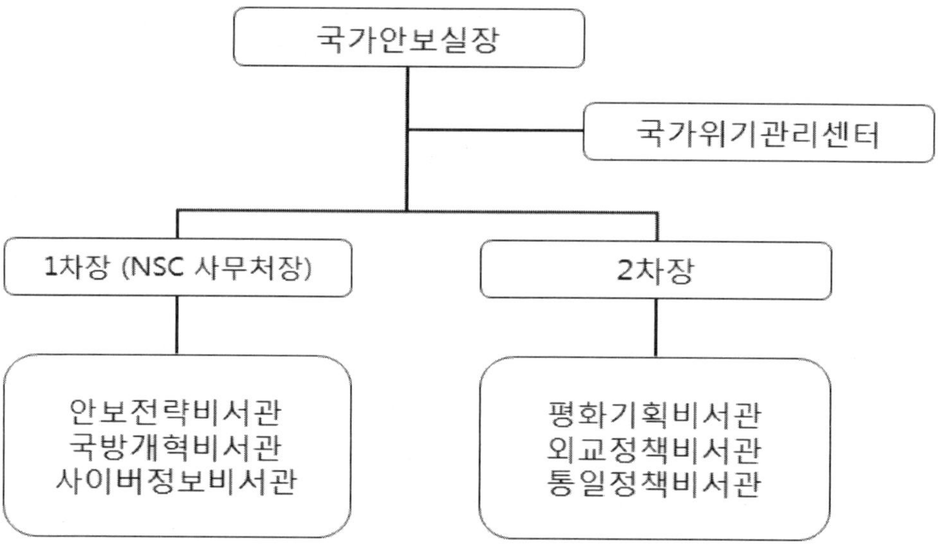

* 출처: 『연합뉴스 그래픽』, "국가안보실 개편 기구도," 2017.5.11., http://www.yonhapnews.co.kr/photos/1991000000.html?cid=GYH20170511002100044&from=search; 『중앙일보』, "정의용 빼고 다바뀐 청안보실, 김현종·최종건 주목하라," 2019.3.20., https://news.joins.com/article/23416290 참고하여 필자 수정·작성.

---

92) 『중앙일보』, "정의용 빼고 다바뀐 청안보실, 김현종·최종건 주목하라," 2019.3.20.

V. 위기 커뮤니케이션 조직

이승만 정부에서는 정부출범 이후 공보처를 설립하여 법령공포, 언론 정보 수집, 정부 홍보 등의 역할을 담당하였다. 1955년에 공보처가 폐지되고 대통령 직속으로 공보실로 개편하여 대통령 발표사항과 정부정책 전달 등 순수 공보기능을 담당하였다. 1960년 제2공화국에서는 공보행정 기구를 국무총리 산하의 국무원 사무처의 공보국과 방송관리국으로 축소하였고, 법령공포, 정부시책 발표 등의 업무를 담당하였다.[93)]

박정희 정부에서는 독립된 행정기구인 장관급 직제인 공보부가 신설되어 4국 11과를 설치하고, 여론조사 기능을 강화하고 중앙의 각 부처에 공보관을 두었다. 제4공화국에서는 공보부가 문화공보부로 확대되어 해외홍보업무를 강화하였고, 정부의 각 부처에 대변인 제도를 창설하였다. 이후 노태우 정부는 기존의 문화공보부에서 공보기능을 분리해 장관급 직제인 공보처(2실 3국 16과 11담당관)를 신설함으로써 정부 홍보조직의 전문성과 기능을 보강하였다.[94)]

김대중 정부에 들어서는 공보처가 폐지되고 축소된 공보실이 설치되어 국무총리 산하의 1급상당의 공보실장이 공보업무를 담당했으나, 2000년 이후 국정홍보처를 신설하였다. 노무현 정부에서는 국정홍보처를 유지하였지만 뉴미디어의 홍보환경에 대처하고 전자홍보 기능을 강화하기 위해서 전자홍보과와 국정브리핑 담당관을 신설하였다. 이명박 정부에

93) 강정석 · 이재호 · 최호진, "정부신뢰와 소통제고를 위한 Public Relations 시스템 구축," KIPA 연구보고서 2010-29, 한국행정연구원, 2010, p. 128.

94) 박희봉, "정부 신뢰와 소통 제고를 위한 Public Relations 시스템 구축: 국정소통 증진을 위한 정부 PR 시스템 개선방안," KIPA 연구보고서 2011-42-1, 한국행정연구원, 2011, pp. 55-56; 강정석 · 이재호 · 최호진, "정부신뢰와 소통제고를 위한 Public Relations 시스템 구축," KIPA 연구보고서 2010-29, 한국행정연구원, 2010, p. 128.

서는 대대적인 조직개편을 통해 문화체육관광부와 정보통신부 일부 그리고 국정홍보처가 통합되면서 문화체육관광부가 신설되어, 국정홍보 및 정부 공보업무는 문화체육관광부 소관이 되었다.[95)]

위기상황시 정부의 커뮤니케이션 활동은 청와대 대변인, 국방부 · 외교부 · 통일부 등 외교 · 안보 관련부처의 대변인을 통해 정부의 입장, 위기상황 전개, 위기대응 조치 집행 등에 대한 브리핑과 논평이 이루어진다. 또한 대부분의 한반도 위기시 NSC 회의나 외교안보장관회의의 결과를 토대로 대통령의 대국민 담화가 발표되기도 했다.

95) 박희봉 (2011), p. 59; 강정석 · 이재호 · 최호진 (2010), p. 146.

제 3 부

위기관리 리더십 행태

제3부 위기관리 리더십 행태 : 사례연구

7장 미국의 위기사례 분석

Ⅰ. 쿠바 미사일 위기(1962)

1. 위기사건 배경

미국과 소련은 제2차 세계대전동안 공동의 적을 패망시키기 위해 협력하였지만, 전쟁이 끝나면서 서로 다른 체제를 유지하기 위해 적대적 관계로 들어서기 시작하였다. 미국은 소련 주도의 공산주의 팽창을 봉쇄하기 위해 1947년 3월 트루먼 독트린을 발표했고, 같은 해 6월 유럽의 경제회복을 위해 마샬 플랜을 발표했다. 이에 대해 소련의 스탈린은 1948년 6월 베를린 봉쇄를 단행했다. 이후 1949년 6월 미국 주도의 북대서양조약기구(NATO)와 1955년 소련 주도의 바르샤바조약기구(WTO)의 결성으로 유럽에서 양극체제가 구축되었다. 1961년 8월에는 소련이 동베를린을 탈출하여 서베를린으로 이주하는 사람들을 막기 위해 동서 베를린을 가로막는 장벽을 설치하기 시작했고, 이에 대해 미국이 서베를린을 보호하기 위한 의도를 천명하기 위해 서독에 있는 15,000명의 전투요원을 투입하면서 미·소간에 군사적 긴장이 고조되었다.[1)]

한편 미국과 소련의 전략적 경쟁은 핵무기 경쟁으로 나타났다. 핵무기 경쟁에서 앞서나간 미국은 1945년 7월 핵실험에 성공했고 8월 히로시마와 나가사키에 핵무기를 투하했다. 그러나 1949년 8월 소련이 핵실험에 성공하면서 미국의 핵무기 독점이 무너졌다. 핵무기를 운반할 수 있는 탄도미사일 경쟁에서는 소련이 미국에 비해서 초기에 우위를 확보하였다. 1957년 10월에 소련은 최초의 인공위성인 스푸트니크(Sputnik) 발사에 성공하였으나, 미국은 1958년 1월에 인공위성 발사에 성공하였다. 미국의 핵 독점이 무너지고 소련의 핵 능력이 급속히 성장하면서 1950년대에 미국과 소련은 상대방의 본토를 핵무기로 공격할 수 있는 전략무기체계 경쟁을 본격화하였다.[2)]

1961년 2월 출범한 케네디(John F. Kennedy) 행정부의 외교정책은 대소련 봉쇄정책의 지속과 핵전력 증강에 중점을 두었다. 1960년대에 들어서면서 미국과 소련의 전략 균형은 더욱 벌어지기 시작했고, 이전까지 소련의 과장 때문에 유지되었던 소련의 우위는 사라지게 되었다. 1962년 당시 쿠바 미사일 위기가 발생하기 직전, 전략균형에서 미국은 소련을 압도할 정도의 우위를 확보하고 있었다. 1962년을 기준으로 전략핵무기 보유량은 미국이 2,150기, 소련이 420기를 보유했다. 본토를 공격할 수

---

1) 존 베일리스·스티브 스미스·퍼트리샤 오언스 편저, 하영선 외 옮김, 『세계정치론』 제5판 (서울: 을유문화사, 2012), pp. 80-81; 구본학·김계동 외, 『세계외교정책론』 (서울: 을유문화사, 1996), pp. 20-27, 267; 도널드 케이건 지음, 김지원 옮김, 『도널드 케이건 교수의 전쟁과 인간』 (서울: 세종연구원, 1999), pp. 496, 498

2) 이근욱, 『쿠바 미사일 위기: 냉전 기간 가장 위험한 순간』 (서울: 서강대학교 출판부, 2013), pp. 60-61, 65.

있는 탄도미사일 전력은 미국이 대륙간탄도미사일(ICBM) 120기, 소련이 ICBM 25-75기를 보유했다. 장거리 폭격기는 미국이 1,600대, 소련이 175대를 보유했다. 잠수함 발사 탄도미사일(SLBM)은 미국이 144기, 소련이 15기를 배치하였다.[3)]

한편 쿠바에서는 1959년 1월 카스트로가 혁명을 통해 집권하였고, 미국의 재산을 몰수하고 미국의 원유를 소련 원유로 대체하는 등의 조치로 미국과 갈등을 보였다. 1960년 5월 소련과 쿠바는 외교관계를 수립하고 7월 미국으로부터 위협받고 있는 쿠바를 지원하겠다는 연설을 했다.[4)] 미국은 1960년 3월 미국 아이젠하워 행정부는 '카스트로 정권 전복 계획'을 승인하고, 4월부터 CIA는 쿠바 망명자들을 모집하여 군사훈련을 시작했다. 이후 케네디 행정부는 이전 행정부의 계획을 최종승인하고 1961년 4월 15일 미국 CIA의 지원을 받은 쿠바 망명자들이 피그스만(Bay of Pigs)에 상륙하였으나 쿠바 군에게 모두 진압되었다. 카스트로 집권 이후 쿠바 방어를 천명한 소련은 미국의 피그만 침공이 실패하자 이에 고무되었다. 이러한 상황에서 쿠바는 1962년 5월 소련이 탄도미사일의 쿠바 배치를 제안하자 이를 수용하고 7월 소련과 쿠바는 미국의 침공을 억제하고자 미사일 배치 비밀협약을 체결했다.[5)]

7월 말부터 10월 중순까지 소련의 무기공급이 증가하기 시작하여 지대공 미사일, 해안방어용 크루즈 미사일, 중거리탄도미사일(MRBM:

3) 이근욱 (2013), pp. 67-68, 70.

4) 도널드 케이건 (1999), pp. 467-468.

5) 도널드 케이건 (1999), p. 514; 이근욱 (2013), pp. 16, 78; 박건영, 『한반도의 국제정치: 평화와 통일을 위한 새로운 접근』 (서울: 오름, 1999), p. 32; U.S. Department of State, Office of the Historian, "The Cuban Mission Crisis, October 1962," https://history.state.gov/milestones/1961-1968/cuban-missile-crisis.

Medium Range Balistic Missile) 등이 쿠바에 도착하였다. 중거리탄도미사일(MRBM)용 핵탄두는 10월 4일에 도착했고, 10월 24일 해상봉쇄가 단행되기 직전 중장거리탄도미사일(IRBM) 핵탄두가 도착했다.[6)]

소련의 흐루시초프(Nikita Sergeyevich Khrushchev)는 쿠바 카스트로 정권의 성공적인 정권 장악과 미국의 피그만 침공 격퇴에 고무되었고, 미·소 간의 핵무기와 미사일 능력의 격차를 극복하는 방법으로 쿠바를 이용하고자했다. 그는 쿠바에 소련의 핵미사일을 배치한다면 세 가지 측면에서 유리하다고 판단했다. 첫째, 소련이 약소국이면서 침공당할 우려가 큰 국가를 보호한다는 의지를 과시할 수 있다. 둘째, 쿠바에 중거리 미사일을 배치함으로써 미·소간 핵전력 균형을 이룰 수 있을 것이다. 셋째, 미국과의 핵전력 균형은 소련의 국제적 지위를 향상시킬 것이다.[7)]

2. 위기사건 개요

쿠바 미사일 위기는 1962년 10월 16일부터 10월 28일까지 13일 동안 진행된 미국과 소련 간에 쿠바에 소련의 중거리 핵미사일의 배치를 둘러싸고 핵전쟁 직전까지 상황이 악화되었던 사건으로, 제2차 세계대전 이후 구축된 냉전기 양극체제하에서 발생한 가장 심각한 위기였다. 1962년 10월 14일 미국의 U-2 정찰기가 소련의 사거리 1,100 마일 중거리탄도미사일(MRBM: Medium Range Balistic Missile) 기지와 사거리 2,500-3,5000km

6) Graham Allison and Philip Zelikow, *Essence of Decision: Explaining the Cuban Missile Crisis* (2nd Ed.) (New York: Addison-Wesley Educational Publishers Inc, 1999), pp. 202-203; 김태현 역, 『결정의 엣센스: 쿠바 미사일 사태와 세계핵전쟁의 위기』 (서울: 모음북스, 2005), pp. 259-260.

7) 구본학·김계동 외 (1996), p. 34.

의 중장거리탄도미사일(IRBM: Intermediate Range Ballistic Missile) 기지를 쿠바에 건설하는 장면을 촬영하였고, 10월 16일 케네디 대통령에게 보고되면서 위기가 시작되었다. 이날부터 국가안전보장회의(NSC)의 집행위원회(ExCom: Executive Committee)가 개최되어 대응방안을 논의하였다. 집행위원회(ExCom)에서 일주일간 공습, 전면공격 및 해상봉쇄 등 여러 가지 위기대응 방안을 검토한 이후, 10월 22일 케네디 대통령은 텔레비전 연설을 통해 미사일 철수를 요구하면서 쿠바에 대한 해상봉쇄 실시를 발표하였다. 이날 합참은 미국의 군사력 대비태세를 데프콘 3(DEFCON 3)로 격상하였다.[8)]

이렇게 위기상황이 전개되는 상황에서 케네디 대통령은 미사일 문제를 논의하기 위해 미주기구(OAS)를 소집하였고, 10월 23일 OAS는 쿠바 격리를 만장일치로 승인하였다. 이에 대해 10월 24일 소련의 흐루시초프 서기장은 미국에 보낸 서한을 통해 미국의 해상봉쇄는 심각한 공격행위라 규정하였고, 소련 선박을 쿠바로 항해하도록 지시하였다. 한편 10월 24일부터 해상봉쇄가 진행되었고, 10월 24일-25일 소련의 일부 선박들은 격리선에서 회항하였고, 또 다른 선박들은 미국 해군에 의해 정선되었으나 공격적인 무기를 선적하지 않아 통과되었다.[9)]

이러한 긴박한 상황 하에서 10월 26일 흐루시초프는 서한을 미국에 보내 소련은 미국이 쿠바를 침공하지 않겠다고 약속한다면 쿠바로부터 미사일을 철수하겠다는 밝혔다. 다음인 10월 27일에 흐루시초프는 또 다

---

8) U.S. Department of State, Office of the Historian, "The Cuban Mission Crisis, October 1962,"; 이근욱 (2013), p. 275.

9) U.S. Department of State, Office of the Historian, "The Cuban Mission Crisis, October 1962,"; 이근욱 (2013), pp. 54, 275.

른 서한을 보내 터키의 미국 미사일을 철수할 것을 제안하였다. 한편 이날 미국 U-2 정찰기가 쿠바에서 격추되면서 쿠바에 대한 보복공격이 검토되었으나 케네디 행정부는 협상을 지속하였다. 같은 날 케네디 대통령은 4번째 서한을 통해 유엔의 감독 하에 쿠바로부터 소련이 미사일을 철수하고, 미국은 쿠바를 공격하지 않겠다는 제안을 하였다. 또한 로버트 케네디는 도브리닌 주미 소련 대사를 만나 즉각적인 미사일 철수를 요구하고, 터키의 주피터 미사일을 철수하겠다는 의사를 전달하였다. 다음날인 10월 28일 흐루시초프는 성명을 통해 쿠바에서 소련의 미사일을 해체하여 철수하겠다고 밝힘으로써 위기상황이 해소되었다.[10)]

3. 위기관리 과정

1) 초기 대응

1962년 10월 14일 미국의 U-2 정찰기는 쿠바를 정찰하였고, 10월 15일 중거리 및 중장거리 탄도미사일이 배치되었음이 판독되었다. 케네디 대통령은 10월 16일 오전에 이를 보고받고, 국가안전보장회의(NSC)의 집행위원회(ExCom: Executive Committee)라는 핵심참모회의를 개최하였다.[11)]

10월 16일부터 27일까지 위기관리 방안을 논의하기 위해 NSC 집행위원회(ExCom)에 참석한 핵심인사들은 로버트 케네디(Roberet Kennedy) 법

---

10) U.S. Department of State, Office of the Historian, "The Cuban Mission Crisis, October 1962,". 21세기 정치학대사전, "쿠바미사일위기(Cuban missile crisis)," 한국사전연구사, http://terms.naver.com/entry.nhn?docId=729834&cid=42140&categoryId=42140; 임필수, "쿠바 미사일 위기 50년," 사회진보연대 자료실, http://www.pssp.org/bbs/view.php?board=document&nid=40889&page=23 참고.

11) 이근욱 (2013), pp. 138-139.

무부장관, 딘 러스크(Dean Rusk) 국무부장관, 로버트 맥나마라(Robert McNamara) 국방부장관, 맥스웰 테일러(Maxwell Taylor) 합참의장, 존 맥콘(John McCone) CIA국장, 더글러스 딜론(Douglass Dillion) 재무부장관, 맥조지 번디(McGeorge Bundy) 국가안보보좌관, 시어도어 소렌슨(Theodore Sorensen) 대통령특별보좌역, 조지 볼(George Ball) 국무부차관, 로즈웰 길패트릭(Roswell Gilpatric) 국방부부장관, 알렉시스 존슨(Alexis Johnson) 국무부부차관, 톰슨(Llwellyn Thompson) 소련문제특별대사, 에드워드 마틴(Edwin Martin) 국무부 라틴 아메리카 담당차관보, 월터 로스토우(Walter Rostow) 국무부정책기획관, 폴 니체Paul Nitze) 국방부차관보 등이었다. 수차례의 회의가 개최되는 동안 린던 존슨(Lyndon Johnson) 부통령도 거의 모든 회의에 참석하였고, 아들라이 스티븐슨(Adlai Stevenson) 유엔주재대사, 케네스 오도널(Kenneth O'Donnell) 대통령특별보좌관, 도널드 윌슨(Donald Wilson) 공보처국장대리 등은 가끔씩 참석했다.[12)]

10일 16일부터 5일 동안 집행위원회(ExCom)에서 제시되고 검토한 대안은 묵인, 외교적 압력, 카스트로에 비밀접근, 전면공격, 공습, 봉쇄 등 6가지이다. 첫째, 묵인 방안은 미국이 소련의 미사일 사정권 안에 속해 있는 상황에서 미국의 과잉대응으로 인한 소련의 베를린 점령 등으로 상황악화를 가져올 수 있다는 주장에 근거하였다. 둘째, 외교적 압력 방안은 흐루시초프에 자발적으로 미사일 제거를 요구하는 최후통첩, 유엔

12) Allison and Zelikow(1999), pp. 110, 326-327; 김태현 (2005), pp. 158, 397-398; Robert F. Kennedy, *Thirteen Days: A Memoirs of the Cuban Missile Crises* (New York: W.W. Norton & Company, 1971), p. 8; 박수민 옮김, 『13일』 (파주: 열린책들, 2012), pp. 26-27.

(UN)이나 미주기구(OAS)의 미사일 사찰, 정상회담 등이 논의되었다. 셋째, 카스트로에게 소련과 멀어지든지 아니면 미국의 공격을 감수하든지 양자택일을 강요하는 것이다. 넷째, 전면공격으로 미사일 문제해결과 카스트로 정권을 전복 동시에 추구하는 방안이 제시되었다. 이러한 대규모 작전은 소련과의 전면적 핵대결로 확대될 수 있는 가능성을 가지고 있어 최후의 방안으로 남겨두었다. 다섯째, 공습은 미사일 기지가 완성되기 전에 파괴하는 것이다. 케네디 대통령이 지속적으로 관심을 가진 이 방안은 부분적 공습의 어려움, 소련군의 희생, 사전경고 문제, 소련의 반격 가능성 등문제점을 가지고 있었다. 여섯째, 맥나마라 국방부장관이 제시한 해상봉쇄 방안은 다른 대안에 비해 선호도가 높았다. 장점으로는 첫째, 단호한 의지를 피력하면서 공습보다 안전한 방안이다. 둘째, 소련에게 선택의 부담 전가하면서 위기회피 가능성을 확보할 수있다. 셋째, 미국 근해에서 해상대결 발생시 유리함을 가지고 있다. 넷째, 위기확대시 미국의 우위 하에서 단계별로 비핵조치 위협을 활용할 수 있다. 그러나 문제점도 가지고 있었는데 첫째, 국제법상 봉쇄조치 실행시 전쟁선포가 필요한 상황이었다. 둘째, 쿠바 봉쇄 선택시 소련의 베를린 봉쇄조치를 억제하기 힘들다. 셋째, 소련의 봉쇄에 대한 순응거부와 확전의 위험성이 있다. 넷째, 기존에 배치된 미사일 기지에 대한 대처의 어려움이 있다.[13)]

13) Allison and Zelikow (1999), pp. 111-120; 김태현 (2005), pp. 159-169.

2) 위기 정책결정

결국 10월 20-21일에 이르러 해상봉쇄와 최후통첩 방안을 종합하기로 결정하였다. 10월 22일 케네디 대통령은 텔레비전을 통한 대국민연설을 통해 쿠바에 소련의 전략미사일이 있다고 밝히고, 소련이 도발적 위협을 중단하고 제거할 때까지 쿠바로 향하는 모든 선박에 실린 모든 공격용 군사장비를 철저히 차단한다고 선언하였다. 또한 케네디 대통령은 전 세계 미군에게 방어준비태세(DEFCON: Defense Readiness Condition) 3을 발령했다. 이에 따라 전략공군사령부에서 비상대기에 돌입한 핵탄두의 수는 1,433개에서 2,952개로, 폭격기는 652대에서 1,475대로, 대륙간탄도미사일(ICBM)은 112기에서 182기로, 잠수함발사미사일(SLBM)은 48기에서 112기로 증가하였다. 핵탄두를 탑재한 전폭기가 미국 33곳의 민간·군 공항 및 영국·스페인 전진기지로 배치되고 공중대기에 돌입했다. 플로리다에는 20만명의 군대가 집결하고 수백 대의 전폭기가 쿠바를 사정권에 두고 대기했다.[14)]

10월 23일 미국은 6차례 저공정찰을 실시하여 쿠바 미사일 기지가 완성단계에 있으며 일부는 사용이 가능하다는 것을 파악했다. 케네디 대통령은 23일 회의에서 봉쇄선 설정을 800마일에서 500마일로 단축하라고 지시했다. 이런 결정은 소련에게 시간적 여유를 주어 대응방안의 재검토를 유도하기 위함이었다.[15)] 또한 봉쇄선이 쿠바로부터 500마일 지점에 설정되기 전날인 23일, 합참은 소련선박 정선을 위한 세부적인 교

14) 김태현 (2005), p 169, 172, 275-276.

15) 이근욱 (2013), pp. 179-180; Ernest R. May and Philip D. Zelikow, (ed.), *The Kennedy Tapes: Inside the White House during the Cuban Missile Crisis* (Cambridge: Belknap Press, 1997), p. 345.

전규칙을 하달했다. 교전규칙의 내용은 "선박을 정선시키기 위한 의도를 나타내기 위하여 지휘관은 국제적 코드신호, 깃발게양, 등 점멸, 무선, 스피커 등 가용한 모든 교신을 사용하여야한다. 만약 선박이 정선하지 않으면 뱃머리에 경고사격을 하고, 이것이 실패하면 인명 부상 또는 생명에 손상에 주지 않으면서 선박의 비치명적인 부분에 손상을 가할 수 있는 최소한의 무력을 사용할 수 있다. 선박이 정선하면 승선하여 적하목록 검토와 화물 검색 등을 실시한다. 만약 승선시 조직적인 저항을 받는다면 선박을 공격할 수 있다"는 것이었다.[16)]

10월 24일 오전 10시부터 미 해군 함정들은 쿠바 연안에서 500마일 떨어진 해역에서 봉쇄를 실시하였다. 이날 오전 쿠바로 향하던 6척의 선박이 검역선에서 정지하거나 회항하였다. 이어 소련선박 20척 및 14척이 정선하거나 회항하였다. 이날 저녁에 소련은 항의문을 통해 미국의 봉쇄를 최후통첩이라고 비난하였다. 10월 25일, 소련 유조선 부카레스트(Bucharest)호가 격리선에 접근하였으나, 미 해군은 유조선임을 확인하고 항해를 허용하였다. 통과를 허락하였다. 한편 12척의 미사일을 적재한 소련 선박들은 돌아갔다. 10월 26일, 미 해군은 소련과 용선계약을 맺은 다국적 선박 마루쿨라(Marcular)호를 정선시키고 승선·검색한 이후 통과시켰다.[17)] 이러한 미 해군의 소련 선박에 대한 선별적 봉쇄와 항해 허

---

16) Dan Caldwell(ed.), "Department of Defense Operations during the Cuban Crisis: A Report by Adam Yarmolinsky, Special Assistant to the Secretary of Defense, 13 February 1963." *Naval War College Review*, July-August, 1979, p. 86; Scott D. Sagan, "Rules of Engagement," in Alexander L. George(ed.), *Avoiding War: Problems of Crisis Management* (Boulder: Westview Press, 1991). p. 454. 윤태영, "위기관리를 위한 교전규칙의 역할과 고려사항: 미국과 한국의 교전규칙 사례연구," 『시민윤리학회보』 제24집 2호(2011), p. 7 수정·인용.

17) Kennedy (1971), pp. 49, 51; 박수민 (2012), pp. 58, 60. Allison and Philip Zelikow

용은 위기통제를 위한 노력으로 평가될 수 있다.

한편 10월 26일 흐루시초프 서기장은 서한을 통해 "미국이 쿠바를 침공하지 않는다고 선언하고 봉쇄를 해제한다면, 소련은 쿠바에서 미사일을 철수하겠다"고 밝혔다. 다음날인 10월 27일, 흐루시초프의 또 다른 서한이 도착하였다. 핵심내용은 "미국이 터키에 배치한 미사일을 철수하면, 우리도 쿠바 미사일을 철수하겠다"는 것이었다.[18] 이러한 상황에서 미국 U-2 정찰기가 10월 27일 소련의 북극권 핵실험에 대한 정찰에 나섰다가 소련 영공을 침범하는 상황이 발생하였다. 또한 서신 받은 직후 쿠바 상공을 정찰 중이던 미국 U-2기가 소련의 지대공미사일(SAM)의 공격으로 격추되어 조종사가 사망하는 사건이 발생하였다. 이는 소련 지도부의 승인을 받지 않고 쿠바 방공망을 지휘하는 소련군 지휘관의 명령이었다.[19]

3) 위기 해결

이렇게 위기 상황이 고조되는 가운데 10월 27일 오후에 미국은 흐루시초프의 10월 26일 첫 번째 서한에 답하고, 10월 27일의 서한은 무시하기로 하고 미국의 서신을 통한 대응방안을 결정하였다. 주요내용은 첫째, 유엔(UN)의 감독 하에 쿠바에 배치한 무기체계를 철수하는데 합의하고, 쿠바에 추가적 무기체계 배치를 하지 않는다. 둘째, 미국은 유엔을 통해 현재 진행 중인 격리조치의 신속한 중단과 쿠바 불가침 보장 이행을 합

(1999), pp. 233, 235; 김태현 (2005), pp. 292-294, 296; 이근욱 (2013), p. 187.

18) 이근욱 (2013), pp. 191, 214. Kennedy (1971), pp. 66-67, 72; 박수민 (2012), pp. 73, 76-77; 김태현(2005), p. 301.

19) 이근욱 (2013), pp. 222-224; Kennedy (1971), pp. 75, 85; 박수민 (2012), pp. 79, 88.

의한다. 이러한 내용을 담은 서신은 소련으로 발송되는 동시에 언론에 공개되었다.[20]

이후 케네디 대통령은 소련 주미대사 아나톨리 도브리닌(Anatoly Dobrynin)에게 전달할 구두 메시지를 논의했다. 대통령의 지시에 따라 로버트 케네디 법무부장관은 10월 27일 밤 7:45분에 도브리닌 대사를 법무부에서 만나 메시지를 전달했다. 케네디 법무부장관은 미사일 기지 건설이 계속되고 U-2 정찰기 격추로 인해 위기상황이 고조되고 있는 상황에서, 10월 28일까지 미사일 철수를 결정하지 않으면 미국이 제거하겠다고 말했다. 아울러 케네디 대통령은 오랫동안 터키에 배치한 미사일을 철수할 생각이 있다는 점을 언급하였다. 10월 27일 밤 당시, 케네디 대통령은 쿠바 공격에 필요한 24개의 공군 비행대대를 편성하기 위해 14,0000명의 예비역 공군 소집령을 내린 상황이었다.[21]

10월 28일 오전 9시, 소련은 라디오 방송을 통해 쿠바에 있는 미사일을 해체하고 철수할 것이라는 발표하였다.[22] 이로써 쿠바침공과 소련의 반격으로 핵전쟁의 가능성이 높았던 13일간의 위기상황이 해결국면을 맞게 되었다.

20) Kennedy (1971), pp. 79-81; 박수민 (2012), pp. 82-84; 김태현 (2005), p. 438.

21) Kennedy (1971), pp. 83-87; 박수민 (2012), pp. 87-89; 김태현 (2005), pp. 172, 438-440; 이근욱 (2013), pp. 229-230.

22) 김태현 (2005), p. 442; 이근욱 (2013), p. 236-237. 위기 정책결정 관련 날짜별 주요내용은 Laurence Chang & Peter Kornbluh (eds.), *The Cuban Missile Crisis, 1962* (New York; The New Press, 1992, 1998), "A National Security Archive Documents Reader, "Chronology 1: September 28 to October 26, 1962,"; Chang & Kornbluh (eds.), "Chronology 1: October 26, 1962 to November 15, 1962," 참고.

〈표 7-1〉 케네디와 흐루시초프의 서신 교환(10월 22일-28일)

발신	수신	날짜	주요 내용
케네디	흐루시초프	10월 22일 6:00 pm	• 소련은 미국의 의지를 과소평가 • 쿠바에서 공격용 무기인 장거리 미사일 발견 • 텔레비전 연설문 동봉
흐루시초프	케네디	10월 23일 11:56 am	• 미국의 조치는 세계평화의 위협 • 쿠바에 반입된 무기는 방어용 무기
케네디	흐루시초프	10월 23일	• 현 상황은 소련이 초래 • 소련이 공격무기를 반입, 미국이 부과하는 봉쇄를 수용해야함
흐루시초프	케네디	10월 24일	• 미국의 행동은 소련에 대한 최후통첩 • 미국은 국제법을 위반, 봉쇄는 자의적이며 제국주의적 행동 • 소련은 봉쇄를 무기할 것임
케네디	흐루시초프	10월 25일 1:45 am	• 소련은 미국을 기만하면서 쿠바에 공격용 무기를 반입
흐루시초프	케네디	10월 26일 9:45 am- 6:00 pm	• 전쟁을 피한 것이 가장 중요 • 미국의 위협 때문에 소련은 쿠바에 탄도미사일을 배치 • 미국이 침공을 포기하면 소련은 미사일을 철수할 것임

흐루시초프	케네디	10월 27일 10:17 am	• 미국은 쿠바가 보유할 수 있는 무기종류를 결정할 수 없음 • 미국은 군사기지로 소련을 포위, 따라서 소련도 미사일을 배치할 수 있음 • 미국이 터키에서 탄도미사일을 철수한다면, 소련은 쿠바에서 탄도미사일을 철수할 것임
케네디	흐루시초프	10월 27일 8:05 pm	• 소련의 10월 26일 서한을 수령 • 미국은 쿠바를 침공하지 않고, 소련은 미사일을 철수하는 조건으로 쿠바문제를 해결하는데 동의
흐루시초프	케네디	10월 28일 10:00 am -6:00 pm	• 미국의 10월 27일 서한을 수령했고 동의 • 미국의 불가침 선언을 요구하며, 소련은 미사일을 철수
케네디	흐루시초프	10월 28일	• 합의내용을 확인 • 미국은 쿠바를 침공하지 않고, 소련은 미사일을 철수

* 출처: 이근욱, 『쿠바 미사일 위기: 냉전 기간 가장 위험한 순간』 (서울: 서강대학교 출판부, 2013), pp. 278-279 내용 요약 · 작성.

4. 위기관리 리더십 임무 분석

1) 위기 인식

미국의 위기 인식에서 가장 중요한 부분을 차지한 것은 핵전쟁의 위험성과 핵전쟁에서 승리를 거두기 힘들다는 인식이었다. 쿠바 미사일 위기 이전의 소련과 미국의 정치 · 군사지도부는 그들의 군사독트린에 근거하여 전쟁에서 승리를 위해 핵무기 사용이 가능하다고 믿었다. 그러나 곧 핵전쟁에선 승자가 없다는 점을 인식했다. 상대국을 굴복시켰다 해도 만약 국민 8천만 명-1억 명이 사망한다면 승리했다고 보기 어렵다는 것을 깨달았다. 또한 핵전쟁으로 인해 추후 환경에 미칠 재앙으로 백만 명 이상이 사망할지도 모르는 상황이었다. 이러한 위기인식으로 인해 1963년 크렘린과 백악관의 직통 커뮤니케이션 링크가 개설되어 미국과 소련 지도자간에 양국의 군사적 충돌이 확대되기 이전에 위기를 신속히 해결하기 위해 노력했다.[23]

특히 케네디 대통령은 쿠바에 대한 공격은 베를린에 대한 소련의 보복공격을 야기하게 될 것이라고 인식했고, 이에 대해 그는 핵공격 이외에는 의미 있는 군사적 선택이 없다고 생각했다. 따라서 그는 핵전쟁의 가능성을 줄이면서 위기목표를 달성할 수 있는 적절한 군사적 조치를 선택하기 위해 노력했다.[24]

2) 위기 정책결정과 조정

쿠바 미사일 위기시 미국 케네디 행정부의 위기 정책결정 과정을 조지(Alexander L. George)의 위기관리 요건/원칙에 근거하여 분석하면 다음과 같다. 위기관리 요건에는 원칙에는 정치적 요건과 운용적 요건이 있다. 우선 정치적 요건 측면에서 첫째, 위기목표의 제한이다. 케네디 대통령은 전쟁발발의 위험성이 증대될 것을 우려하여 위기목표를 카스

23) Viktor I. Yesin, "The Cuban Missile Crisis: Debatable Issues, Instructive Lessons," *Paper*, Belfer Center for Science and International Affairs, Harvard Kennedy School, October 16, 2013, p. 6.

24) May and Zelikow (ed.) (1997), pp. 145, 149; Graham Allison, "14. The Cuban Missile Crisis," in Steve Smith, Amelia Hadfield, Tim Dunne (eds.), *Foreign Policy: Theories, Actors, Cases* (2nd ed.) (Oxford: Oxford University Press, 2012), p. 266.

트로 정권의 전복이나 쿠바에 대한 소련의 모든 영향력을 제거해야한다는 목표를 추구하지 않았다. 케네디 대통령은 처음부터 위기목표를 미사일 제거에 한정시킨다는 점을 분명히 하였다. 둘째, 위기목표를 달성하기 위한 수단의 제한이다. 위기 초기에는 공습(air strike) 방안을 심각히 고려했으나, 이는 소련의 강경한 대응을 유발하거나 전쟁으로 확전되는 도화선이 될 수도 있었다. 반면 해상봉쇄가 유리한 점은 즉각적으로 군사력에 의존치 않고 주도권을 행사할 수 있고, 가장 중요한 점은 흐루시초프에게 미사일을 제거하도록 설득할 수 있는 시간을 제공할 수 있다는데 있었다. 그러나 해상봉쇄에 대한 반론은 쿠바에 추가적으로 도달하는 미사일을 억제하고 방지할 수는 있으나, 쿠바에 이미 배치된 미사일을 제거하기 위한 수단으로는 부적절하였다. 근본적인 문제는 군사력을 실제 사용하지 않고도 다른 수단에 의해서 흐루시초프가 미사일을 제거하도록 강제해야하는 것이다. 이를 달성할 수 있는 효과적인 수단이 아니면 흐루시초프가 미사일을 배치함으로써 얻을 수 있는 이득을 쉽게 포기하지는 않을 것이라 판단하였다. 반면 자국의 이득과 명예의 국제적인 손상 없이 후퇴시킬 방법으로는 압박과 유인 조치를 혼합하는 강압외교 전략이 있을 수 있다. 이러한 차원에서 해상봉쇄(blockade) 전략은 정치적 딜레마를 해결할 수 있는 대안으로 부각되었다. 이 전략은 미사일을 제거함에 있어 전쟁으로 확산될 위험성이 적은 방법이었다.[25] 이러한 위기 대응방안에 대한 평가에 근거하여 10월 22일 케네디 대통령이 쿠바에 미사일 기지가 건설 중이라는 사실을 밝히고 해상봉쇄/격

25) Alexander L. George, "A Provisional Theory of Crisis Management," in Alexander L. George (ed.), *Avoiding War: Problems of Crisis Management* (Boulder: Westview Press, 1991), pp. 24-25; Alexander L. George "The Cuban Missile Crisis,", in George(ed.), (1991), pp. 227-228.

리(quarantine)를 발표하였다. 케네디 대통령은 위기 발생 초기부터 흐루시초프는 합리적인 정책결정자라고 보고 만일 충분한 시간을 주면 입장을 바꿀 것이라는 믿음을 가졌다. 반면 흐루시초프의 케네디 대통령에 대한 이미지는 젊고, 경험이 적고, 전체적으로 추진력이 약한 지도자이고, 동시에 미사일을 제거하고자 전쟁을 불사하는 위험을 선택하지 않을 합리적인 지도자로 인식하였다.[26] 이에 따라 쿠바에 미사일을 배치하였다고 볼 수 있다. 이러한 상황에서 흐루시초프는 케네디 대통령의 해상봉쇄라는 강압외교 전략에 직면하였다.

한편 운용적 요건 측면에서 군사적 수단과 외교적인 수단의 통합과 조화에 중점을 두는 7가지 요건을 검토할 수 있다. 첫째, 군사적 선택에 대한 최고지도부의 정치적 통제의 필요성이다. 양국의 정치 지도자들은 군의 비상령(데프콘), 병력 전개, 저강도 수준 작전과 군사력 운용의 선택과 적절한 시기 등의 군사적 방안들에 대한 공식적인 통제를 해야 한다. 케네디 대통령은 해상봉쇄 작전을 수행함에 있어 세부적 운용에 대해서는 군에 자율적인 임무수행을 허용하였다. 다만 작전 시간, 배치, 군사적 경보에 대해서는 간접적인 통제를 실시하였다. 적절한 교전규칙과 군사령관과의 협의 문제는 대부분 맥나마라 국방부장관의 승인으로 이루어져서 군 지휘계통을 통해 해상봉쇄 작전이 수행되었다.[27] 따라서 쿠바 미사일 위기시 미국은 해상봉쇄 작전에 대한 (특별)교전규칙을 설정하고 해군과 공군에 대한 정치적 통제 및 직접통제를 통해 위기확대를 방지하면서 쿠바로부터 미사일 철수라는 위기목표를 달성하기 위해

26) George (1991), "The Cuban Missile Crisis,", p. 229.
27) George, "A Provisional Theory of Crisis Management," p. 25; George (1991), "The Cuban Missile Crisis,", p. 240.

효과적인 군사력을 전개했다고 평가할 수 있다.

둘째, 시간적 여유를 주기 위한 군사작전의 일시적 중단이다. 양국이 외교적 협상과 대화를 위해 충분한 시간을 주어야 하고, 또한 양국이 상황판단, 계획수립과 결정, 그리고 제안에 대한 대응 등을 위한 적당한 시간을 주기위해 군사력 운용의 속도와 여세는 의도적으로 늦추거나 일시적 중단 상황을 두어야 한다. 미국 행정부도 해상봉쇄를 수행함에 있어 위기조치의 적용 범위 등을 조절하고 작전 운용의 시간 등을 조절해야함을 인식했다. 케네디 대통령은 흐루시초프에게 생각할 수 있는 여유를 주고 외교적인 의사소통의 변화를 유도하기 위해 해상봉쇄의 일시적인 중단을 실시하였다.[28]

셋째, 정치·외교적 행동과 조율된 군사적 행동이다. 위기상황을 전쟁이나 더욱 심각한 군사적 긴장상태 없이 끝내기 위한 종합적 전략의 일환으로 군사력의 운용은 외교적 대응과 충분히 협의되어야 한다. 넷째, 제한된 외교목표와 일치된 군사력 위협이다. 위기관리를 위한 군사력의 운용과 군사적 위협은 제한된 외교목표와 일치해야 한다. 다섯째, 대규모전투에 의지하려한다는 인상의 회피이다. 상대국이 대규모 전쟁이나 교전상태가 임박했다고 느껴 선제공격 시도에 대한 고려를 하게 만드는 군사력 운용과 위협은 피해야 한다. 즉 이러한 위기관리 요건 하에 군사적 조치는 정치적 목표와 외교적 조치의 측면에서 신중하게 구성·조정·선택되어져야한다. 케네디 대통령의 전략은 미사일 발사대에 대한 타격 준비와 최악의 상황을 대비해 쿠바 침공 등 군사적 행동을 준비하면서도, 실제적으로는 해상봉쇄를 수단으로 신뢰성 있는 위협을 구사하

28) George, "A Provisional Theory of Crisis Management," p. 25; George (1991), "The Cuban Missile Crisis,", p. 240.

는 강압외교 전략을 통해 미사일을 완전히 제거하는 것이었다. 10월 27일경 소련과 쿠바는 미국이 침공준비를 완료한 것으로 판단하였다. 결국 미국의 전략핵 군의 경보태세인 DEFCON 2는 10월 22일 케네디 연설에서 언급된 미국이나 서유럽 지역에 대한 소련의 쿠바 미사일 기지의 미사일 사용 억제, 소련의 추가 위기확대 행동 억제, 그리고 베를린 등에서 소련의 추가적 행동을 억제하기 위한 강압외교 조치로 볼 수 있다.[29)]

여섯째, 협상하려는 의지와 일치하는 외교·군사적 선택이다. 위기상황을 벗어나기 위해 군사적 해결방안보다 협상을 추구하려는 의지를 전달하기 위한 외교·군사적 방안은 선택되어야 하며, 그 의지와 일치하는 방향에서 선택되어야한다. 미국의 위기조치는 군사적인 방책을 선택하고 적용함에 있어 제한을 두었고, 미사일 문제에 대한 군사적인 해결보다는 평화로운 위기해결을 강력히 선호하고 있음을 보여주었다. 일곱째, 적대국의 기본적 이익과 양립될 수 있는 퇴로의 조성이다. 적대국이 위기상황을 벗어나는 것이 그들의 기본적인 이익과 양립될 수 있도록 외교적 제안과 군사적 방안이 선택되어야 한다. 미국은 해상봉쇄를 위한 군사작전을 신중히 선택하였고, 결국에는 그것을 외교적 제안과 연계시켰다. 위기해결 방법이 소련의 근본적 이익과 상충되지 않음을 흐루시초프에게 인식시키려는 노력을 경주하였다.[30)]

반면, 위기상황이 전개되는 동안 위험한 상황이 발생하기도 했다. 이는 미국과 소련 군부의 행동들이 정보기관이 수집한 정보들에 의해서만 수행되면 안 된다는 교훈을 주고 있다. 미국과 소련 정보기관들의 위기상

29) George, "A Provisional Theory of Crisis Management," p. 25; George (1991), "The Cuban Missile Crisis,", p. 240.

30) George, "A Provisional Theory of Crisis Management," p. 25; George (1991), "The Cuban Missile Crisis,", pp. 240-241.

황에 대한 분석은 강경한 입장을 유지했고 잘못된 결론을 내렸다. 이러한 잘못된 결론이 군부에 전달되어 호전적 적대감을 높이고 전쟁 발생 가능성을 높이는 결과를 초래했다. 예를 들어 토마스 파워(Thomas Power) 미 전략공군 사령관은 1962년 10월 24일 비상령이 필요 없는 상황에서 산하 비행단에 긴급 비상태세를 발령했다. 10월 27일 쿠바 주재 소련 공군 부사령관 스테판 그레코(Stepan Grechko)는 미국 U-2기에 발포명령을 내려 2기의 미사일이 발사되었고 비행기는 격추되고 조종사는 사망하였다. 이 사건으로 미사일 위기는 거의 최고 긴박하고 위험한 상황으로 고조되었다.[31)]

3) 위기 커뮤니케이션

첫째, 위기상황을 안정적으로 관리하기 위해서는 서로 수용 가능한 결론을 찾기 위해 양측 간에 타협하는 과정이 요구된다. 위기상황을 벗어나기 위해 타협이외에 다른 합리적인 방안을 찾기가 힘들다. 미국과 소련은 타협과 상호 양보에 대한 의지를 밝혔을 때 비로소 위기를 해소할 수 있는 방법을 찾았다. 이러한 행태는 최후의 통첩을 통해 상대국을 압박하는 대신에 상호 수용 가능한 대안을 찾는 기회를 마련하였다.[32)]

둘째, 철저한 결정을 준비하기 위해서는 위기시 적대국과 명확하고 시의적절한 커뮤니케이션을 하고 있는지 확인해야한다. 양측 결정 과정에서의 실수들이 문제 해결을 훨씬 더 어렵게 만들었다. 케네디 대통령은 1962년 10월 26일 저녁, 모스크바 주재 미국 대사관을 통해 만약 미국이

31) Yesin (2013), pp. 7-8.

32) Yesin (2013), p. 6. 장준갑, “케네디와 흐루시초프: 위기극복의 지도력,” 『서양사학연구』 제22집 (2010), pp. 225-228 참고.

쿠바 침공을 하지 않겠다는 보장을 한다면 쿠바에서 핵미사일을 철수하겠다는 흐루시초프의 친서를 전달 받았다. 이에 케네디 대통령과 보좌진은 소련의 제의를 수용한다는 답장을 준비하였다. 그러나 10월 27일 아침 흐루시초프로부터 다른 내용의 편지가 전달되었다. 이 편지에선 터키 내 미국의 주피터 핵미사일을 철수하라는 위기해결을 위한 추가적인 조건이 덧붙여졌다. 미국은 크렘린 궁에서 쿠데타가 발생하였거나, 흐루시초프가 온건한 입장을 바꿀 정도로 크렘린 강경파의 압박에 직면한 것으로 생각하기 시작했다. 그러나 사실 케네디가 받은 10월 27일 두 번째 편지는 먼저 작성된 편지로 추정된다. 이는 소련 외무성 직원의 나태함 인해 첫 번째 편지의 발송이 지연되어서 발생한 것이다. 결국 케네디는 부드러운 두 번째 편지를 먼저 읽었고, 본래의 강경한 논조의 편지를 이어서 접한 상황이 되었다. 이러한 흐루시초프의 혼란스러운 메시지로 인해 재앙적인 결과가 야기될 수도 있었다. 그러나 10월 27일 밤, 로버트 케네디가 도브리닌(Anatoly Dobrynin) 주미 소련대사와 비밀리에 접촉하여 이러한 오해를 풀고 위기를 해결할 수 있었다.[33]

Ⅱ. 9/11 테러(2001)

1. 위기사건 배경

냉전 종식 이후 강대국간 이념적 대결과 전면전의 가능성은 낮아졌고, 주권국가에 대한 영토위협과 같은 냉전기의 전통적 안보위협이 감소하

---

33) Yesin (2013), p. 7.

였다. 반면 탈냉전기에 접어들어 세계화 추세가 가속화되면서 민족적·인종적·종교적 요인 등에 의한 관련국간 분쟁이 증가되었고, 국제테러, 국제조직범죄, 마약밀매, 난민문제, 해적행위 등 다양한 초국가적 위협이 등장하였다.

이러한 안보환경 속에서 1988년 결성된 알 카에다(Al-Qaeda)는 1992년 미국을 공격목표로 선정하고 대미 선전포고를 하고 테러공격을 주도하면서 뉴테러리즘(new terrorism)이 태동되기 시작하였다. 뉴테러리즘의 시작을 알리는 사건들은 1992년과 1993년 예멘의 아덴항과 소말리아에서 미군 공격, 1993년 2월 뉴욕 세계무역센터 폭파, 1993년 3월 뭄바이 증권거래소와 인도항공 본사 건물의 연쇄폭발, 1998년 8월 케냐와 탄자니아 미대사관 폭파, 2000년 1월 아덴항 정박 미군함 공격, 2000년 10월 미 해군 구축함 콜(Cole)호 공격 등이 있다. 무차별적 대량 인명살상의 새로운 테러리즘이 태동되는 상황 속에서 2001년에 현대사의 역사적 전환점으로 기록되는 9/11 테러가 발생하였다.

9/11 테러공격 발생 이전인 1995년 미국의 '국가정보예측' 보고서는 새로운 테러리즘의 등장을 경고했다. 그러나 대부분의 정책결정자들은 테러란 국가 차원에서 지원을 받는 테러리스트나 국내 범죄자들이 자행하는 것으로 인식했다. 또한 백악관이 대테러리즘 업무를 총괄하는 기능을 수행하지 않았기에 대테러리즘 활동은 관련기관의 책임 하에 있었다. 미국 정부는 1996년까지 누구도 오사마 빈 라덴을 뉴테러리즘의 창시자로 주목하지 않았다. 1997년에 이르러 빈 라덴이 전 세계에 걸쳐 미국을 공격하기 위해 군사조직을 운영하고 있음을 파악하였다. 1997년 가을에 CIA 빈 라덴 팀은 아프가니스탄 부족들로 하여금 빈 라덴을 체포

하는 계획을 수립하고 대테러활동에 많은 노력을 하였다.[34]

이러한 상황에서 발생한 9/11 테러로 인해 미국의 국가안보정책의 최우선 순위는 테러리즘 예방과 대테러리즘 활동으로 전환되었다. 아울러 뉴테러리즘이 본격화되는 가운데 대테러 위기관리 과정에서 최고정책결정자들의 위기관리 리더십 능력이 시험대에 올랐고 그 중요성이 강조되기 시작하였다.

2. 위기사건 개요

2001년 9월 11일 테러리즘의 역사상 가장 재앙적인 사건이 미국에서 발생하였다. 알 카에다 소속 테러리스트 19명에게 공중 납치된 4대의 미국 항공기가 세계무역센터 쌍둥이 빌딩 2곳과 국방부 청사에 충돌하였고, 펜실베이니아 서부 생스빌에 추락하여 사망자만 93개국 출신 2,977명(뉴욕 세계무역센터 2,753명, 국방부 184명, UA 93 비행기 40명)에 달하는 전무후무한 재앙적 테러리즘이 발생하였다.[35]

9/11 테러 사건은 4대의 민간 항공기를 납치한 알 카에다 소속 테러리스트들에 의해 동시 다발적으로 이루어졌는데, 현지 시간대별 상황은 다음과 같다. 오전 7시 59분 76명의 승객과 11명의 승무원 그리고 5명의 납치범을 태운 아메리칸 항공 소속 AA 11편이 보스턴을 출발해 로스앤젤레스를 향해 이륙하였다. 뒤이어 8시 14분 AA 11편이 5명의 납치범들에 의해 납치되었다. 같은 시간 51명의 승객과 9명의 승무원 그리고 5명

34) National Commission on Terrorist Attacks Upon the United States, "The 9/11 Commission Report," *Final Report of the National Commission on Terrorist Attacks Upon the United States*, (New York: W.W. Norton & Company Ltd, 2004), pp. 108-110.

35) National September 11 Memorial & Museum, "FAQ about 9/11, "https://www.911memorial.org/faq-about-911.

의 납치범을 태운 유나이티드 항공의 UA 175편이 보스턴에서 로스앤젤레스를 향해 이륙했다. 8시 20분에는 6명의 승무원과 53명의 승객 그리고 5명의 납치범을 태운 아메리칸 항공의 AA 77편이 워싱턴에서 로스앤젤레스로 출발했다. 뒤이어 8시 26분 30초경 AA 11편은 뉴욕으로 항로를 선회했고, 08시 46분 40초경, AA 11편이 시속 790km의 속도로 세계무역센터 북쪽 건물(제1 세계무역센터)의 93층과 99층 사이에 충돌했다. 마지막으로 8시 42분에는 7명의 승무원과 33명의 승객 그리고 4명의 납치범을 태운 유나이티드 항공의 UA 93편이 뉴저지주에서 샌프란시스코로 향했다. 잠시 뒤인 8시 58분 UA 175편이 뉴욕으로 항로를 바꿨고, 곧이어 9시 03분 11초, UA 175편이 시속 950km의 속도로 남쪽 건물(제2 세계무역센터)의 77층과 85층 사이로 충돌하였다. 9시 37분 46초경 AA 77편이 시속 853km의 속도로 워싱턴의 국방부 건물과 충돌하고, 이어 약 9시 58분 59초경 세계무역센터 남쪽 건물이 완전히 붕괴되었다. 그리고 10시 03분 11초 UA 93편이 시속 926km의 속도로 피츠버그 남동쪽 펜실베이니아 생스빌 벌판에 추락하였다. 뒤이어 10시 28분 22초경, 세계무역센터 북쪽 건물이 완전히 붕괴되고, 이 여파로 인해 47층짜리 세계무역센터 부속건물인 제7 세계무역센터 빌딩이 오후 5시 20분 33초경 붕괴되었다. 제7 세계무역센터의 붕괴 원인은 제1·2 세계무역센터의 붕괴로 철골들의 잔해들이 튕겨 나와 건물을 타격한 것으로 보인다. 미국은 세계 경제의 중심부이자 미국 경제의 상징인 뉴욕과 정치·군사적 중심부인 워싱턴의 펜타곤이 테러리스트들에 의한 항공기 자살공격을 받았다.[36)]

---

36) 위키백과, "9·11 테러," https://ko.wikipedia.org/wiki/9%C2%B711_%ED%85%8C%EB%9F%AC; National Commission on Terrorist Attacks Upon the United States, *The 9/11 Commission Report*, pp. 32-33; Wikipedia, "September 11 attacks," https://en.wikipedia.org/wiki/September_11_attacks; Sid Jacobson and Ernie Colón, *The 9/11 Report: A Graphic Adaptation Paperback* (Hill and Wang, 2006) 참고.

〈그림 7-1〉 납치 항공기별 테러 상황 (AA 11, UA 175)

아메리칸 에어라인 11편(AA 11) 보스턴 출발 로스앤젤레스 도착		유나이티드 에어라인 175편(UA 175 보스턴 출발 로스앤젤레스 도착	
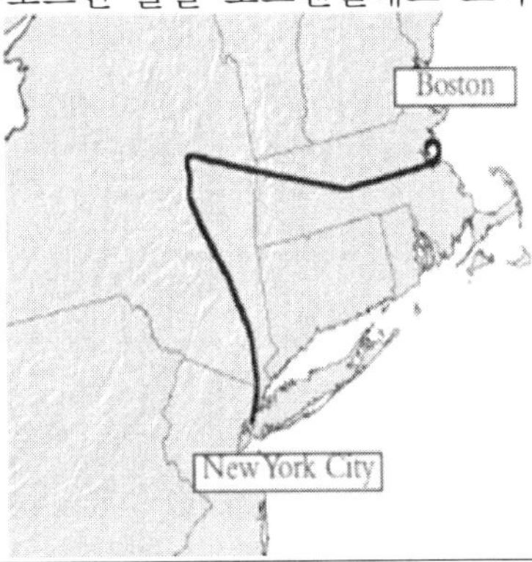		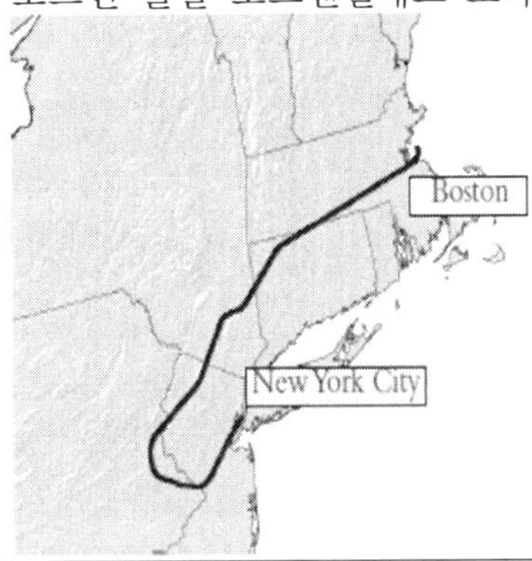	
7:59	이륙	8:14	이륙
8:14	마지막 일상적 교신, 점거 추정	8:42	마지막 교신
8:19	승무원 아메리칸 에어라인(AA)에 납치 보고	8:42-8:46	점거 추정
8:21	응답기 꺼짐	8:47	응답기 코드 변경
8:23	AA 조정석 교신 시도	8:52	승무원 유나이티드 에어라인(UA)에 납치 보고
8:25	보스턴센터 납치 인지	8:54	UA 조정석 교신 시도
8:38	보스턴센터 북동방공지구(NEADS)에 납치 보고	8:55	뉴욕센터 납치 의심
8:46	NEADS 오티스기지, AA 11 수색을 위한 전투기 출격명령	9:03:11	175편 2번째 WTC(남쪽타워) 충돌
8:46:40	AA 11, 첫번째 WTC(북쪽타워) 충돌	9:15	뉴욕센터, NEADS에 UA 175 WTC에 충돌한 두 번째 항공기 통보
8:53	오티스기지 전투기 공역 이동	9:20	UA 본부, 175편 WTC 충돌 인지
9:16	AA 본부, AA 11 WTC 충돌 인지		
9:21	보스턴센터, NEADS에 AA 11 워싱턴으로 이동중 통보		
9:24	NEADS, AA 11 수색을 위한 랭글리기지 전투기 출격명령		

* 출처: National Commission on Terrorist Attacks Upon the United States, *The 9/11 Commission Report: Final Report of the National Commission on Terrorist Attacks Upon the United States*, July 22, 2004, p. 32.

〈그림 7-2〉 납치 항공기별 테러 상황 (AA 77, UA 93)

아메리칸 에어라인 77편(AA 77)
워싱턴 출발 로스앤젤레스 도착

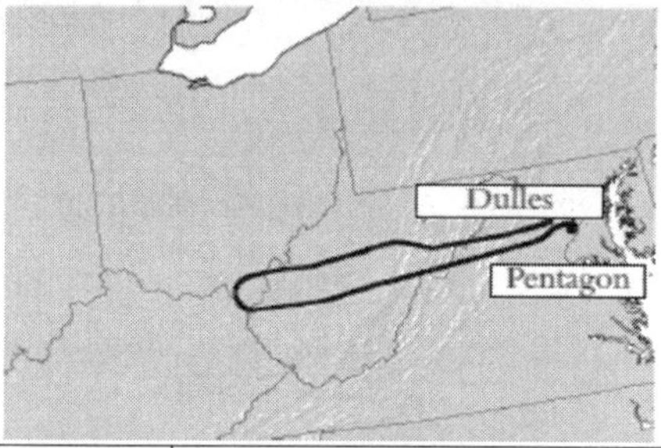

유나이티드 에어라인 93편(UA 93)
뉴왁 출발 샌프란시스코 도착

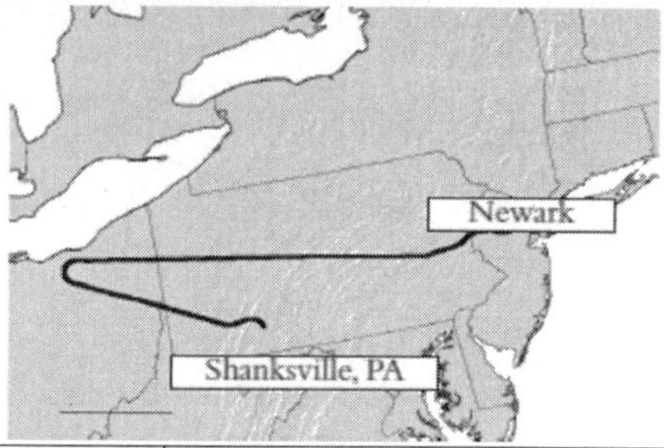

시각 (AA 77)	상황 (AA 77)	시각 (UA 93)	상황 (UA 93)
8:20	이륙	8:42	이륙
8:51	마지막 일상적 교신	9:24	93편, 유나이티드 에어라인(UA)으로부터 조정석 침입 가능성 경고 수신
8:51-8:54	점거 추정	9:27	마지막 일상적 교신
8:54	77편 미승인 남쪽 항로변경	9:28	점거 추정
8:56	응답기 꺼짐	9:34	헌든지휘센터, FAA에 UA 93 납치 통보
9:05	AA 본부, 77편 납치 인지	9:36	승무원, UA에 납치 보고; UA 조정석 교신 시도
9:25	헌든지휘센터, 전국적 이 착륙금지 명령	9:41	응답기 꺼짐
9:32	델레스 타워, 신속이동 항공기 레이더 탐지(이후 AA 77로 확인)	9:57	승객 저항 시작
9:34	연방항공청(FAA), NEADS에 AA 77 실종 통보	10:03:11	93편, 펜실베니아 생스빌 벌판 추락
9:37:46	AA 77 펜타곤 충돌	10:07	클리브랜드센터, NEADS에 UA 93편 납치 통보
10;30	AA 본부, 77편 펜타곤 충돌 확인	10:15	UA 본부, 93편 펜실베니아에 추락 인지; 워싱턴센터, NEADS에 93편 펜실베니아에 추락 통보

* 출처: National Commission on Terrorist Attacks Upon the United States, *The 9/11 Commission Report: Final Report of the National Commission on Terrorist Attacks Upon the United States,* July 22, 2004, p. 33.

이 사건으로 인한 인명피해는 4대의 항공기에 탑승한 승객 전원 사망, 세계무역센터와 국방부 충돌로 사망자가 총 2,977명이었다. 경제적인 피해는 세계무역센터 건물 가치 11억 달러(1조 4300억 원), 테러 응징을 위한 긴급 지출안 400억 달러(약 52조 원), 재난극복 연방 원조액 111억 달러(약 12조 원), 이외에 경제활동 및 재산상 피해 등 막대한 손실이 발생했다. 4대의 항공기를 납치한 알 카에다 소속 19명의 조직원은 사우디아라비아 출신 15명, 아랍 에미리트 출신 2명, 레바논 출신 1명, 이집트 출신 1명으로 구성되었다.[37)]

〈표 7-2〉 시간대별 9/11 테러 상황

테러 목표	일시	상황	소요시간
WTC (북측 빌딩)	9.11 07:59	아메리칸 항공 AA 11(보스턴-LA) 이륙	47분
	08:14	납치범 조종실 점거 추정	
	08:46	뉴욕 세계무역센터 북쪽 타워 충돌	
WTC (남측 빌딩)	08:14	유나이티드 항공 UA 175(보스턴-LA) 이륙	49분
	08:42-08:46	납치범 조종실 점거 추정	
	09:03	뉴욕 세계무역센터 남쪽 타워 충돌	
펜타곤	08:20	아메리칸 항공 AA 77(워싱턴 덜레스-LA) 이륙	77분
	08:51-08:54	납치범 조종실 점거 추정	
	09:37	국방부 건물(펜타곤) 충돌	

37) 위키백과, "9 · 11 테러," https://ko.wikipedia.org/wiki/9%C2%B711_%ED%85%8C%EB%9F%AC; National September 11 Memorial & Museum, "FAQ about 9/11," https://www.911memorial.org/faq-about-911.

미확인 (백악관, 국회의사당 추정)	08:42	유나이티드 항공 UA 93(뉴저지 뉴왁-샌프란시스코) 이륙	81분
	09:28	납치범 조종실 점거 추정	
	10:03	펜실베이니아 생스빌 추락	

* 출처: National Commission on Terrorist Attacks Upon the United States, *The 9/11 Commission Report: Final Report of the National Commission on Terrorist Attacks Upon the United States,* July 22, 2004, pp. 32-33. David Shuster, "9/11 Mystery: What was Flight 93's target?" 9/12/2006, http://www.nbcnews.com/id/14778963/ns/msnbc-hardball_with_ chris_matthews/t/mystery-what-was-flight-s-target/#.WUjVDcsUk_w 참고.

3. 위기관리 과정

1) 초기 대응

9월 11일 08:46, 아메리칸 항공 11편(AA-11)이 세계무역센터 북쪽 타워에 충돌할 때 백악관 관계자 또는 대통령과 함께 있던 수행원 등은 항공기가 피랍된 사실을 모두 모르고 있었다. 대부분의 연방기관들은 CNN 방송을 통해 뉴욕에서의 항공기 충돌 사실을 파악하였다. 사건 당시 부시(George W. Bush) 대통령은 플로리다 주의 엠마 부커(Emma E. Booker) 초등학교 수업에 참석하여 책을 읽어주기 위해 방문했다. 부시 대통령은 수업 참관 직전에 로브(Karl Rove) 대통령 선임보좌관으로부터 항공기 충돌사건에 대해 보고받았다. 대통령은 반응은 사건은 조종사의 실수가 분명하다는 것이었다.[38]

9/11 조사위원회 보고서에 다르면, 대통령은 08:55 대통령은 교실에 들어가기 직전에 백악관에 있던 라이스(Condoleezza Rice) 국가안보보좌관

38) National Commission on Terrorist Attacks Upon the United States, *The 9/11 Commission Report*, 2004, p. 35.

으로부터 엔진 두 개의 민항기가 세계무역센터에 충돌했다는 보고를 받았다. 수업을 참관하던 중인 09:05, 카드(Andrew Card) 백악관비서실장으로부터 "두 번째 항공기가 남쪽 타워에 충돌했다. 미국이 공격받고 있다"고 보고받았다. 대통령은 본능적으로 침착해져야하며, 위기의 순간에 국민들에게 흥분된 반응을 보이지 않아야 한다고 생각했다고 말했다. 그는 어떤 상황이 발생했는지 충분히 파악할 필요가 있다고 판단했다고 전해진다. 대통령을 수행하는 어느 누구도 항공기 피랍이나 실종에 대해 정보를 가지고 있지 못했다. 부시 대통령은 5분에서 7분정도 교실에서 책읽기를 더하다가 자리를 떠났다. 09:30 부시 대통령은 대국민 간단한 성명을 발표하고, 대통령의 차량행렬은 09:35에 출발하여 09:42-09:45분경 공항에 도착했다. 차량행렬 이동 중에 대통령은 국방부(펜타곤)에 대한 공격을 보고받았다. 09:54 공군 1호기는 목적지를 정하지 않은 채 이륙했다.[39)]

백악관에서는 09:25에 클라크 대테러조정관 주재로 CIA, FBI, 국무부, 법무부, 국방부, 연방항공청(FAA: Federal Aviation Administration) 및 백악관 지하상황실이 참여한 화상회의가 개최되었다. 국방부 국가군사지휘센터에서는 09:29에 회의가 개최되어 항공기 충돌 상황을 파악하였다. 09:55 체니(Dick Cheney) 부통령은 공군 1호기가 이륙한 직후 대통령과 통화하여 3대의 항공기가 실종되었고, 그중 한 대가 국방부에 충돌했다고 보고했다. 이어 09:58 체니 부통령은 백악관 지하상황실에 도착하여

39) National Commission on Terrorist Attacks Upon the United States, *The 9/11 Commission Report*, 2004, pp. 35, 38-39. Bob Woodward, Bush at War (New York: Simon & Schuster, 2002), pp. 15-16; 밥 우드워드 지음, 김창영 옮김, 『부시는 전쟁중』 (서울: 따뜻한 손, 2003), p. 37.

워싱턴으로 향한다고 보고받은 UA 93편에 대한 요격명령 수행여부를 확인하기 위해 대통령과 통화했다. 10:20 부통령은 대통령으로부터 필요하다면 항공기 격추를 허가한다는 명령을 들었다. 그러나 북미항공우주방위사령부(NORAD: North American Aerospace Defense Command) 소속의 북동방공지구(NEADS: Northeast Air Defense Sector)에 피랍 항공기에 대한 요격명령이 하달된 시간은 10:31이었다. 이때는 이미 UA 93편이 10:03에 추락한 상황이었다.[40)]

한편 9월 11일 오전 8시 32분 미국 연방항공청(FAA: Federal Aviation Administration) 관계자는 AA-11 항공기가 피랍되었음을 포착하고, 북미항공우주방위사령부(NORAD: North American Aerospace Defense Command)에 통보하였다. NORAD는 매사추세츠주 오티스 공군 방위군 기지에서 오전 8:53에 2대의 F-15s를 긴급 출격시켰다. 연방항공청(FAA)과의 지체되고 혼란스러운 통신 때문에 NORAD는 AA-11 항공기가 납치 된지 9분 이후에 통보를 받았고, 다른 항공기들이 추락하기 전까지 어떤 통보도 받지 못했다. 쌍둥이 타워가 이미 공격받은 이후인 오전 9:30에 추가적인 전투기들이 버지니아 랭글리 공군기지에서 출격하였다. 오전 10시 20분 체니 부통령은 납치된 것이 분명해 보이는 항공기에 대해 격추하라는 명령을 하달하였다. 그러나 이러한 지침은 전투기가 조치를 취할 수 있는 시간에 전달되지 않았다.[41)]

워싱턴 북쪽에서 날아가서 미 국방부에 충돌한 아메리칸 항공 77편의

---

40) National Commission on Terrorist Attacks Upon the United States, *The 9/11 Commission Report*, 2004, pp. 36-37, 40-41, 44-45.

41) Wikipedia, "September 11 attacks,". National Commission on Terrorist Attacks Upon the United States, *The 9/11 Commission Report*, 2004, pp. 20-42 참고.

경우 공군은 엉뚱한 동쪽 상공으로 출격하여 요격 기회를 놓쳤다. 결국 항공기 3대가 뉴욕과 워싱턴에 추락한 뒤에야 백악관의 격추명령이 하달되었다. 부통령이 피랍된 항공기의 진로를 차단하고 격추시키라는 명령을 내렸으나, 이때도 납치된 네 번째 여객기는 이미 펜실베이니아 벌판에 추락한 상황이었다.[42] 결국 테러 사건 초기 군사적 측면에서 중요한 위기 정책결정과 전달과정에서 상황파악의 미흡, 늑장대응 및 지침 전달의 혼선 등이 나타났다.

2) 위기 정책결정

9월 11일 오후 3:15경 네브라스카 오퍼트 공군기지에서 화상시스템을 통해 국가안전보장회의(NSC)가 처음 개최되었다. 부시 대통령은 "우리는 전쟁중"이라는 말로 회의를 시작했고, 테넷(George Tenet) CIA국장은 초기징후로 볼 때 알 카에다가 공격의 배후로 추정된다고 보고했다. 이후 백악관으로 돌아온 부시 대통령은 오후 8:30 대국민 연설을 통해 가장 시급한 것은 부상자 구호와 후속공격 차단임을 강조하고, "이런 행위를 저지른 테러리스트와 그들을 보호하는 자들을 구분하지 않고 다룰 것이다"라고 말했다. 부시 대통령은 NSC 체제하에서 참석자가 제한된 전쟁이사회(War Council)를 통해 위기관리를 수행하였다. 전쟁이사회의 주요 참석자는 체니 부통령, 파월(Colin Powell) 국무부장관, 럼스펠드(Donald Rumsfeld) 국방부장관, 셸턴(Hugh Shelton) 합참의장, 마이어스((Richard Myers) 합참차장, 테넷(George Tenet) CIA국장, 애쉬크로프트(John

42) 『SBS뉴스』, "9.11 테러, 허둥대다 늑장대응," 2004.6.18., http://news.sbs.co.kr/news/endPage.do?news_id=N0311620818.

Ashcroft) 법무부장관, 뮐러(Robert Muller) FBI국장, 라이스 국가안보보좌관, 카드 비서실장, 해들리(Stephen Hadley) 안보담당부보좌관, 볼턴(Joshua Bolton) 비서실차장 등이었다.[43)]

9월 11일 밤 연설 이후, 부시 대통령은 NSC 회의에서 지금은 자위권을 발동해야할 시기이고, 미국을 공격한 자들뿐만 아니라 그들을 숨겨주는 자들도 응징할 것이라고 말했다. 부시 대통령은 9월 12일 NSC를 두 차례 더 소집했다. 첫 번째 회의에서 미국은 지금까지와는 다른 새로운 유형의 적과 전쟁상태에 있음을 강조하고, 테러리스트를 제거하고 지원세력을 응징할 전략을 수립할 것을 요구했다. 참석자들은 알 카에다 뿐만 아니라 중동지역의 국제테러조직까지 포함하여 “우리 삶에 대한 테러위협의 제거”를 제안하는 방안을 검토했다. 9월 13일 NSC에서 부시 대통령은 텔레반에 대한 최후통첩 방안을 논의하고 럼스펠드 국방부장관에게 탈레반에 대한 군사작전 계획을 수립하라고 지시했다. 이어 부시 대통령은 9월 15-16일 전쟁이사회를 캠프 데이비드에서 개최하고 외교·군사적 계획을 검토했다.[44)]

9월 17일 NSC에서 부시대통령은 이날 회의의 목적은 테러와의 전쟁을 위해 최초로 임무를 부여하는 것이라고 강조하였고, 국토안보계획 수립, 탈레반에 대한 최후통첩 전달, 탈레반과 알 카에다 공격계획 수립 등을 지시했다. 9월 19일 럼스펠드 국방부장관은 우발계획을 수립하고 있는 지휘관들에게 공격대상으로는 탈레반, 알 카에다, 아프가니스탄만이 포

---

43) National Commission on Terrorist Attacks Upon the United States, *The 9/11 Commission Report*, 2004, pp. 326, 330; Woodward (2002), p. 26; 김창영 (2003), p. 51.

44) National Commission on Terrorist Attacks Upon the United States, *The 9/11 Commission Report*, 2004, pp. 330-332. 김창영 (2003), pp. 56-85, 94-97, 112-137 참고.

함되어야한다고 강조했다. 9월 20일 부시 대통령은 상·하원 합동연설에 앞서 대국민 담화를 발표했다. 그는 "9/11 테러의 배후에 알 카에다가 있고, 탈레반이 테러리스트를 인도하지 않으면 알 카에다와 같은 운명에 처할 것"이라고 경고하고, "전 세계 모든 국가들은 우리 편인지 아니면 적들의 편인지를 선택해야한다"고 강조했다. 이후 부시 대통령은 9월 21일과 10월 2일에 아프가니스탄에 대한 군사작전인 "항구적 자유작전(Operation Enduring Freedom)'을 승인했다.[45]

3) 위기 해결

2001년 9/11 테러 이후 부시 행정부는 아프가니스탄에서 '테러와의 전쟁'을 시작하였다. 10월 7일 미국은 9/11 테러의 주동자로 알려진 오사마 빈 라덴(Osama bin Laden)과 알 카에다를 비호해 온 아프가니스탄 탈레반 정권에 대해 대테러전의 일환으로 '항구적 자유작전(Operation Enduring Freedom)'을 전개하였다. '항구적 자유작전'의 목표는 아프가니스탄이 알 카에다의 활동의 기지로 이용되는 것을 저지하고, 탈레반 정권의 군사적 역량을 분쇄하는 것이었다. 12월에는 탈레반의 최후 저항 기지인 칸다하르 지역을 완전히 탈환하고 탈레반 정권을 붕괴시켰다.[46]

2001년 10월 7일 시작된 항구적 자유작전은 11월 25일까지 초기 작전

45) National Commission on Terrorist Attacks Upon the United States, *The 9/11 Commission Report*, 2004, pp. 333, 335-337. NSC는 9월 17일 이후에도 9월 18-21일 연이어 개최되었다. 김창영 (2003), pp. 141-163 참고.

46) The White House, "Presidential Address to the Nation," October 7, 2001, https://georgewbush-whitehouse.archives.gov/news/releases/2001/10/20011007-8.html. 윤태영, "미국의 아프가니스탄 전쟁 목표와 전략의 변화양상: 대테러전과 대반란전 논쟁을 중심으로," 『국가안보와 전략』 제17권 1호 (2017년 봄), p. 208 수정·인용.

단계로 항공 공습위주의 작전과 특수부대 중심의 작전을 실시하였다. 탈레반 정권의 지휘통제 시설과 주요 군사시설을 파괴시켰고, 탈레반 정권과 알 카에다 조직의 붕괴와 정보획득 작전을 병행하였다. 11월 26일부터 12월 22일까지는 결정적 작전 단계로 항공공습의 지속과 함께 대규모의 주요도시 점령작전을 실시하여 탈레반군의 마지막 저항기지인 칸다하르 지역을 완전히 탈환하였다.[47)]

4. 위기관리 리더십 임무 분석

1) 위기 인식

미국 정보공동체는 9/11 테러공격의 발생 가능성에 대한 여러 가지 단서가 있었음에도 지속적인 추적과 정보공유의 실패로 사전 조기경보에 실패하여 테러공격을 예방하지 못했다. 미 의회 9/11 진상조사위원회(National Commission on Terrorist Attacks upon the United States) 보고서에 따르면 9/11 테러 이전 정보공동체는 정보공유 부재, 법·제도적 미흡, 국내·해외 정보기관의 업무협력 미비 등으로 테러공격을 저지할 수 있었던 기회를 놓쳤다고 지적하고 있다. 2001년 7월 FBI가 작성한 테러 혐의자들의 애리조나 소재 비행훈련학교 이수관련 보고서나 2001년 미네소타 비행학교에서 수상한 행동을 한 혐의로 체포된 '자카리아스 무사위'를 알 카에다와의 연계를 파악하지 못하고 추방시켜 조기경보 기회를 놓쳤다. 국가안보국(NSA)은 1999년 말 중동 테러시설과 연계혐의를 받고

47) 박창권, "아프간 전쟁(항구적 자유작전)의 교훈 및 시사점," 『합참』 제19호 (2002.7.1), p. 35; 이승렬 · 박규백 (2003), pp. 90-91.

있는 통신내용을 감청하여 공작요원들의 2000년 1월초 쿠알라룸푸르 이동계획을 파악했으나 유관기관과 정보를 공유하지 않았다. CIA는 2001년 3월초 태국 당국으로부터 테러용의자가 LA행 유나이티드 항공 여객기에 탑승했다는 제보를 입수하였으나, 이를 FBI에 전파하지 않았다.[48)]

9/11 항공기 충돌을 보고받은 부시 대통령은 3가지 핵심적인 위기인식 문제에 직면하였다. 첫째, 당시 공격의 실체와 범위를 파악해야만 했다. 둘째, 가까운 장래에 추가적인 공격 가능성에 대한 판단이 필요했다. 셋째, 공격의 지전략적(geostrategic) 함의에 대한 평가가 요망되었다. 두 번째 항공기의 세계무역센터 충돌이후 상황의 규모와 심각성이 분명해졌다. 행정부의 모든 가능한 정보와 자원을 통해 사건의 정황을 파악하고 공격의 주체와 배경을 밝혀내는데 주력하였다.[49)] 부시 행정부는 비록 정보공동체의 조기경보 실패로 테러공격을 예방하지 못하였으나, 사건 직후 수차례의 NSC 회의에서 테러정보를 종합하여 알 카에다가 배후임을 확인하고 이에 대한 대테러작전을 수립하였다.

2) 위기 정책결정과 조정

부시 행정부의 9/11 테러에 대한 위기 정책결정을 평가하면 다음과 같다. 첫째, 테러공격 직후 테러공격의 주체를 파악하지 못하였고, 연방항공청(FAA)과 북미항공우주방위사령부(NORAD) 사이의 원활한 정보공유

48) National Commission on Terrorist Attacks Upon the United States, *The 9/11 Commission Report*, 2004, pp. 181, 273, 347, 353-354; 전웅, "9 · 11 테러, 이라크 전쟁과 정보실패," 『국가전략』 제11권 4호 (2005년), pp. 19-20, 22.

49) Paul 't Hart, Karen Tindall, Christer Brown, "Crisis Leadership of the Bush Presidency: Advisory Capacity and Presidential Performance in the Acute Stages of the 9/11 and Katrina Crises," *Presidential Studies Quarterly*, Vol 39, No. 3 (September 2009), p. 482.

가 미흡했고, 이들로부터 위기정보가 국가지도부에 신속히 전달되지 못했다. 이에 따라 대통령을 비롯한 국가지도부로부터의 요격명령이 뒤늦게 발령되었고 혼선이 발생하였다. 둘째, 그럼에도 불구하고 부시 대통령, 부통령, 국가안보보좌관 및 NSC 참모진들은 테러공격 직후 비교적 신속하게 NSC를 개최하여 위기대응 방안을 검토하고 결정하였다. 셋째, 부시 대통령은 NSC를 주재하고 안보 및 정보관련 부처들이 위기대응 방안을 효과적으로 도출할 수 있는 조정 및 협력체제를 조성하고, 이를 통합하고 조정하는 리더십을 발휘했다고 볼 수 있다.

국가안보, 보안 및 재난 위기관리 측면에서 총괄적으로 평가하면 다음과 같다. 첫째, 사건 당일 19명의 비행기 납치범들은 보안검색 시스템을 모두 통과해서 항공보안에 취약점이 나타났다. 그들은 항공기 자살 테러라는 우발적인 사건에 대비할 준비가 되어있지 않은 승무원과 조종사를 제압하고 4대의 비행기를 납치하는데 성공했다. 둘째, 미국 영공방어는 미국연방항공청(FAA)과 북미항공우주방위사령부(NORAD)라는 두 연방 기구 사이에 밀접한 상호활동에 의존하고 있었다. 9/11 당시 두 연방기구가 운영하고 따르고 있었던 규정절차는 납치된 비행기를 무기로 사용하는 공격에 관해서는 모든 면에서 부적절했다. 그 결과 파괴될 의도하에 납치된 민간 항공기에 대한 대비책이 미비했고, 상업용 항공기가 대량살상무기(WMD)로 사용되는 것 상황에 대비가 없었던 군 당국에 의해 즉흥적인 방어태세가 나타났다. UA 93 항공기가 펜실베이니아에서 추락한지 28분이 지날 때까지도 북미항공우주방위사령부(NORAD) 항공방위지구에 격추명령이 전달되지 않았다. 전투기가 긴급 출격했지만, 어디로 가야할지 또는 어떤 목표물을 요격해야 하는지 몰랐던 비효율적인 상황이 발생했다. 또한 격추 명령이 하달되었을 때에는 이것이 조종사에게 전달되지 않았다. 워싱턴의 지도자들은 전투기들이 호전적인 항공기를 요격하라는 명령을 받았다고 믿는 동안, 실제 조종사들에게 전달된 명령은 단지 비행기를 확인하고 추적하라는 것이었다.[50]

셋째, 국가방위와 마찬가지로 9/11 테러에 대한 긴급대응도 필연적으로 즉흥적이었다. 뉴욕시의 뉴욕 소방본부, 뉴욕 경찰청, 뉴욕과 뉴저지의 공항당국, 빌딩 관계자들은 102분 동안 진행된 격렬한 사건의 여파를 극복하기 위해 노력하였다. 그러나 충돌 지역 근처에 있던 사람들 거의 희생되었고, 초기 구조대원들 중에서 희생자가 많이 나왔다. 재난 대비 미흡, 통합적 사고대처 지휘체계 미비, 대응기관의 부적합한 통신 등이 나타났다. 넷째, 펜타곤에서는 지휘통제체계에 문제가 있었음에도 불구하고, 긴급대응을 위해 국가수도지역(National Capital Region)에 위치한 사고지휘체계(ICS: Incident Command System)는 지역, 주, 연방 관할에 걸친 대응체계의 근원적 복잡성 속에서 대체로 효과적으로 작동하였다.[51]

3) 위기 커뮤니케이션

08:46 아메리칸 항공 AA11편이 세계무역센터 북쪽타워에 충돌하면서 시작된 9/11 테러공격을 생생하게 보도한 텔레비전 방송은 국민들에게

---

50) National Commission on Terrorist Attacks Upon the United States, *The 9/11 Commission Report: Final Report of the National Commission on Terrorist Attacks Upon the United States*, "Executive Summary," July 22, 2004, pp. 7-8.

51) National Commission on Terrorist Attacks Upon the United States, *The 9/11 Commission Report*, "Executive Summary," p. 8. 국방부의 9/11 위기관리 행태에 대해서는 Trina Wolosek Tritz, "Crisis Management strategy utilized by the United States Department of Defense following the terrorist attack on America: A case study," https://www.uwlax.edu/urc/jur-online/PDF/2002/T_Wolosektritz.pdf 참고.

극심한 충격과 혼란을 야기했다. 부시 대통령은 09:30 플로리다 주의 엠마 부커 초등학교 미디어센터에서 텔레비전을 방송을 통해 당시 상황을 "명백한 테러공격이고, 이번 일을 자행한 자들을 조사해서 찾아내고, 테러리즘을 용납하지 않을 것"이라고 말했다.[52] 부시 대통령은 사건의 진상을 정확히 파악하기 전에, 공격의 대규모적 특성과 상황의 심각성을 인지하고 당시 상황을 테러로 규정하여 사후 위기대응의 방향을 암시하였다.

또한 부시 대통령은 9월 11일 08:30 대국민 연설을 통해 "오늘 우리 국민, 생활방식, 자유가 고의적으로 계획된 치명적인 일련의 테러공격을 받았다. 수천 명이 사악하고 비열한 테러 행위로 순식간에 목숨을 잃었다. 여객기가 건물에 충돌하고, 불길이 치솟고, 거대한 건물이 무너지는 모습은 믿기 어려운 광경이었으며, 우리에게 엄청난 슬픔과 함께 조용하면서도 단호한 분노를 불러일으켰다. 이 같은 대량살상 행위는 우리에게 공포를 불러일으켜 미국을 혼란과 퇴보로 몰아넣을 의도로 자행되었다. 그러나 테러 세력은 그 목표를 달성하지 못했고, 미국은 여전히 굳건하다"고 말했다.[53] 대통령의 이 연설은 테러에 대한 분노와 미국이 외부세력의 테러공격을 받아 위기가 발생했다는 인식을 강화하였고, 미국인들이 적대적 심리의 표출 대상을 찾아 이들에 대한 책임 추궁과 보

---

52) Woodward (2002), pp. 15-16; 김창영 (2003), p. 37; National Commission on Terrorist Attacks Upon the United States, *The 9/11 Commission Report*, 2004, p. 39; 하상복, "9 · 11 폭력과 위기관리의 정치: 머레이 에델만의 정치 이론 연구," 『사회 이론』 (2003 가을/겨울), p. 285.

53) U.S. Embassy Seoul, Republic of Korea, Information Resource Center, "President Bush Addresses the Nation on September 11th, September 11, 2001"; 『중앙일보』, [뉴스 클립] Special Knowledge 〈376〉 9 · 11 테러 직후 부시 대통령 담화문, 2011.10.31.

복을 단행해야하는 상황을 조성하였다. 이러한 상황 속에서 부시 대통령은 9월 20일 상·하원 합동연설에 앞선 대국민 담화를 통해 알 카에다와 빈 라덴이 테러공격에 책임이 있다고 비난했다.[54] 이러한 부시 행정부의 위기 커뮤니케이션 활동이 실행된 결과 사건 초기 9/11 테러범이나 후원국에 대한 군사공격 지지도는 97.4%로 나타났다. 아울러 절대다수인 90%의 응답자가 부시 대통령의 지도력을 긍정적으로 평가하는 것으로 나타났다.[55]

한편 매스 미디어의 보도행태가 국가이익과 일치되는 방향에서 합리적으로 나타났다. 사고현장의 필름을 CNN을 비롯한 9개의 방송사가 공유하도록 자체적으로 결정하고, 구조작업에 지장과 차질이 발생하지 않도록 접근을 자제하였고, 사고 현장과 정부의 위기대응에 관한 신중하고 절제된 방송이 이루어져 조속한 복구, 위기극복 및 국민적 단결을 도모하는데 기여하였다.[56]

위기 커뮤니케이션 차원에서 분석하면, 9/11 공격 이후 대통령의 커뮤니케이션 과제는 대통령의 위기통제 노력 표출과 위기상황의 프레임 설

54) 하상복 (2003), pp. 290, 293; National Commission on Terrorist Attacks Upon the United States, *The 9/11 Commission Report*, 2004, pp. 336-337.

55) 강경태, "9.11 미국테러에 대한 미국민의 반응과 부시대통령 지지도," 『국제정치연구』 4집 2호 (2001), pp. 133, 145. 부시 대통령의 위기관리 리더십에 대한 논의는 Gary L. Gregg II, "Crisis Leadership: The Symbolic Transformation of the Bush Presidency," *Perspectives on Political Science*, Vol. 32, No. 3, 2010; Michael A. Genovese, "The Transformation of the Bush Presidency: 9/11 and Beyond," Paper prepared for the conference "The Presidency, Congress, and the War on Terrorism: Scholarly Perspectives," Department of Political Science, University of Florida, 7 February 2003 참고.

56) 이진규 외, "위기관리조직의 구조적·행태론적 특성 연구," 국민안전처 연구용역보고서, 2008, p. 65; 『연합뉴스』, "전 미 재난청장: 9·11 때 누구도 책임전가 안 했다," 2014.10.7. 9/11 테러 당시 미디어의 보도행태는 Uriel Rosenthal, "September 11: Public Administration and the Study of Crises and Crisis Management," *Administration & Society*, Vol. 35, No. 2 (May 2003), pp. 139-140 참고.

정을 통해 행정부의 신뢰성 향상, 의회와 여론지지 획득 및 미국의 대응에 대한 국제적 지지의 동원이었다. 테러공격 직후 부시 대통령의 두 번의 연설이 비록 결정적이지는 않았지만, 부시 대통령은 그의 지도력을 강화하고 회복시켰으며, 가장 효과적인 대통령의 위기 커뮤니케이션 사례로 평가된다. 또한 그의 워싱턴 성당과 의회에서의 중요한 연설은 미국의 위기해결 의지를 강화시켰고, 외교 및 안보정책의 전환을 이끌어냈다.[57]

---

57) 't Hart, Tindall, Brown (2009), p. 486. 부시 대통령의 리더십, 연설 및 미디어의 반응에 대한 구체적인 논의는 Michelle C. Bligha, Jeffrey C. Kohlesb, James R. Meindl, "Charisma under crisis: Presidential leadership, rhetoric, and media responses before and after the September 11th terrorist attacks," *The Leadership Quarterly*, Vol. 15, 2004 참고.

8장 영국의 위기사례 분석

Ⅰ. 7/7 런던 폭탄 테러(2005)[58]

1. 위기사건 배경

2001년 9/11 테러 이후 국제 테러리즘 위협이 증대되는 상황에서 영국은 미국의 최대 우방국으로 아프가니스탄 대테러전과 이라크전에 적극 동참하였고, 이로 인해 알 카에다를 중심으로 한 폭력적 이슬람 극단주의자들로부터 심각하고 지속적인 테러위협에 직면하게 되었다. 특히 알 카에다는 이라크에서 미국과 영국 등 파병국들의 병력 철수를 요구해왔고 수차례 테러위협을 경고해왔다.

영국 정부가 상정한 테러위협의 주요 근원지는 첫째, 파키스탄과 아프가니스탄 국경에 위치한 알 카에다 지도부와 그 분파이다. 둘째, 북 아프리카, 아라비아 반도, 이라크, 예멘에서 알 카에다와 연계된 테러조직이다. 셋째, 이념으로 무장된 자생적 테러 연계망이다. 넷째, 알 카에다와 유사한 이념을 추종하면서 자신의 존재와 지역적 현안을 가지고 있는 테러조직 등이다.[59]

2001년 9/11 테러 이후 영국은 대테러활동 강화, 테러리즘 관련 법안

58) 윤태영, “영국의 대테러리즘 위기관리 체계와 전략: 실제, 문제점 및 정책적 함의,” 『한국위기관리논집』 제6권 제1호 (2010), pp. 82-83, 85-86, 92-93 내용을 재구성하여 수정·인용 및 보완.

59) HM Government, “The United Kingdom's Strategy for Countering International Terrorism,” March 2009, p. 9.

제정, 대테러리즘 위기관리 조직 개편 및 대테러리즘 전략 보고서를 발표하는 등 이슬람 테러리스트로부터의 잠재적 공격을 비교적 효과적으로 대처해 왔다. 테러리즘 관련법과 관련해서 기존의 북아일랜드긴급조치법(1973), 테러예방임시조치법(1974), 테러방지법(1978) 등 테러리즘 관련법을 정리·통합하여, 2000년 7월 테러혐의자 수사·처벌, 테러지금 차단 등을 골자로 하는 테러리즘법(The Terrorism Act 2000)을 제정하였다. 9/11 테러 이후 영국 정부는 2001년 12월에 경찰의 강력한 수사권한, 테러리스트 출입국 통제, 자산동결 및 구속요건 강화, 관련기관의 정보공유 강화, 차량·수화물에 대한 정보제공, 통신기록 보존, 항공보안 조치 강화 등을 내용으로 하는 반테러리즘·범죄·보안법(ATCSA)을 제정하였다.[60] 2004년 11월에는 테러리즘을 포함한 다양한 비상상황시 위기관리 차원에서 대응에 중점을 둔 민간비상사태법을 제정하였다. 2005년 3월에는 국제·국내 테러활동에 가담하는 영국과 외국 국적의 테러용의자에 대해 통신장비 사용금지와 개인이동 제한을 포함한 통제권한을 부여하는 테러리즘예방법(The Prevention of Terrorism Act 2005)'을 제정하였다.[61]

테러리즘 전략과 관련하여 2002년 9월 영국 정부는 9/11 테러 이후 영국 본토와 해외 영토 보호 및 테러공격 예방을 최우선으로 하는 국제테

60) The National Archives, "Terrorism Act 2000," http://www.legislation.gov.uk/ukpga/2000/11/contents; The National Archives, "Anti-Terrorism, Crime and Security Act 2001," http://www.legislation.gov.uk/ukpga/2001/24/contents; 정완, "각국의 테러대응 법제," 『형사정책연구소식』 제83호 (2004), pp. 3-4; 제성호, "영국의 테러방지법과 테러대응기구," 『저스티스』 제114호 (2009.12), pp. 273-274.

61) The National Archives, "Civil Contingencies Act 2004," http://www.legislation.gov.uk/ukpga/2004/36/contents; The National Archives, "Prevention of Terrorism Act 2005," http://www.legislation.gov.uk/ukpga/2005/2/contents.

러리즘대응 보고서를 발간하였다. 2003년 초반 이후부터는 장기적인 '대테러리즘 전략(CONTEST: counter-terrorism strategy)'을 추진하였다.[62]

2. 위기사건 개요

7/7 런던 폭탄 테러사건은 영국 스코틀랜드 글렌이글스에서 열리고 있는 G8 정상회의가 개최되고 있는 상황에서 발생하였다. 2005년 7월 7일 아침 런던 중심가 3곳의 지하철역과 1곳의 버스에서 폭탄 테러가 발생하였다. 08:50 런던 금융 중심가인 앨드게이트역과 리버풀 스트리트역과 사이 지하철에서 첫 번째 폭발이 발생하였다. 1분후 두 번째 폭발이 에지웨어 로드역 지하철에서, 2분후 세 번째 폭발이 킹스 크로스역과 러셀 스퀘어역 사이 지하철에서 연쇄적으로 발생하였다. 이어 09:47 네 번째 폭발이 태비스톡 스퀘어에 있던 이층버스에서 발생하였다. 이 사건은 서유럽에서 일어난 최초의 자살 폭탄 테러사건으로 52명이 사망하고 700여 명이 부상을 당했다.[63]

폭발 직후 '유럽 알 카에다 비밀조직(Secret Organisation of al-Qaida in Europe)'라는 단체가 자신들의 소행임을 인터넷을 통해 주장하였다. 경찰의 수사결과 자살 폭탄테러 주동자 4명은 모두 영국인으로 모하메드 시디크 칸(30세), 하시브 후세인(18세), 세자드 탄위어(22세) 등 파키스탄

62) Cabinet Office, "The United Kingdom and the Campaign against International Terrorism: Progress Report," 9th September 2002, p. 3; HM Government, "Countering International Terrorism: The United Kingdom's Strategy," July 2006, pp. 1-2.

63) London Assembly, "Report of the 7 July Review Committee: Report," June 2006, p. 12; Intelligence and Security Committee, "Report into the London Terrorist Attacks on 7 July 2005," Presented to Parliament by the Prime Minister by Command of Her Majesty, May 2006, p. 2.

계 3명과 자마이카계 제르마인 린드세이(19세)였다.[64] 테러리스트 중에서 하시브 후세인은 태비스톡 스퀘어의 2층버스에서 폭탄을 터트렸으며, 모하메드 사디크 칸은 런던 서부 에지웨어 로드역 부근 지하철 안에서 자살폭탄 테러를 감행하였다. 세자드 탄위어는 엘드게이트역 인근의 지하철을 폭파시켰다. 이들 3명의 테러리스트들은 모두 리즈(Leeds)시에서 왔으며 요크셔에서 런던 킹스 크로스역으로 집결하여 각자의 목표지점에서 테러를 자행하였다.[65]

〈표 8-1〉 7/7 런던 테러 전개과정

시간	테러리스트 4명의 폭탄테러 실행과정
04:00	칸, 탄위어, 후세인 렌트카로 리즈 출발
06:51–07:24	3인(칸, 탄위어, 후세인)과 린드세이 접선, 런던행 열차 탑승
08:23	폭파범 킹스 크로스역 도착
08:38–08:48	3인(칸, 탄위어, 린드세이) 지하철 진입
08:50	탄위어(앨드게이트역-리버풀 스트리트역 사이), 칸(에지웨어 로드역), 린드세이(킹스 크로스역-러셀 스퀘어역 사이) 폭탄테러 실행
09:47	후세인, 태비스톡 스퀘어 이층버스 폭탄테러 실행

* 출처: BBC, "7 July London bombings: What happened that day?" 3 July 2015, https://www.bbc.com/news/uk-33253598 필자 일부 수정 · 작성.

64) Intelligence and Security Committee (2006), pp. 11-12.
65) 홍순남, "3.11 마드리드 테러와 7.8 런던테러의 비교분석," 『대테러연구논총』 제3호 (2006.2), p. 155.

3. 위기관리 과정

1) 초기 대응

7월 7일 런던 지하철 및 버스 테러사건 직후 런던경찰은 추가 폭발물 발견을 위해 지하철과 버스의 운행을 중단시키고, 경찰, 소방대, 구급요원들을 신속하게 투입하여 구조, 소개 및 초기 비상조치를 수행하였다. 7일 오전 8시 51분 첫 테러가 발생한 직후 리버풀 스트리트역과 앨드게이트역 구간에서 구조활동이 시작되었다. 주변 도로의 200m는 봉쇄구역으로 지정되었고 30분 동안 모든 승객이 지상으로 소개되었다. 오전 9시 17분 세 번째 지하철 폭발테러가 발생한 에지웨어 로드역 근처 유니버시티 칼리지 병원에서는 9시 30분에 의료진에 대한 호출이 시작되었고, 즉시 응급통제실이 설치되고 모두 58명의 부상자가 이송되었다. 테러사건 직후 비상대책 기구들이 원활히 의사소통을 할 수 있게 일부 전화망을 폐쇄했으며, 부상자들은 구호팀 전화를 통해 가족에게 안부를 전했다. 버스와 지하철은 추가 폭발물 발견을 위해 즉각 운행 중지되고 비상구조 요원들이 투입되었다.[66)]

9시 30분 찰스 클라크 내무부장관 주관으로 정부 위기관리 조직인 '국가비상대책위원회(COBRA: Cabinet Office Briefing Room A)'를 가동하였다. 아울러 합동테러리즘분석센터(JTAC)도 테러용의자 관련 정보 분석 등의 신속한 대응으로 비교적 효과적인 대테러리즘 위기관리를 수행하였다.[67)]

---

66) 이도선 · 윤경희, "대테러 초동조치 시스템에 대한 비교 연구: 7.7 런던 지하철 테러사건 사례를 중심으로," 『한국테러학회보』 제4권 제1호 (2011), pp. 118-119.

67) The Stationery Office, "Report of the Official Account of the Bombings in London on 7th

블레어 총리는 G8 정상회의의 진행을 중단하고 즉각 런던으로 귀환하는 결단력을 보였다. 스코틀랜드 글렌이글스에서 열리고 있는 선진 8개국(G8) 정상회의에 참석 중이던 토니 블레어 영국 총리는 런던 지하철·버스 동시다발 폭탄테러의 발생 소식을 접한 직후, 미국 부시 대통령 등 다른 정상들이 지켜보는 가운데 8개국 정상 공동 성명을 발표하고 "이는 G8 정상회의 개막에 맞춰 감행된 야만적인 테러"라고 규탄했다.[68)]

〈표 8-2〉 7/7 런던 테러, 시간대별 진행상황

시간	진행상황
오전 8:50	앨드게이트역과 리버풀 스트리트역 사이 지하철 차량 폭발, 7명 사망
8:51	에지웨어 로드역 지하철 차량 폭발, 6명 사망
8:53	킹스 크로스역과 러셀 스퀘어역 사이 지하철 차량 폭발, 26명 사망
9:30	국가비상대책위원회(COBRA) 가동
9:33	리버풀 스트리트역과 엘드게이트역 폐쇄
9:47	태비스톡 스퀘어에서 2층버스 폭발, 13명 사망
9:49	전체 지하철 노선 폐쇄 발표

July 2005," 11th May 2006, pp. 7-10; *Homeland Defense Journal*, "The London Bombing. Special Report," July 29 2005, p. 3.

68) 『동아일보』, "런던, 테러에 당했다, 출근길 지하철등서 연쇄 폭발," 2005.7.8.

오후 12:10	블레어 총리 "폭발은 명백한 테러" 성명 발표
1:07	블레어 총리, 런던으로 귀환
1:35	런던 지하철 폐쇄조치 발표
4:35	버킹엄궁 조기 게양
5:53	유엔 안보리, 테러 규탄 결의안 채택
6:13	사망자 37명 확인 발표
9:05	블레어 총리, G8 정상회의 복귀

* 출처: 『한겨레』, "7·7 런던테러, 착착 가동된 테러대응시스템," 2005.7.8. http://legacy.www.hani.co.kr/section-007100005/2005/07/007100005200507081932202.html; Homeland Security Institute, "Underlying Reasons for Success and Failure of Terrorist Attacks: Selected Case Studies," 4 June 2007, p. 37 참고하여 필자 일부 수정·작성

2) 위기 정책결정

런던 연쇄테러가 발생한 직후 영국 경찰과 보안부(M15)는 대규모 범인 검거작전을 펼쳤다. 두 기관은 우선적으로 테러현장에 설치돼 있던 CCTV를 확인·분석하기 시작했다. 영국은 전 세계에서 가장 많은 CCTV가 설치된 나라이고 특히 런던에 가장 많은 CCTV가 설치되어있다고 알려진다. 영국은 1990년대 초 북아일랜드공화국군(IRA)의 테러 이후 대도시의 기차역, 버스정류장, 공용주차장 등에 420만여 개의 카메라를 설치하여 테러리스트들의 동태를 감시하고 있다. 런던 경찰이 7/7 테러의 사건의 주모자를 색출하는데 지하철 등에서의 CCTV 녹화화면이 큰 역할을 하였다. 런던 경찰은 800여 명의 수사관을 동원해 런던 시내에 설치된 2500여 개의 CCTV 녹화 화면을 분석하고, 약 100명의 용의자에 대해 광범위한 내사를 진행하였다. 자살폭탄으로 판명나면서 시신 파편 등을 수거하여 DNA나 지문 등을 분석하였으며, 현장의 파편을 정밀 분석해 폭탄의 제조 및

유통경로의 추적도 병행하였다. 또한 런던 경찰은 사건 초기 런던 지하철은 휴대전화 수신율이 낮기에, 2004년 스페인 마드리드 열차테러 당시 휴대전화를 폭발장치로 사용한 방법과는 다른 방법이 활용되었을 것으로 판단하고 수사를 진행하였다.[69]

이후 경찰은 '반테러리스트 핫라인(Anti-Terrorist Hotline)'에 접수된 2000여건 전화, 2,500여개의 CCTV 및 테러 현장에서 용의자의 휴대전화 통신기록 분석 등 사건조사와 용의자 추적을 진행하였다. 경찰은 7월 7일 앨드게이트역에서 칸과 탄위어의 멤버십 카드 등 소지품, 7월 8일 에지웨어 로드역 칸의 신용카드, 7월 9일 앨드게이트역에서 탄위어의 멤버십카드, 7월 10일 태비스톡 스퀘어에서 후세인의 소지품 등을 발견하였다. 7월 12일 오전 6:30, 웨스트 요그셔 리즈시의 칸, 후세인, 탄위어의 집과 루턴역 주차장의 용의자의 차량에서 폭발물을 발견하였다. 당일 오후 차량폭탄을 운반한 4명의 CCTV 화면을 포착하였다. 경찰은 7월 14일 태비스톡 스퀘어에서 칸의 소지품을 추가로 발견하였고, 탄위르와 후세인을 테러 용의자로 공식확인하였다. 7월 15일 러셀 스퀘어역에서 린드세이의 소지품을 발견하였고, 7월 16일에는 칸과 린드세이의 신원을 공개적으로 확인 발표하였다.[70]

---

69) 홍순남 (2006), p. 158; 이도선 · 윤경희 (2011), pp. 120-121; 『동아일보』, "런던테러 배후 용의자 1명 체포, 테러범 4명 시신 발견," 2005.7.13.

70) The Stationery Office(May 2006), pp. 8-11; Homeland Defense Journal(2005), p. 4; Intelligence and Security Committee, "Could 7/7 Have Been Prevented? Review of the Intelligence on the London Terrorist Attacks on 7 July 2005," Presented to Parliament by the Prime Minister by Command of Her Majesty, May 2009, p. 15.

〈그림 8-1〉 테러 용의자 CCTV 화면

* 출처: Intelligence and Security Committee, "Could 7/7 Have Been Prevented? Review of the Intelligence on the London Terrorist Attacks on 7 July 2005," Presented to Parliament by the Prime Minister by Command of Her Majesty, May 2009, p. 76.

3) 위기 해결

조사 결과와 9월 1일 알 자지라 방송에 공개된 그룹의 리더로 추정되는 칸의 비디오에 의하면 테러리스트의 자살폭탄 테러 동기는 서방세계에 대한 부정적 시각, 영국내 무슬림들의 사회적 지위에 대한 반발과 실망감 및 영국 정부의 이라크·아프가니스탄 파병에 대한 반발 등으로 나타났다.[71)]

이들의 테러에 알 카에다의 개입은 불분명하나, 칸과 탄위어가 2004년 11월 19일부터 2005년 2월 8일까지 파키스탄 방문시 알 카에다와의 접촉이 있었을 것으로 추정되고 있다. 한편 2005년 9월 19일 방영된 비디오에서 알 카에다 2인자인 아이만 알-자와히리는 런던 테러가 그들의 책임이라 주장했다.[72)]

한편 사후 수습과 관련하여, 사고 피해자에 대해서 신속하고 전문적인 서비스를 제공하였다. 피해자사무국(Police Casualty Bureau)을 사건 초기에 경찰에 의해 설치하여 사고 피해자의 신원파악을 실시하였고, 부상자 관리센터와 휴식소, 부상자의 가족과 친지를 위한 사무실, 피해자 가족과 경찰 간의 직통전화선(Hot-Line) 설치, 피해자 가족과 연락전담 경찰관 배치 등의 조치를 실행하였다. 아울러 런던 테러 생존자들은 인도적 지원지침에 따라 관련 기관들로 구성·설치된 런던 7/7 지원단(7th July Assistance) 및 유가족지원센터(Family Assistance Center) 등을 통해 장기적인 후유증 관리와 지원을 받았다.[73)]

---

71) The Stationery Office (May 2006), pp. 12, 19; Homeland Security Institute, "Underlying Reasons for Success and Failure of Terrorist Attacks: Selected Case Studies," 4 June 2007, p. 35; 국가정보원, "파키스탄계 영국 무슬림의 테러가담 원인분석," 2006, p. 72.

72) The Stationery Office(May 2006), pp. 20-21, 26; Intelligence and Security Committee (2006), pp. 12-13, 27.

73) 김선빈·김용기·민승규·고현철, "영국에서 배우는 위기관리," 『CEO Information』, 제

4. 위기관리 리더십 임무 분석

1) 위기 인식

블레어 총리는 사건 직후 7월 7일 런던으로 돌아와 긴급 각료회의를 주재하고 대국민 TV연설을 통하여 테러리스트의 공격은 국제사회와 영국 국민에 대한 심각한 도전이라고 인식하고 이에 대한 단호한 응징을 천명하였다.

런던 테러 직전 영국 정부는 알 카에다 등 테러조직의 위협에 대비하여 스코틀랜드의 글렌이글스에서 개최된 G8 정상회의 기간(7.6-8일) 당시 10만여 명의 경찰력을 회의장소 일대에 배치하였고, G8 정상회의 경비를 위해 창설된 특수경찰 12,000명중 절반을 잉글랜드 지역에서 차출했다. 또한 31,000명의 런던경찰 중 대테러 작전의 전문가를 포함한 1,500명을 에딘버러 지역으로 파견했다.[74]

그러나 G8 회의장에 대한 경호보안 대비태세가 강화된 상황에서, 테러조직은 다른 취약한 곳에 대한 공격을 준비하였고, 영국 정부는 이를 사전에 인지하지 못하였다. 또한 런던 테러사건 전 오히려 경보수준을 한 단계 낮춘 것으로 나타났다. 2005년 5월 합동테러리즘분석센터(JTAC)는 당시 테러공격과 관련된 신뢰할만한 정보가 없었기에 위협단계를 '전반적으로 심각 수준(severe general)' 단계에서 '높은 수준(substantial)' 단계로 한 단계 낮추었다. 2006년 5월 발표된 정보·안보위원회 보고서는 '높은수준' 단계도 공격의 가능성이 높은 상황을 의미하기에, 이러한 위

530호, 삼성경제연구소, 2005.12.7., p. 8.

74) Chris Marsden, "Unanswered questions in London bombing," World Socialist Web Site, 11 July 2005, http://www.wsws.org/en/articles/2005/07/lond-j11.html.

협단계 하향조정이 대테러 대비태세와 7/7 테러 예방에 직접적인 악영향을 미치지는 않았다고 평가하고 있다. 그러나 향후 위협수준 체계를 수준 별로 대테러리즘 대응 요원과 일반 국민들에게 명확히 인식시킬 필요가 있음을 권고하고 있다.[75)]

2) 위기 정책결정과 조정

영국 정부의 대테러리즘 정책결정에 대한 평가는 사전정보 파악 미흡, 경찰 병력 이동, 테러연관자에 대한 감시허점 등의 측면을 검토할 수 있다. 첫째, 비록 7/7 테러에 대한 사전경고가 없었음에도, 보안부(MI5)와 경찰의 2004년 대테러작전(코드네임 CREVICE) 수행 당시, 칸과 탄위어가 테러 용의자 감시명단에 포함되었음이 밝혀졌다. 그러나 이들의 런던 테러 모의 여부에 대한 조사가 이루어지지 못했다.[76)]

둘째, 영국 경찰은 런던 폭탄 테러범 중 적어도 한 명이 2004년의 작전으로 체포됐던 사람과 전화 접촉했을 가능성을 찾아내었다. 특히 당시 대테러작전의 결과물은 처음으로 파키스탄계 영국인들이 테러와 연관될 수 있다는 단초를 제공하는 것으로 런던 자생테러를 예견하는 일이었다. 과거 수사결과를 철저하게 검토하고 감시를 강화했더라면 런던 테러를 예방했을 수도 있었다는 것이다.[77)]

셋째, 영국 정부는 7월 6-8일 G8 정상회의 기간 동안 10만여 명의 경

---

75) Intelligence and Security Committee (2006), pp. 20-24.

76) Intelligence and Security Committee (2006), pp. 14-16, 28; Intelligence and Security Committee (2009), pp. 7, 16; Steve Hewitt, *The British War on Terror: Terrorism and Counter-terrorism on the Home Front Since 9/11* (London: Continuum, 2008), pp. 87-88.

77) 정우일, "지역사회 대테러활동에 관한 연구", 『한국경호경비학회지』 19집 (2009), pp. 191-192. 이도선 · 윤경희 (2011), p. 123 참고.

찰병력을 동원해 회의장소인 스코틀랜드 글렌이글스 지역을 중심으로 사상 최대 규모의 경호·보안 작전을 전개하였다. 7/7 테러가 발생하자 이러한 대테러 병력의 스코틀랜드 지역 집중배치로 인해 런던 도심 동시다발 테러공격에 대비하지 못했다는 비난을 받았다.[78]

3) 위기 커뮤니케이션

런던 테러 당시 블레어 총리는 사건 직후 성명 발표를 통해 국제적·국내적으로 영국 정부의 명확한 입장과 결의를 효과적인 전달하는 위기관리 리더십을 발휘하였다. 블레어 총리는 테러공격에 대해 대응 메시지로 테러리스트에 대한 비난과 함께 영국 정부의 응징을 다짐하는 단호한 결의를 전달하였다. 또한 "오늘은 영국민에게 매우 슬픈 날이다. 하지만 우리는 영국적인 삶의 방식을 굳게 지킬 것"이라고 다짐하면서 국민들의 안전을 확보하고 동요를 막기 위해 노력하였다.[79]

7/7 런던 테러를 통하여 영국 사회는 위기관리 체계의 사전 구축과 위기발생시 신속한 비상대비태세의 가동과 더불어 정부·언론·시민이 단합하여 테러사건에 대응하는 모습을 보였다. 그동안 정부의 이라크전 참전에 대한 시민들의 반대여론이 높았으나, 사건 직후 블레어 총리를 중심으로 정부의 대테러 위기관리 정책에 지지를 보내며 사건수습에 적극적으로 동참하였다. 영국 매스 미디어들은 테러로 인한 위기상황 속

78) Marsden (2005).

79) 이도선·윤경희 (2011), p. 117; Vasileios P. Karakasis, "Assessing the crisis communication efficiency of the British officials in 7.7.2005," Assignment, MSc in Public Administration, Universiteit Leiden, pp. 6-7, https://www.academia.edu/3011491/Assessing_the_crisis_communication_efficiency_of_the_British_officials_in_7.7.2005.

에서 테러 관련 뉴스를 전하면서, 공포와 불안이 확대 재생산되지 않도록 선정적 보도를 자제하였다. 아울러 테러사건으로 인해 마비된 런던을 복구하고 정상화하는데 필요한 정보를 신속히 전달하고 시민들의 공동체 의식이 발동될 수 있도록 역할을 수행하였다.[80)]

영국은 현장대응과 사후 수습, 매스 미디어와의 커뮤니케이션 등 모든 면에서 모범적인 위기관리 행태를 보였다. 이는 영국이 역사적으로 북아일랜드와 관련하여 지속적인 테러에 노출되어왔고, 이에 대비한 대응태세 확립과 위기조치의 실행 등 장기간에 걸친 경험이 위기관리 능력을 축적하는 계기가 된 것으로 평가된다.[81)]

특히 7/7 런던 테러 당시 매스 미디어는 대국민 위기 커뮤니케이션을 위해 협조자 역할을 수행하였다. 영국에서는 사고나 재난 보도방식에 대한 사회적 규범이 형성되어 있었다. 영국 언론은 피해의 확산을 막고 사회적 혼란을 줄이기 위한 정보제공 등 위기관리 시스템의 중요한 기능을 담당하였고, 공익과 인권을 최우선시하여 재난현장에 대해 자극적인 묘사를 회피하였다.[82)]

Ⅱ. 리비아 위기(2011)

1. 위기사건 배경

영국정부는 1984년 리비아와 외교적 관계를 단절했고, 1988년 팬암 항

80) 이도선 · 윤경희 (2011), pp. 119-120.
81) 김선빈 외 (2005), p. 3.
82) 김선빈 외 (2005), pp. 9-10.

공 103편 폭파사건으로 인해 리비아에 제재를 가했다. 그러나 1999년 국교정상화와 2003년 카다피 정부의 대량살상무기(WMD) 개발 포기 선언과 2004년 폐기완료로 양국간 정치·경제적 관계는 빠르게 호전되었다. 영국의 리비아에 대한 주요 수출품목은 기계류, 운송장비, 제조업 제품이며, 수입품목은 99%가 원유 및 가스 부문이었다. 2000년대 중반 이후 급증한 영국의 리비아 원유 수입은 2010년 기준 총 원유 수입의 4%를 차지했다. 2010년 당시 리비아에 진출한 영국기업은 원유시추, 산업기기, 엔지니어링 및 유통업 부문에 브리티시 페트롤리엄(British Petroleum), 바이어터(Biwater), 에이맥(AMEC), 막스앤스펜서(Marks & Spencer) 등 150여 개가 진출한 상황이었다.[83)]

2010년 12월 17일 튀니지에서 발생한 분신자살 사건으로 촉발된 민주화 혁명이 알제리와 모리타니를 거쳐 이집트에서부터 본격화되었고, 수단, 예멘, 절대군주국인 요르단과 사우디아라비아, 모로코까지도 파급되어 나갔다. 북아프리카와 중동에서의 혁명 바람은 리비아로 번졌다.[84)]

2011년 2월 발생한 리비아 위기는 카다피의 지지 세력과 반 카다피 세력 간에 벌어진 무장 충돌로, 리비아를 42년 동안 통치해 온 강압적인 카다피 정권에 대한 일련의 평화적인 반정부 시위로 시작되었다. 2월 16일 리비아의 동부지역에 위치한 벵가지에서 발발한 반카다피 시위를 카다피 정권이 강경 진압하면서 시민전쟁으로 확대되었다. 한편 리비아 사태로 인해 대량난민의 문제가 발생하여 30만 명 이상의 외국인 및 리

83) 한바란 외, "주요국의 리비아 사태에 대한 대응과 시사점,"『KIEP 오늘의 세계경제』 Vol. 11, No. 27 (2011년 9월 22일), pp. 11-12.

84) 한국국방연구원, 세계분쟁정보(WoWW), "리비아 내전," http://www.kida.re.kr/woww/history/closed_detail.asp?idx=768; 정상률, "리비아 민주화 혁명의 왜곡과 군사개입,"『오마이뉴스』, 2011.4.6.

비아 국민들이 이집트, 튀니지 등 주변국으로 피난하였으며, 그 중 일부는 이태리, 몰타 등 EU 회원국으로 유입되었다.[85)]

2. 위기사건 개요

2011년 2월 리비아 동북부 벵가지에서 반정부 시위 발생 이후, 리비아 정부의 강경진압으로 대규모 사상자가 속출하면서 전국적으로 시위가 급속히 확산되어, 약 8개월간의 내전을 통해 42년간 카다피 독재정권이 몰락되었다. 2011년 2월 15일 리비아 동부지역 중심도시 벵가지에서 500-600명의 대규모 시민들이 카다피 리비아 국가 수반 겸 국가평의회 의장의 퇴진을 요구하는 본격적인 반정부 시위가 발생하였다. 카다피 정권이 경계해온 벵가지 일대의 반정부 세력은 재스민 혁명에 영향을 받아 42년간 통치해온 카다피의 독재에 대해 불만과 분노를 표출하기 시작하였다. 2월 15일 벵가지에서 시작된 반정부시위는 21일에는 수도인 트리폴리와 근교 도시까지 확산되었고, 시위대와 보안군이 격돌하는 과정에서 리비아 정부는 시위대에 대한 무차별 진압과 공습을 지시하여 많은 인명피해가 발생하였다.[86)]

반정부 시위의 물결은 리비아 전역으로 확대되며 봉기 수준으로 격화되는 가운데, 국제사회는 이에 대응하여 2차례에 걸쳐 유엔 안전보장이사회 결의안을 채택하여 리비아에 대한 제재조치를 단행하였다. 유엔

---

85) 위키백과, "리비아 내전(2011년)," https://ko.wikipedia.org/wiki/%EB%A6%AC%EB%B9%84%EC%95%84_%EB%82%B4%EC%A0%84_(2011%EB%85%84); 조정현, "리비아 사태와 국제법: 한반도에 대한 함의를 중심으로,"『주요국제문제분석』, 2011.6.7, p. 1.

86) 한국국방연구원, 세계분쟁정보(WoWW), "리비아 내전," http://www.kida.re.kr/woww/history/closed_detail.asp?idx=768; 정상률 (2011); 위키백과, "리비아 내전(2011년),".

안보리는 2011년 2월 26일의 결의 1970호를 만장일치로 채택하여 리비아에 대한 해외자산동결과 무기금수조치 등 경제제재를 취하였다. 또한 리비아 지도자 카다피에 대해 인도주의에 반한 죄의 혐의를 근거로 국제형사재판소(ICC: International Criminal Court)에 리비아 사태를 직접 회부하였다.[87)]

반카다피 세력은 3월 5일, 벵가지에 카다피 세력 축출과 민주적인 선거를 목적으로 하는 국가과도위원회(NTC: National Transitional Council)를 출범시켰다. 이러한 국제사회의 경제제재조치에도 불구하고 카다피 정부의 태도가 근본적으로 변하지 않자, UN 안전보장이사회는 3월 17일 추가적으로 UN 헌장 제7장에 근거한 비행금지구역(NFZ: No Fly Zone) 설정 및 회원국 무력사용 허가의 내용을 담은 제2차 안보리 결의 1973호(상임이사국 중 중국, 러시아 기권, 비상임이사국 중 독일, 인도, 브라질 기권)를 채택하였다. 이를 근거로 북대서양조약기구(NATO)는 비행금지구역(NFZ) 설정 및 군사작전을 시행했다.[88)]

반정부 시위에 대한 정부의 무차별 진압작전으로 인해 불과 2개월 만에 6천여 명에 이르는 사상자가 발생하였다. 리비아 정부군은 3월 17일 반군에 대해 최후통첩을 하였고, 이에 다국적군은 3월 19일 '오디세이의 새벽(Operation Odyssey Dawn)'이라는 작전명하에 리비아 정부군에 대한 군사공격을 단행하였다.[89)]

리비아에 대한 영국의 경제적 이익의 고려와 국제적 인도주의 작전에

87) 위키백과, "리비아 내전(2011년),"; 조정현 (2011), p. 1.
88) 조정현 (2011), p. 2; 한바란 외 (2011), p. 3; 한국국방연구원, 세계분쟁정보(WoWW), "리비아 내전,"; 정상률 (2011); 위키백과, "리비아 내전(2011년),".
89) 한국국방연구원, 세계분쟁정보(WoWW), "리비아 내전,"; 『동아일보』, "다국적군, 리비아 폭격: 오디세이 새벽 작전, 긴박했던 공격 개시," 2011.3.21.

동참한 캐머런 영국정부는 2011년 리비아 위기 당시 민간인 학살 등 인권침해에 대해 NATO군의 일원으로 공습과 안정화작전 및 인도주의 작전을 수행하였다. 리비아 위기 당시 2010년 5월 신설한 NSC 체제하에서 최초로 대응한 위기였다.[90)]

3. 위기관리 과정

1) 초기 대응

리비아에서 반정부 시위가 격화되자 이에 대해 카다피 정부는 자국 민간인에 대해 중무장 군대 및 탱크, 박격포, 헬리콥터, 전투기 등을 동원하여 강경한 진압과 인권침해 행위를 자행하였다. 유엔 안보리는 2011년 2월 26일 리비아 정부의 폭력 진압과 관련 안보리 결의 1970호를 15개국의 만장일치로 채택하였다. 주요내용은 유엔헌장 제7장 제41조에 근거하여 리비아에 대해 해외자산동결 및 무기금수조치 등 경제적 제재조치(카다피와 측근 등 16명에 대한 여행 금지, 카다피와 자녀 등 6명에 대한 자산 동결 포함)와 리비아 지도자 카다피에 대한 반인도적 범죄에 대한 조사를 국제형사재판소(ICC)에 정식으로 회부하였다. 이러한 국제사회의 지지 속에서 반카다피 세력은 2월 27일 벵가지에서 국가과도위원회(NTC)를 수립하여, 리비아 사태는 반정부 시위에서 본격적인 내전 상황으로 전개되었다.[91)]

카다피의 군사적 공세가 반군지도부(국가과도위원회)의 근거지인 벵가지를 위협하고 민간인 학살이 계속되자, 3월 17일 유엔 안보리는 리비아

---

90) Prime Minister's Office (2013), "Libya crisis," p. 5.

91) 조정현, "보호책임(R2P)의 이론 및 실행, 그리고 한반도에의 함의: 리비아 및 코트디부아르 사태를 중심으로," 『KINU 정책연구시리즈』 11-04, 통일연구원 (2011), pp. 32-33.

사태가 국제 평화와 안전에 대한 계속적 위협을 구성하고 있다고 결정하고, 프랑스와 영국 등의 주도로 유엔 헌장 제7장에 근거한 비행금지구역(NFZ) 설정 및 회원국 무력사용 허가를 내용으로 하는 안보리 결의 1973호를 채택하였다. 안보리 15개국 중 10개국이 찬성하고 독일, 중국, 러시아, 인도, 브라질은 기권하였다. 미국은 전쟁의 개입 우려로 유보적 입장을 유지하다가 벵가지가 위험한 상황에 빠지자 비행금지구역(NFZ) 설정에 찬성하였다.[92)]

2) 위기 정책결정

미국 · 캐나다 · 영국 · 프랑스 등 NATO 국가들은 민간인 보호책임(R2P: Responsibility to Protect)을 명분으로 리비아의 비행금지구역(NFZ)의 방공망 군사시설을 파괴 및 무력화시키고 카다피 정부세력의 군사력을 제압하기 위한 공습을 시작하였다. 리비아에 대한 공습은 미국과 영국 해군의 토마호크 순항미사일 발사 및 영국과 프랑스 공군의 리비아 지상군의 탱크와 차량에 대한 공격으로 시작되었다. 이들 국가들은 2011년 3월 19일부터 10월 31일까지 254일 동안 지속된 공습을 통해 카다피의 항복을 유도하였다.[93)]

---

92) 조정현"보호책임(R2P)의 이론 및 실행, 그리고 한반도에의 함의," 2011, p. 33; 배정호 · 박영호 · 박재적 · 이기현, "중동 민주화 혁명과 한반도 전략적 함의,"『통일정세분석』 통일연구원, 2011.4, pp. 12-13. 박후건, "다국적군의 리비아내전 개입과 R2P," KNSI(코리아연구원) 특별기획 제34-2호, 2011, p. 7 참고.

93) 정철호, "한국의 NATO와의 군사협력 방향: NATO 신전략 2010 중심으로,"『세종정책연구』 2012-10 (2012), p. 36.

〈그림 8-2〉 리비아 공습작전 일지

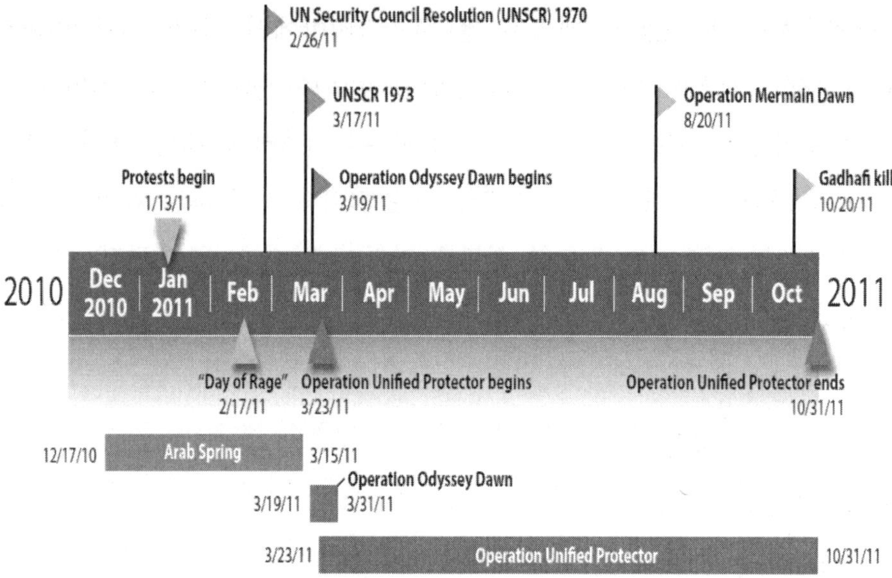

* 출처: Jason R. Greenleaf, "The Air War in Libya," Air & Space Power Journal, March-April 2013, p. 29.

리비아에 대한 미국의 공격은 '오디세이 새벽(Odyssey Dawn)', 영국은 '엘라미(Ellamy)', 캐나다는 '모바일(Mobile)'이라는 작전명으로 2011년 3월 19일 시작하였다. 리비아에 대한 공습은 주로 영국과 프랑스가 담당하였고, 미국과는 지휘관계만 유지하고 있었다. 그러나 3월 27일 연합군의 작전권이 미국에서 NATO로 이양되었고, NATO가 '통합보호자작전(Operation Unified Protector)'이라는 작전명으로 유엔 안보리 결의에 따라 실시되고 있는 비행금지구역(NFZ) 설정, 공습, 무기금수조치에 대한 지휘권을 수행하였다.[94]

94) 정철호 (2012), p. 36; 배정호 · 박영호 · 박재적 · 이기현 (2011), p. 15.

영국은 프랑스와 함께 리비아에 대한 군사적 개입에 적극적인 입장이었고 공습을 주도하였다. 캐머런 총리는 리비아에서 비행금지구역(NFZ) 설정에 대한 방안을 처음으로 제안했었다. 리비아 군사작전은 2010년 창설된 NSC의 시험대가 되었다. 영국의 리비아 사태에 대한 개입결정은 캐머런 총리에 의한 탑다운 방식으로 진행되었다. 2월 28일 캐머런 총리는 국방부에 군사적 비행금지구역(NFZ)에 대한 계획을 수립할 것으로 지시하였다. 또한 영국 정부는 유엔 안보리 결의 1970호과 1973호의 계획수립 단계부터 협상 및 통과까지 주도적인 역할을 하였다. 캐머런 총리는 적극적 개입을 주장하면서도 많은 측면에서 조심성을 보였다. 그는 리비아 상황에 대한 직접적인 정보를 얻기 위해 리비아 전문가 및 망명자들과의 사적인 회의를 개최하였다. 모든 행동들을 합법적으로 변론할 수 있도록 검찰총장을 NSC에 참석시켰다. 또한 총리는 이라크에서의 교훈에 근거하여 건설부장관에게 리비아 안정화계획을 수립하도록 하였다.[95)]

3월 29일 런던에서 리비아 관련 회의가 개최되었고 리비아콘택트그룹(LCG: Libya Contact Group)이 설치되었다. 4월 13일 첫 회의는 21개 국가와 유엔, 아랍연맹, 유럽연합, 이슬람협력기구의 대표자들이 참석하였다. 영국 주도로 설치된 리비아콘택트그룹(LCG)은 국제적인 노력과 임무에 대해 전반적인 정치적 지침 제시와 조정 역할을 모범적으로 수행하였고, 향후 위기 발생시 활용 가능한 모델이 되었다.[96)]

---

95) Madelene Lindström, Kristina Zetterlund, "Setting the Stage for the Military Intervention in Libya: Decisions Made and Their Implications for the EU and NATO," *Swedish Defence Research Agency(FOI's) research programme Atlantic Security-European Crisis Management*, October 2012, pp. 31-32.

96) Lindström and Zetterlund (2012), p. 36.

3) 위기 해결

리비아 위기사태 해결의 중요한 요인 중 하나는 국제사회의 군사개입이었다. 유엔 안보리 결의안 1970호와 1973호에 의거한 금수조치 및 비행금지구역(NFZ) 설정은 초기 상황에서 우세하던 리비아 정부군의 군사거점을 무력화시키는 결정적 계기가 되었다. 유엔은 군사작전의 정당성을 민간인 보호, 즉 유엔의 새로운 규범인 '보호책임(R2P: Responsibility to Protect)'에서 찾았다.[97)]

2011년 3월부터 다국적군의 군사적 개입이 전개되는 가운데, 2011년 8월 반 카다피 세력이 수도 트리폴리를 장악하였고, 10월 20일 카다피의 고향인 시르테를 공격하여 무아마르 카다피를 사살하였다. 카다피 정권의 종식을 공식 선포한 리비아는 새로운 과도정부를 구성하는 작업에 착수하였다. 영국과 프랑스를 비롯한 국제사회는 리비아 반정부세력의 구심점인 국가과도위원회(NTC)를 리비아의 유일한 합법정부로 인정하였다. 10월 23일 국가과도위원회(NTC)는 리비아 해방 선포하였고, 연합군의 리비아 공격은 10월 31일 유엔 안보리의 NATO의 군사행동 임무 종결결정에 의해 종료되었다. 11월 31일 압델-라힘 알-키브가 리비아 과도정부 총리로 선출되었다. 유엔과 나토의 리비아 내전 개입은 대량학살과 전쟁범죄와 같은 인권탄압 국가들에 대한 국제사회의 인도주의적 개입에 대한 당위성을 확보하는 계기가 되었다.[98)]

---

97) 인남식, "최근 리비아 사태의 현황과 의미," 『IFANS FOCUS』 IF 2011-07K, 2011.8.24., p. 2; 배정호 · 박영호 · 박재적 · 이기현 (2011), p. 15.

98) 한국국방연구원, 세계분쟁정보(WoWW), "리비아 내전,"; 위키백과, "리비아 내전(2011년),"; 『연합뉴스』, "리비아 사태 일지," 2011.11.19; 정철호 (2012), p. 37.

4. 위기관리 리더십 임무 분석

1) 위기 인식

리비아에서 프랑스와 함께 공습을 주도한 영국의 리비아 사태에 대한 위기인식과 적극적인 군사개입의 배경은 경제적, 군사적, 국내정치적 측면에서 살펴볼 수 있다.[99] 첫째, 경제적 측면에서 보면, 미국·영국·프랑스가 석유개발의 기존 계약관계가 붕괴된 리비아의 유전에서 자국의 지분을 확대하기 위해 노력하고 있었다. 내란이 일어나기 전 리비아 내의 석유 개발에 참여하고 있던 외국계 석유기업으로는 영국의 석유 메이저 브리티시 페트롤리엄(British Petroleum), 프랑스의 토탈(Total), 미국의 엑손모빌(Exxon Mobil) 등이 있었다. 이러한 상황에서 다국적군이 군사적 지원으로 조속한 안정화를 이루어 리비아 석유생산의 안정화와 수급의 정상화를 추구하였다. 또한 안정적인 석유수급을 넘어서 반정부군이 집권하도록 유도한 뒤 기존 리비아의 국영 석유체제를 와해시키는 것이 영국을 비롯한 주요 서방국가들의 장기적인 이익에 부합하는 것으로 판단하였다. 리비아 석유자원에 대한 국가의 통제와 소유권을 이라크에서처럼 해체해 서방의 석유 메이저 기업들이 이에 참여하거나 장악하도록 하는 것이 궁극적인 목표로 볼 수 있다.

둘째, 미국·영국·프랑스 등 NATO가 주도하는 군사작전은 리비아의 재정기구를 해체하고 자국 은행에 예치돼 있는 수십억 달러의 리비아 자산을 압류할 수 있는 배경이 되었다. 또한 그동안 리비아를 수출 시

99) 군사개입의 배경은 김중관, “리비아 군사개입과 석유패권: 검은 대륙 향한 미국·유럽·중국의 세력다툼 결정판,” 『신동아』 2011년 5월호, http://shindonga.donga.com/3/all/13/110207/1 내용 요약.

장으로 활용해왔던 미국 · 영국 · 프랑스는 군사개입을 통해 자국의 무기를 판매하기 위한 직접적인 기회를 마련하고자했다.

셋째, 역사적으로 리비아를 비롯한 지중해 남부지역에 식민지를 경영했던 영국과 프랑스는 사회 · 심리적으로도 이 지역에 집착을 갖고 있었다. 옛 식민지 국가들에 대한 질서 재편이라는 측면 못지않게 국내정치적 이해관계도 연관되어있었다. 당시 영국의 캐머런 보수정권은 금융위기가 초래한 부담을 해결하기 위한 노동계층과의 분담, 공무원 개혁, 고등교육 예산 삭감 등 재정개혁 정책이 난관에 봉착해 있었다. 이렇듯 최근 유럽 보수정권들이 처한 정치적인 난맥을 고려하면, 리비아에 대한 군사개입은 사회적 관심을 국외문제로 돌리고자하는 의도가 있었다는 견해도 있다.[100)]

영국이 리비아에 대한 군사적 개입을 실행하기 전 충족되어야 할 3가지 요건은 입증적 필요성, 법률적 근거, 지역적 지지였다. 이러한 요건들은 영국이 군사적 작전을 시작할 때 모두 충족되었다. 임박한 대량학살의 위협은 실제적이었고, 유엔 안보리 결의 제1973호를 통한 법률적 승인 및 작전에 대한 지역적 승인이 있었다. 특히 아랍연맹은 유엔 안보리에 리비아에 대한 비행금지구역(NFZ) 설정을 요청하였다.[101)]

2) 위기 정책결정과 조정

영국 정부의 리비아 사태의 초기 대응방향에 대해 내각사무처 브리핑

---

100) 김중관(2011). 황준호, "영국의 리비아 공습 〈가디언〉도 설명 못해," 『프레시안』, 2011. 4.14 참고.

101) Lindström and Zetterlund (2012), pp. 36-37.

룸(COBR 또는 COBRA) 회의 당시 의견이 대립되었다. 르웰린(Ed Lewellyn) 캐머런 총리 비서실장과 고브(Michael Gove) 교육부장관은 카다피에 대한 행동을 촉구하는 매파적 입장을 대변하였다. 헤이그(William Hague) 외교부장관, 클라크(Kenneth Clarke) 법무부장관과 크레그(Nick Clegg) 부총리는 회의적 입장을 가지고 있었다. 반면 중도적 입장에서 조심성과 카다피 이후의 불확실성을 주장한 인물들은 폭스(Liam Fox) 국방부장관과 리차드(David Richards) 국방참모총장이었으나, 폭스 국방부장관은 군사행동이 승인된 이후 매파적 입장으로 돌아섰다.[102)]

리비아에 대한 군사적 개입은 2010년 5월 NSC가 창설된 이후 처음으로 새로운 위기에 영국군이 전개된 사례이다. 위기시 NSC 기능과 운영에 대한 전반적인 평가는 다음과 같다. 첫째, NSC 회의는 보통 일주일에 한 번씩 개최되는 NSC 회의는 일일단위로 총리와 그의 대리인 주관으로 개최되었다. 영국 대사관도 비디오 연결을 통해 회의에 참여할 수 있었다. 둘째, 새로 창설된 NSC 조직은 리비아 작전에 대한 정책결정과 조정 전반에 대해 효과적인 역할을 수행하여 유관부서의 장관이나 실무자들의 협조를 이끌어 내었다. 셋째, NSC의 지침은 정부 관련부처가 위기정책을 신속하고 적절하게 결정하고 조정하는데 도움을 주었다. 넷째, NSC 리비아위원회(NSCL)는 62차례 개최되었다. 2월 25일부터 11월 2일까지 리비아위원회(NSCL)의 하위 위원회 개최까지 포함하면 총 182회에 달하였다.[103)]

영국 정부가 군사적 개입을 결정하는데 영향을 미친 요인은 다음과

102) Lindström and Zetterlund (2012), pp. 32-33.
103) Prime Minister's Office (2013), p. 19; Lindström and Zetterlund (2012), p. 33.

같다. 첫째, 리비아 국민에 대한 보호책임이다. 캐머런 총리나 그의 대다수 참모들은 1995년 7월 보스니아 내전중 발생한 스레브레니차(Srebrenica) 집단학살 및 1994년 르완다 집단학살에 대해 대응하지 못했던 과거의 실패를 생생하게 기억하고 있었다. 둘째, 리비아에서 주도적인 임무를 수행할 것을 바라는 미국의 요청이 중요한 역할을 하였다. 영국은 미국과의 '특별한 관계(Special Relationship)'를 유지하고자 그러한 요구를 수용하였다. 셋째, 캐머런 총리는 그의 전임 블레어 총리처럼 국제적인 지도자가 되기를 원하였다. 그는 과거 이라크 및 아프가니스탄 개입 당시 미국을 보조하는 역할에서 벗어나 영국의 주체적인 국제적 위상 강화를 위해 노력하였다. 넷째, 리비아에 대한 개입에 대해 여론, 정당, 의회 등으로부터 광범위한 국내적 지지가 있었다. 또한 1988년 로커비 폭파사건(팬암 항공 103편 폭발)에 대한 기억이 통합된 지지를 이끌어내는데 중요한 역할을 하였다. 다섯째, 테러리스트 그룹이 리비아에서 권력의 공백상황에서 이를 기회로 활용하거나 카다피 군으로부터 무기획득을 시도하는 것에 대해 우려하였다. 여섯째, 리비아에서 석유와 가스 개발 등을 통한 영국의 전략적 이익 확보도 군사적 개입을 결정하는데 중요한 요인 중의 하나였다.[104)]

3) 위기 커뮤니케이션

미디어에 대한 효과적인 전략적 커뮤니케이션 활동은 24시간 미디어 보도환경에서 영국의 군사작전 수행에 핵심적인 사안이었다. 군사작전

104) Lindström and Zetterlund (2012), pp. 37-38; 강명세, "리비아 카다피의 몰락과 중동 민주화의 향후 과제," 『세종논평』 No. 224 (2011.9.1), p. 1.

을 위한 행동과 성명들은 국가적 커뮤니케이션 활동과 밀접하게 연계되어있었다. 영국의 위기 커뮤니케이션 활동에는 NATO와 다른 동맹국들과 조율, 카다피의 선전과 지원의 효과 제한 및 국가과도위원회(NTC) 지원 조치, 카다피 정권의 국민에 대한 위협을 약화하기 위한 군사작전과 메시지 전달의 동시진행 등이 포함되었다. 총리실에 속해있는 리비아커뮤니케이션팀(LCT: Libya Communication Team)은 정부 부처의 전문가와 인력으로 구성되었고, 정부의 전략적 커뮤니케이션 활동의 조율을 담당하였다. LCT 팀장은 모든 NSC 리비아위원회(NSCL)에 참여하였고, 관련 안건에 대해 정부의 커뮤니케이션 활동을 보고했다.[105)]

리비아 사태에 대한 주요국 미디어의 보도는 언론사가 속한 국가의 이해관계 및 사태의 국면에 따라 달라졌다. 미국, 영국, 프랑스 등 공습 주도국과 일부 중동국가의 보도 및 러시아, 중국 등 사태에 대해 중립적이고 공습에 비판적이었던 국가들의 보도가 차이를 보였다. 공습 주도국의 뉴스 미디어는 카다피 정부군과 반군(시민)사이에 세력의 균형이 유지될 때는 관망세를 보였으나, 정부군의 세력이 약화되고 정치적·도덕적으로 카다피의 재기가 어려워진 때를 전후해서는 그를 비판하고 공습의 정당성을 강하게 제기하는 양상을 보였다.[106)]

영국의 예를 들면, 리비아 사태 중에 공습에 참여한 나토군의 폭격기는 영국 이스트 앵글리아의 공군기지에서 발진한 것이었다. 그러나 2004년 당시 블레어 총리는 트리폴리를 방문해 카다피가 국제사회로 나올 수 있는 계기를 마련해 주었다. 카다피는 이에 대한 보답으로 브리티시

105) Prime Minister's Office (2013), p. 18.
106) 이봉현·김성욱, "미디어 담론분석을 통해 본 리비아전쟁," 『커뮤니케이션 이론』 7집 2호 (2011년 겨울), p. 134.

페트롤리엄(British Petroleum)과 로열 더치 쉘(Royal Dutch Shell) 등 영국계 정유회사에게 리비아 내에서의 석유탐사권을 허가하였다. 리비아 사태가 격화되던 2011년 2월말, 블레어 전 총리는 카다피에게 두 차례 전화를 걸어 사태의 원만한 해결을 위해 노력하였다. 하지만 카다피 정부군의 민간인 시위대에 대한 강경한 진압과 학살에 대해 반군의 대응이 강화되고 카다피가 수세에 몰리고 정치적 재기가 불투명해지자, 서방 강대국들은 카다피 이후의 리비아를 설계하고 이 지역에서 정치적·경제적 주도권을 행사하는 방향으로 전략을 수정하였다.[107)]

107) 이봉현·김성욱 (2011), pp. 135-137.

9장 이스라엘의 위기사례 분석

Ⅰ. 엔테베 인질위기(1976)

1. 위기사건 배경

이스라엘은 1968년 이래 수차례의 여객기 납치사건에 직면했다. 1968년 7월 23일 승무원 10명과 승객 38명을 태운 이스라엘의 민간 항공기가 팔레스타인해방인민전선(PFLP)에 의해 처음으로 공중 납치됐다. 첫 시도에서 기대 이상의 대성공을 거두자 PFLP는 한층 고무되어, 1968년 12월 26일 PFLP 소속 2명의 테러리스트가 아테네 공항에서 이스라엘 항공기에 총격을 가해 이스라엘 정비사 한 명을 살해했다.[108]

한편 1969년 몇 차례에 걸쳐 이스라엘 항공기를 공격하던 팔레스타인해방인민전선(PFLP)은 1970년 9월 6일 유럽 각 공항을 출발해 미국 뉴욕으로 향하던 항공기 4대를 연달아 공중 납치하였다. 사흘 뒤 이들은 인도를 출발해 런던으로 향하는 다섯 번째 항공기를 납치했다. 국제사회를 충격에 빠지게 한 '공중납치의 일요일(Skyjack Sunday)'에 납치된 4대의 항공기중 TWA 741기와 스위스항공 100기는 요르단 사막에, 팬암 93기는 이집트에 각각 강제착륙 당했고 항공기 3대 모두 테러리스트들에게 폭파되었다. 납치범들의 요구조건은 이스라엘과 스위스, 서독, 영국에 수감된 팔레스타인 동지들의 석방이었다. PFLP는 9월 9일 다섯 번째

108) 『동아일보』, "[책갈피 속의 오늘], 1968년 이스라엘 항공기 첫 공중납치," 2009.9.24.

로 승객 116명이 탄 영국항공 775기를 납치했다.[109)]

이후 이스라엘은 1968년부터 본격화된 현대 테러리즘의 사건 중 가장 비극적인 사건의 하나로 기록되는 1972년 뮌헨 올림픽 테러사건을 겪었다. 1972년 9월 5일 제20회 뮌헨올림픽 기간 중에 팔레스타인 테러단체인 검은 9월단(BSO) 소속 8명의 테러리스트들이 올림픽 선수촌의 이스라엘 선수 숙소에 난입하여 이스라엘인 선수 1명과 코치 1명을 살해하고, 남은 9명을 인질로 붙잡았다. 검은 9월단은 이스라엘에 수감된 팔레스타인 양심수의 석방을 요구했으나, 독일경찰의 인질 구출작전이 전개되어 이스라엘 선수 9명과 진압경찰 2명이 사망하는 참담한 결과로 종결되었다.[110)] 1968년 이래 팔레스타인해방인민전선(PFLP)의 지속적인 테러공격에 직면한 이스라엘은 1976년 또 다시 여객기 납치사건에 직면하였다.

2. 위기사건 개요[111)]

1976년 6월 27일 08시 59분 이스라엘 텔아비브에서 프랑스 파리까지 가는 에어프랑스 139편이 승무원 12명과 승객 246명을 태우고 이륙하여 중간 기착지인 아테네에 12시경에 도착하였다. 에어프랑스 139편은 아테

---

109) Pierre Tristm, "The 1970 Palestinian Hijackers of Three Jets to Jordan," http://middleeast.about.com/od/terrorism/a/dawson-field-hijackings.htm; 『주간동아』, "[커버스토리 '21세기 전쟁' 테러 vs 반테러] 공격 받은 미국!! 테러가 인류를 노린다," 2001.9.27. (303호).

110) 『국방일보』, "뮌헨올림픽 테러사건," 2007.6.19; 위키백과, "뮌헨 올림픽 참사," http://ko.wikipedia.org/wiki/%EB%AE%8C%ED%97%A8_%EC%98%AC%EB%A6%BC%ED%94%BD_%EC%B0%B8%EC%82%AC.

111) 윤태영, "인질구출 작전의 성공요인 분석: 이스라엘과 한국 사례연구," 『한국치안행정논집』, 제15권 제2호 (2018), pp. 197-198 인용.

네를 이륙한지 8분만인 12시 28분에 팔레스타인인민해방전선(PFLP) 소속 2명과 서독 적군파 바더 마인호프(Baader-Meinhof Gang) 소속 2명에 의해 납치되었다.[112)]

에어프랑스 139편은 연료공급을 위해 리비아 벵가지 공항을 경유하였고, 6월 28일 03시 20분경에 우간다 엔테베 공항에 도착하였다. 여기서 팔레스타인인민해방전선 테러범 3명이 추가로 합류했다. 승객들은 13시경에 납치된 항공기에서 엔테베 공항의 구터미널로 이송되었다.[113)] 승객들은 피랍된 에어버스 여객기가 엔테베 공항에 착륙하고도 무려 9시간 동안 기내에 억류되었다. 6월 28일 정오가 되자 테러범들은 승객들을 공항 구터미널의 승객 로비에 감금했다. 이날 늦은 오후 우간다의 아민(Idi Amin) 대통령은 승객들에게 자신이 인질협상을 하고 있으며, 우간다 병사들이 승객의 안전을 보호할 것이라고 말했다.[114)]

6월 29일 15시 30분경 팔레스타인계 아랍인의 지휘 하에 움직이는 테러범들은 자신들의 요구를 발표했다. 그들은 서독, 프랑스, 스위스, 케냐, 그리고 이스라엘에 투옥된 테러범 53명의 석방을 요구했다. 또한 만약 이들이 석방되지 않는다면 이스라엘 시각으로 7월 1일 14시에 피랍 승객들을 살해하겠다고 밝혔다.[115)] 한편 6월 30일 오후 엔테베에서는 유

112) Saul David, *Operation Thunderbolt: Fight 139 and the Raid on Entebbe Airport, the Most Audacious Hostage Rescue Mission in History* (New York: Little, Brown and Company, 2015), pp. 3, 8, 11, 47; Chaitanya Arun Sathe, "A Case Study on Crisis Management with a Specific Reference to Operation Thunderbolt Executed by Israeli Defense Forces," *SAMVAD: SIBM Pune Research Journal*, Vol X (December 2015), pp. 48-49.

113) David (2015), pp. 58, 68; William H. McRaven, SPEC OPS: Case Studies in Special Operations Warfare: Theory and Practice (Novato: Presidio Press, 1995), p. 334.

114) McRaven (1996), p. 334; 양욱, 『그림자 전사, 세계의 특수부대: 그들의 성공과 실패의 역사』 (서울: 플래닛미디어, 2009), pp. 125-126.

115) McRaven (1996), p. 334; 양욱 (2009), p. 126.

대인이 아닌 승객 47명이 석방되었다. 이들이 프랑스 대사관을 거쳐 파리로 돌아가자 이스라엘 정보당국은 이들을 통해 테러리스트의 숫자·보유무기·복장, 인질 위치, 우간다군 배치현황 등에 관한 정보를 파악하기 위해 노력했다.[116)]

이스라엘 정부의 작전계획이 아직 구체화되지 못한 사이에 협상 시한이 다가왔다. 7월 1일 9시 이스라엘 라빈(Yitzhak Rabin) 정부는 긴급회의를 열고 일단 시간을 벌기위한 전술적 조치로 테러범의 요구조건을 수용하기 위한 협상을 진행하기로 결정했다. 당시 200여명의 다국적 인질이 남아있는 상황에서 부담이 큰 탓도 있었다.[117)]

한편 이스라엘의 협상 결정을 받아들인 테러범들은 7월 1일 인질처형의 최후통첩 시기를 7월 4일 11시로 연장하였다. 또한 테러리스트들은 100명의 비유대인 인질을 추가로 풀어주었다. 이에 따라 엔테베 공항에는 이스라엘 국민이거나 이스라엘 국적이 아닌 유대인들, 그리고 에어프랑스 승무원 12명까지 포함해 총 106명의 인질이 남게 되었다.[118)]

116) Louis Williams, Maj. (Res.). "Entebbe Diary," Israel Defense Forces, 16 February 2004, p. 5; McRaven (1996), p. 336; 양욱 (2009), p. 129.

117) Williams (2004), pp. 5-6; David (2015), p. 170; McRaven (1996), p. 337; 양욱 (2009), pp. 132-133.

118) David (2015), pp. 178-179; McRaven (1996), p. 337; 양욱 (2009), p. 133.

〈표 9-1〉 엔테베 인질위기 일지

날짜	사건 및 정책결정 전개상황
6월 27일(일요일)	에어 프랑스 139편 납치, 리비아에서 급유
6월 28일(월요일)	우간다 엔테베 공항에 피랍기 착륙
6월 29일(화요일)	인질 납치범 요구조건 발표, 7월 1일 14시부터 승객 사살 위협
6월 30일(수요일)	승객 47명 석방, 프랑스 파리에서 모사드 승객 탐문
7월 1일(목요일)	이스라엘 협상진행 결정, 인질납치범 마감시한 7월 4일 11시로 연장, 승객 100명 석방
7월 2일(금요일)	이스라엘 특수부대, 구출작전 리허설
7월 3일(토요일)	이스라엘 내각, 구출작전 승인, 특수부대 엔테베로 급파, 공항 구출작전 전개
7월 4일(일요일)	구출된 인질, 이스라엘로 이송

* 출처: Raffi Berg, "Recollections of Entebbe, 30 years on," BBC News, 3 July 2006, http://news.bbc.co.uk/2/hi/middle_east/5101412.stm. 필자 일부 수정 · 작성.

3. 위기관리 과정

1) 초기 대응

6월 27일 인질 납치에 대한 소식을 접한 직후 국방장관 시몬 페레스(Shimon Peres)는 이 소식을 라빈(Yitzhak Rabin) 총리에게 알렸고, 곧이어 긴급 장관·고위급관리 회의가 소집되었다. 아테네에서 탑승한 56명의 승객 중에서 쿠웨이트로부터 싱가포르 항공편으로 그리스에 도착한 4명의 환승객에 대한 정보가 파악되었다. 그들은 위조된 여권을 소지한 것으로 알려졌다. 이스라엘 정보기관 모사드는 독일혁명분파 창설자인 독일인 윌프리드 보세(Wilfried Bose)와 브리기테 쿨만(Brigittee Kuhlmann),

팔레스타인 인민해방전선(PFLP) 소속 할라일리(Abu Haled el Halaili)와 미아리(Ali el Miari)의 신원을 파악하였다.[119)]

6월 29일 테러리스트들은 인질 석방의 조건으로 이스라엘과 여러 국가에 수감되어있는 동료 테러리스트들의 석방을 요구하였다. 만약 이스라엘이 7월 1일 제한시간까지 수용하지 않으면 인질들을 처형하기기 시작하겠다고 최후통첩을 보냈다.[120)]

라빈 총리는 인질위기에 대처하기 위해 각료급 위원회를 구성하였다. 6월 29일 위원회 회의에서 라빈 총리는 합참의장 모르데카이 구르(Mordechai Gur) 장군에게 군사적 방안에 대한 조언을 구했다. 구르(Gur) 장군의 엔테베 공항 인근에 낙하산부대 투입 작전구상은 공항접근의 어려움과 인질 송환방안이 미흡하여 거절되었다. 인질위기에 대한 라빈 총리와 페레스 국방장관의 대응방안은 서로 달랐다. 라빈 총리는 납치범들과의 협상이외에는 선택방안이 없기에 팔레스타인 테러리스트들의 석방을 승인해야한다고 생각하였다. 반면 페레스 국방장관은 테러리스트의 석방은 이스라엘의 국제적 이미지와 계속되는 반테러리스트 투쟁에 부정적인 영향을 미치기에 반대 입장을 가지고 있었다. 라빈의 협상 주장과 페레스의 인질구출 실행 간의 의견이 여전히 대립하는 가운데 페레스 국방장관은 숌론(Dan Shomron) 준장을 중심으로 효과적인 인질구출 작전을 검토 · 구상하였다.[121)]

---

119) Michael Bar-Zohar and Nissim Mishal, Translated from the Hebrew by Michael Bar-Zohar and Nathan K. Burstein, *No Mission is Impossible: The Death-Defying Missions of the Israeli Special Forces* (New York: HarperCollins Publishers, 2015), pp. 2-4.

120) Bar-Zohar and Mishal (2015), pp. 5-6; McRaven (1995), p. 334.

121) Bar-Zohar and Mishal (2015), pp. 6-7, 8-10.

2) 위기 정책결정[122)]

이스라엘 라빈 정부는 7월 1일 협상을 결정하여 시간을 확보하였고 7월 4일로 처형시한이 연장되고 인질 100명이 석방된 상황에서, 남은 인질 106명에 대한 안전이 우려됨에 따라 인질구출 작전을 본격적으로 고려하기 시작하였다.[123)] 페레스(Shimon Peres) 국방장관은 참모들과 함께 구출작전의 가능성을 구체적으로 논의한 끝에 세부작전의 수립과 훈련의 실시를 지시했다. 작전의 총괄지휘관으로 숌론(Dan Shomron) 준장을 임명하고, 현장지휘관으로 사이렛 매트칼(Sayeret Matkal: 대테러특수부대) 부대장 네타냐후(Jonathan Netanyahu) 중령을 선택하였다.[124)]

7월 2일 논의된 인질구출 작전부대의 계획은 우선 C-130 1번기가 모든 조명을 끈 채로 어두운 활주로에 착륙하여 북쪽으로 이동하는 동안 특수부대 1개조가 수송기에서 내려 후속 수송기를 위해 지상유도등을 설치한다. 1번기에서 내린 사이렛 매트칼은 우간다군으로 위장하고 구터미널로 접근한다. 구터미널에 도착한 부대는 3개 조로 나뉘어 작전 1팀이 3개 출입문을 동시에 파괴하여 1층으로 진입한 뒤 테러리스트를 제압하고 인질을 구출한다. 이와 함께 작전 2팀이 구터미널 2층으로 올라가 주둔하고 우간다군을 제압한다. 한편 지휘통제반은 구터미널 외부에서 대기하면서 랜드로버에 탑재된 50구경 기관총으로 구터미널 위층과 관제탑을 제압한다는 것이었다.[125)]

지원부대는 인질구출 부대에 있어 가장 큰 위협인 구터미널 200미터

---

122) 윤태영 (2018), p. 198 인용.

123) McRaven (1996), p. 337; 양욱 (2009), p. 133; Bar-Zohar and Mishal (2015), p. 10.

124) McRaven (1996), p. 338; 양욱 (2009), pp. 133-134.

125) 양욱 (2009), pp. 136-137; McRaven (1996), pp. 339-340.

부근에 위치한 우간다군의 기지에 대한 대항임무가 주어졌다. 사이렛 매트칼이 인질을 구출하는 동안 사이렛 찬하님(Sayeret Zanchanim: 공수특전부대)은 구터미널 인근에 차단선을 구축하여 우간다군의 증원을 막는다. 또한 이들 일부가 우간다 공군의 미그기에 폭탄을 설치하여 C-130 요격을 사전에 방지한다. 한편 사이렛 골라니(Sayeret Golani: 골라니 보병여단 소속 정찰대)는 C-130 근처에 남아 항공기를 보호하고 인질과 구출부대의 퇴로를 확보한다. 항공부대의 임무는 4,000km 거리를 급유 없이 침투비행하고, 야간에 조명도 없이 적진 한가운데에 착륙하는 것이었다.[126]

〈표 9-2〉 부대 편성과 임무

구분	구성부대 및 지휘관	임무
지휘제대	지휘통신본부 (지휘: 댄 숌론 준장)	• 작전 전반에 대한 지휘통제 • 통신총괄
공격제대	사이렛 매트칼 (지휘: 요니 네타냐후 중령)	• 구청사 내의 인질구출 작전 실시 • 구출 인질을 C-130까지 호송
지원제대	사이렛 찬하님/사이렛 골라니(지휘: 숄 모파즈)	• 적 증원 병력이 공격제대를 방해하지 못하도록 차단 • C-130을 보호하며 지상급유 지원 • 우간다군 미그기를 파괴하여 차후 추적을 방지 • 구출된 인질들이 C-130에 탑승할 때까지 안전하게 보호
항공제대	C-130 비행대대 (지휘: 요수아 샤니 중령)	• 구출부대를 엔테베 공항까지 은밀하게 수송, 야간 착륙 • 지상에서 재급유 실시 후 인질과 병력을 싣고 퇴각

* 출처: 양욱, 『그림자 전사, 세계의 특수부대: 그들의 성공과 실패의 역사』 (서울: 플래닛미디어, 2009), p. 135.

126) 양욱 (2009), pp. 138-139; McRaven (1996), pp. 340-341.

3) 위기 해결[127)]

7월 3일 15시 30분 숌론 장군은 구출부대의 출동명령에 따라 이스라엘 특공대 190여명과 장갑차 4대 등을 태운 C-130 허큘리스 수송기 4대가 지휘 및 구호용 보잉 707 2대와 함께 이스라엘을 출발하여 4,000km를 7시간 30분 동안 비행하여 엔테베 국제공항에 은밀히 침투하였다. 7월 3일 23시 01분, 1번기 수송기 C-130이 엔테베 공항에 착륙했다. 우간다군으로 위장한 사이렛 매트칼 대원들은 우간다 고위 장성 리무진으로 보이는 벤츠 승용차 1대와 랜드로버 군용 지프 2대에 탑승하고 구터미널에 도착하였다. 구출대원은 인질범과 인질들이 뒤섞여있자 유대인들만 알아듣도록 히브리어로 엎드리라고 소리치면서 인질범들을 사살하였다. C-130이 착륙한지 3분 만에 테러범 7명 중 4명을 사살하고 인질을 확보했다. 이렇게 인질을 확보하고 있는 사이에 작전 1제대의 나머지 팀은 VIP 라운지 점령을 시작했다. 1제대가 인질을 구출하는 사이 2제대는 구터미널의 2층을 공격했다. 한편 구터미널 밖에서는 지휘통제반이 관제탑의 우간다군과 치열한 총격전을 벌였다. 이후 2-4번기 수송기가 순차적으로 도착하여 우간다군을 진압하고 공항에 있던 11대의 미그 17과 21 전투기를 파괴하였다.[128)]

7월 3일 23시 52분 인질을 태운 수송기 1대가 먼저 엔테베 공항을 이륙했고, 7월 4일 0시 40분 나머지 3대의 C-130 수송기가 엔테베 공항을 이륙하면서 모든 작전은 종료되었다. 작전 결과 인질 106명중 102명 구

127) 윤태영 (2018), pp. 198-199 인용.
128) MaRaven (1996), pp. 356-364; 양욱 (2009), pp. 140-151; Wikipedia, "Operation Entebbe," https://en.wikipedia.org/wiki/Operation_Entebbe; Bar-Zohar and Mishal (2015), pp. 17-18.

출, 4명 사망, 10명이 부상을 당했다. 구출대원 1명이 사망하고 5명이 부상당했다. 인질구출 작전 중 사망한 유일한 부대원은 현장지휘관인 요나탄 네타냐후 중령이었다. 그는 구터미널 진입시 선두에 섰다가 관제탑에서 쏜 총탄에 맞아 사망했다. 한편 테러범 7명과 우간다군 45명이 사살되었다.[129)]

4. 위기관리 리더십 임무 분석

1) 위기 인식

6월 27일, 피랍 직후 10:30(GMT, 예루살렘 이스라엘) 라빈 총리는 정부의 주례 내각회의를 주재하고 있는 도중, 항공기 납치 사실을 그의 군사보좌관 포란(Ephraim Freuka Poran) 준장으로부터 보고받았다. 그는 우선 납치된 이스라엘인이 몇 명인지, 납치범은 몇 명인지, 그리고 항공기는 어디로 향하고 있는지 3가지에 대한 정보를 파악할 것을 지시했다. 라빈 총리는 내각회의를 연기한 후 관계장관 특별태스크포스를 구성하고 정부의 대응방안을 논의하기 위해 회의를 개최한다고 밝혔다. 특별태스크포스는 총리 라빈((Yitzhak Rabin), 외교장관 겸 부총리 아론(Yigal Allon), 국방장관 페레스(Shimon Peres), 교통장관 야코비(Gad Yaacobi), 법무장관 자독(Chaim Zadok), 무임소장관 갈릴리(Yisrael Galili) 등으로 구성되었다.[130)]

또한 라빈 총리는 야코비 교통장관에게 벤-구리온 공항에서 발생한 사

129) MaRaven (1996), pp. 365-366; 양욱 (2009), pp. 152-153; Wikipedia, "Operation Entebbe,".
130) David (2015), pp. 17-18.

베나(Sabena) 사건과 유사한 사태가 벌어질 것에 대해 주의할 것을 경고하라고 지시했다. 사베나 항공기 납치사건은 1972년 5월 8일, 벨기에 국영항공사인 사베나(Sabena) 항공 572편(승객 99명, 승무원 10명 탑승)이 팔레스타인 무장단체인 검은 구월단(BSO: Black September Organization) 소속 4명의 테러리스트들에게 납치된 사건이었다. 테러범들은 사베나 항공기를 이스라엘 벤-구리온 공항에 강제 착륙시키고 이스라엘 감옥에 투옥중인 371명의 테러리스트들의 석방을 요구하였다. 항공정비사와 적십자 직원으로 위장한 사이렛 매트칼(Sayeret Matkal) 특공대 16명이 비행기에 접근하여 인질들을 구출하였으나 승객 1명이 희생되었다.[131] 사건 당시 이스라엘은 다수의 유사한 항공기 납치사건을 겪었기에 항공기 납치 테러를 국가적 위기상황으로 인식하고 즉각적인 대응태세에 돌입했다.

2) 위기 정책결정과 조정

이스라엘 정부는 인질석방을 위해 테러리스트와 협력적 관계를 유지하고 있는 우간다 대통령 이디 아민을 통해 테러리스트와 협상을 시도하였다. 동시에 엔테베 공항의 상황에 대한 정보를 기반으로 인질구출 작전을 준비하였다.[132] 7월 3일 오후 2:30 내각회의가 개최되어 그동안 의견이 대립되었던 인질구출 작전에 대한 최종 검토가 이루어졌다. 이 회의에서 총리는 구출작전에 대해 전폭적인 지지를 표시했고 마침내 3

131) David (2015), p. 18; 김지훈, "두 명의 총리를 배출한 특수전대-사베나 항공 작전," 『New Daily』, 2011.5.4.

132) The Knesset, "Operation Entebbe," https://www.knesset.gov.il/lexicon/eng/entebbi_eng.htm.

명의 주요 정책결정자(총리, 국방장관, 합참의장)의 의견이 일치하여 만장일치로 구출작전이 승인되었다.[133)]

이 사건의 정책결정 과정에서 주목할 점은 인질위기 사건의 해결방안에 대해 인질협상을 찬성하는 라빈 총리와 인질구출을 주장하는 페레스 국방장관간의 치열한 의견대립이 나타난 점이다. 라빈 총리는 억류된 인질과 수감 중인 테러리스트와의 교환에 찬성하였고 대다수 각료들이 이를 지지하였다. 반면 페레스 국방장관은 테러리스트와의 협상을 거부하고 인질구출을 구상하고 준비하였다. 그러나 페레스 국장장관을 중심으로 한 수차례의 작전계획 수정과 모사드를 통한 정보수집 등을 통해 완성된 군사작전계획이 내각의 승인을 통해 결정되었고 작전이 성공적으로 실행되었다.[134)] 엔테베 인질구출 작전은 대부분의 서방 국가들에게 테러리스트와 협상을 할 수 없는 인질 위기 상황에서 정확한 정치적 대응을 통해 군사적 대테러 작전이 가능하다는 교훈을 주었다. 또한 이를 계기로 프랑스와 미국은 대테러 부대를 창설하였다.[135)]

엔테베 구출작전은 이스라엘에서 엔테베 공항까지 4,000km 떨어진 상황에서 성공 가능성이 매우 희박한 힘든 작전이었으나 페레스 국방장관과 숌론 준장을 중심으로 한 치밀한 작전계획과 과감한 실행으로 성공을 거둔 사례이다.

133) Bar-Zohar and Mishal (2015), p. 16.
134) Bar-Zohar and Mishal (2015), p. 24.
135) David (2015), p. 369.

3) 위기 커뮤니케이션

이스라엘 정부는 인질구출 작전을 준비하는 동안 우간다 대통령 아민을 통해 테러리스트와 협상에 응한다는 의사를 전달하였다, 아울러 전 프랑스 주재 이스라엘 대사를 통해 협상에 응한다는 의사를 전달과 협력을 부탁하였다.[136] 이스라엘의 우간다와의 커뮤니케이션은 초기단계에서 엔테베에서 인질 상황을 해결하는데 중요한 요인이었다. 그러나 우간다 대통령 아민과의 소통이 힘들어지자 테러리스트와의 협상에 대한 태도가 변하였다. 이스라엘의 테러리스와의 협상은 불가하다는 정책은 우간다가 이스라엘을 도와주지 않으려는 태도에 더욱 강화되었다. 이에 따라 인질을 구출하기 위한 선더볼트 작전(Operation Thunderbolt)을 더욱 진지하게 검토하기 시작하였다.[137]

한편 6월 27일 오후 4:00 개최된 회의에서 라빈 총리는 납치된 비행기가 에어 프랑스 소속이기에 프랑스의 법률적 보호책임을 확인하였다. 또한 이스라엘 주재 프랑스 대사인 헐리(Jean Herly)로부터 프랑스 정부는 에어 프랑스 139편에 탑승한 승객들의 안전에 책임을 질 것이라는 메시지를 받았다.[138]

7월 1일 특별 태스크포스 회의 후 이스라엘 정부는 프랑스 정부의 중재를 통해 승객의 석방과 이스라엘에 수감 중인 테러리스와의 교환을

---

136) Bar-Zohar and Mishal (2015), pp. 9, 12. Wikipedia, "Operation Entebbe," 참고.

137) Ulf Christoffersen, "When states choose to use military force: A comparative study between Operation Thunderbolt and Operation Neptune Spear," Lund University, Spring Semester 2013, pp. 8-9; Zeev Maoz, "The Decision to Raid Entebbe: Decision Analysis Applied to Crisis Behavior," *The Journal of Conflict Resolution*, Vol. 25, No. 4 (Dec. 1981), p. 701.

138) David (2015), pp. 34-35.

위한 협상을 시작한다고 밝혔다. 교통장관 야코비(Gad Yaacobi)는 텔레비전 방송을 통해 인질들의 생명을 구하기 위해 정부는 테러범 석방을 협상하기로 했다고 밝혔다. 당시 이스라엘 정부는 인질들의 가족들로부터 테러리스트와의 협상은 불가하다는 정부방침을 철회하라는 압력을 받고 있는 상황이었다.[139] 이러한 위기상황에서의 커뮤니케이션 노력과 엔테베 작전을 통한 해결방안은 테러리스트와 협상하지 않는다는 이스라엘의 정책과 일치하는 것이었다.[140]

Ⅱ. 가자 구호선단 무력저지(2010)

1. 위기사건 배경

가자 구호선단 무력저지 사건은 2007년 6월 가자지구가 강경파 하마스의 지배하에 놓이면서 이스라엘과 이집트가 가지지구에 대해 실시한 강력한 봉쇄정책을 배경으로 하고 있다. 가자지구는 이스라엘 서쪽 끝과 이집트에 맞닿은 곳에 위치한 팔레스타인 자치지역으로 무력충돌이 끊이지 않는 중동의 화약고였다. 이스라엘 건국 후 1차 중동전쟁으로 이집트에 넘어가기도 했으나, 이후 몇 차례의 전쟁을 통해 이스라엘이 완전 점령해 2005년 9월 주민과 군 병력을 모두 철수시키기까지 38년간 통치했다. 이스라엘이 150만 명이 거주하는 이곳을 봉쇄한 건 2007년 팔

139) Keesing's World News Archive, "Hijacking of Air France Airbus by Followers of Popular Front for the Liberation of Palestine - Israeli Action to liberate Hostages held at Entebbe Airport," *Keesing's Record of World Events*, Volume 22 (1976), Issue No. 12 (December), Page 27888, p. 4. Bar-Zohar and Mishal(2015), p. 5 참고.

140) The Knesset, "Operation Entebbe,"; Bar-Zohar and Mishal (2015), p. 12.

레스타인 무장정파 하마스가 온건파 파타 보안군을 몰아내고 주도권을 장악하면서부터였다. 이스라엘은 하마스 체제를 고사시키려고 모든 육지와 해상 출구를 봉쇄하고 제한된 구호품의 반입만을 허용하고 있었다. 국제사회는 이스라엘의 이러한 조치가 가자지구의 팔레스타인인 150만 명에 대한 집단처벌이라고 비난해왔다. 이런 가운데 이스라엘은 2008년 12월 가자지구에 대한 대규모 침공 작전을 전개하여 주택과 건물 등을 초토화하고 팔레스타인인 1천400여명이 사망했다. 국제사회는 가자지구 주민의 재건사업을 지원하려했지만, 이스라엘은 가자지구에 건축자재가 반입되면 하마스 세력이 미사일 발사진지나 벙커 등 군사시설을 구축하는데 전용할 수 있다는 이유로 이를 차단하고 있었다. 가자지구 전쟁이 종결된 이후 1년 동안 이스라엘의 건축자재 반입 통제에도 가자지구 건물의 25%만이 복구되었는데, 이는 가자지구 주민들이 이집트 쪽으로 몰래 뚫은 국경땅굴을 통해 건축자재를 밀반입하고 이스라엘군의 폭탄에 파괴된 건물 잔해나 돌 부스러기 등을 재활용했기 때문이었다. 가난에 시달리는 가자주민들은 이집트 쪽으로 땅굴을 파 건축자재나 생필품을 밀반입하고 있지만 이스라엘이 땅굴을 발견하는 즉시 파괴해 이마저도 어려운 상황이었다.[141)]

자유함대 운영의 주체인 '자유가자운동(FGM: Free Gaza Movement)'은 이스라엘의 가자지구 봉쇄 해제를 모토로 2008년 8월 결성된 인도주의적 국제 구호단체였다. 자유가자운동(FGM)은 이스라엘의 고강도 봉쇄정

141) 곽현자, "BBC의 불편부당성과 정확성 심의: 〈지중해의 죽음〉(BBC1) 심의 사례를 중심으로," 『방송통신심의동향』 제2012-03호, p. 63; 장정미, "이스라엘, 가자 구호선 공격 그 후: 가자지구 봉쇄 정책 완화되나," 『뉴스메이커』, 2010년 8월 2일, http://www.newsmaker.or.kr/news/articleView.html?idxno=1662.

책으로 고립되어있는 가자지구의 주민들에게 구호품을 적재한 선박을 계속 보냈으며 '마비 마르마라(Mavi Marmara)'호가 포함된 자유선단(Freedom Flotilla)은 9번째 구호선단이었다. 그러나 이스라엘은 2007년 6월부터 가자지구가 강경 무장 정파인 하마스의 지배하에 놓이자, 육지와 해상 출구를 강력히 통제하고 구호품의 제한적 반입만을 허용하고 무기도입을 차단하기 위해 가자해상에 대한 봉쇄조치를 취해왔다. 2008년 8월 이스라엘 해군 함정은 구호선박에 충돌하여 입항을 저지했다. 2009년 6월에도 의약품을 싣고 가자지구 항구로 향하던 미국의 자유가자운동 소속 구호선을 지중해에서 발포 위협하여 항해를 무산시킨 바 있었다.[142)]

가자 구호선단 '마비 마르마라' 사건은 이스라엘 정부가 1999년 NSC를 설치하고 2008년 기능을 강화한 이후 네타냐후(Benjamin Netanyanhu) 정부의 위기 정책결정과 위기관리 리더십을 분석할 수 있는 적합한 사례로 평가된다.[143)]

2. 위기사건 개요

사건 발생 전인 2010년 5월 25일 자유가자운동 등 국제 인권단체들이 구호물자 등을 실은 가자지구 구호선단이 가자지구에 도착할 예정이라고 밝혔다. 자유가자운동 및 터키의 이슬람 구호단체인 인도주의구호재

142) 『일요주간』, "이스라엘, 팔레스타인 구호선박 인명학살 전말," 2010.6.18.; 조명진, "고립 부른 바다 위 오버 액션," 『시사저널』, 2010.6.8., http://www.sisapress.com/journal/article/129335; 『연합뉴스』, "이스라엘 가자지구 구호선단 봉쇄 긴장고조," 2010.5.26.

143) Brent E. Sasley, "The Price Israel Pays for Its Poor National-Security Decision Making," *The Atlantic*, June 10 2013; Haviv Rettig Gur, "Inside Israel's White House: How Netanyahu runs the country," *The Times of Israel*, January 6, 2014 참고.

단(IHH: Foundation for Human Rights and Freedoms and Humanitarian Relief) 등의 주도로 구성된 6척의 구호선단은 터키, 영국, 그리스, 스페인 등 다국적 친 팔레스타인 운동가 700여명과 1만 톤 분량의 의약품과 의료용품, 건설자재 등을 싣고 5월 30일 밤 지중해 키프로스를 출발했다. 이에 대해 이스라엘은 이 같은 행동이 도발행위라며 선단을 막고 참가자들을 억류할 방침을 발표했다.[144]

구호선단이 이스라엘 영해에 접근하기 직전 이스라엘 해군의 경고 방송에도 구호선단은 항로를 변경하지 않았다. 이스라엘 해군은 2010년 5월 31일 새벽 가자지구에서 70마일 이격 공해상에서 가자지구로 항해하고 있던 '마비 마르마라' 등 6척의 자유선단으로 구성된 가자 구호선단을 무력으로 저지하였다. 이 과정에서 이스라엘 해군 특수부대는 선상에서 흉기를 휘두르며 저항하는 승선자에게 발포하여 9명이 사망하고 55명이 부상당했으며, 이스라엘군도 9명이 부상당했다.[145]

사건발생 직후인 6월 1일 대니 아야론(Danny Ayalon) 이스라엘 외교부 부장관은 가자 구호선단들이 조직한 단체는 하마스 및 알카에다와 긴밀한 협력관계를 유지하고 있는 등 그 목적이 인도주의적인 것이 아니라 가자지구 해상 봉쇄를 파괴하려는 것이었으며, 이스라엘의 무력수단 사용은 자국 군인들이 생명을 위협받는 상황에서 이뤄진 정당방위 차원에서 이뤄졌다고 주장했다.[146]

---

144) 『연합뉴스』, 2010.5.26; 『조선일보』, "나치학살 생존자 · 노벨평화상 수상자 등 700명 탄 선단 급습," 2010.6.1.

145) The Turkel Commission, "The Public Commission to Examine the Maritime Incident of 31 May 2010," *Report Part One*, January 2011, p. 114.

146) 주 이스라엘 대한민국 대사관, "이스라엘군의 가자 구호선단 무력 저지 및 사상자 발생," 2010.6.25.

그러나 이스라엘의 군사작전은 국제적인 분노를 야기했다. 휠체어를 포함한 의약용품, 건설자재, 식품, 교육 자료들을 실은 구호선단에 대한 공격이 봉쇄해역에서 25마일 떨어진 공해상에서 벌어졌다는 점이다. 또한 비무장 인권단체에 대해서 경찰이 아닌 정규군 특수부대를 투입해 9명의 사망자와 50여명의 부상자가 나왔다는 점이다. 그러나 이스라엘 정부의 레게브 대변인은 군사작전을 감행한 직후 기자회견을 통해서 선박에 탄 터키 구호단체인 인도주의구호재단(IHH)은 하마스와 연결되어 있다고 주장했다. 이를 이스라엘의 가자 봉쇄에 대한 도전이라고 규정하며, 이스라엘 특수부대를 투입한 것을 정당화했다. 이스라엘군은 이날 성명을 통해 탑승자들이 칼과 곤봉, 심지어 실탄으로 공격해 특수부대가 대응사격을 한 것이라고 반박했다. 바락(Ehud Barak) 이스라엘 국방장관은 기자회견에서 사망자가 발생한 데 대해 유감을 표하면서도 이스라엘 병사들이 선상의 운동가들을 평화적으로 해산하려고 했으나 운동가들이 무기를 들고 저항해 자위권 차원에서 발포 할 수밖에 없었다고 밝혔다. 네타냐후 이스라엘 총리도 승선자들이 이스라엘 특수부대원에게 칼을 휘둘렀고, 총격을 가했기 때문에 자위권을 행사하는 차원에서 발포를 할 수밖에 없었다고 주장했다. 그러나 자유가자운동(FGM) 회원들은 칼과 총은 갖고 있지 않았고, 각목으로 저지했고, 자위권 차원의 발포였다는 이스라엘의 주장과 달리 헬리콥터에서부터 총격을 가했다고 주장했다. 터키 외무부는 무고한 민간인들을 공격함으로써 이스라엘은 인명과 평화를 위한 활동을 저지했다고 비난했다. 또한 "공해 수역에서 일어나 국제법을 심각히 위반한 이번 행위는 양국관계에 회복하기 어려운 손상을 가져올 수 있다"고 지적하였다.[147)]

3. 위기관리 과정

1) 초기 대응

2010년 3월부터 이스라엘 해군 정보부대에서는 구호선단과 터키의 이슬람 구호단체인 인도주의구호재단(IHH)에 대한 정보를 파악하기 시작했다. 이러한 상황에서 5월 6일 바락(Ehud Barak) 국방장관은 구호선단에 대한 대응책을 논의했고, 구호선단 승선자의 폭력적 저항 가능성에 대한 대비와 일반 승선자들에 대한 피해를 최소화하도록 지시했다. 또한 국방장관은 이러한 우발사태 대비계획을 네타냐후 총리에게 보고하도록 지시했다. 5월 13일 작전계획이 바락 국방장관에게 보고되었다. 5월 26일 첩보·테러리즘정보센터(Intelligence and Terrorism Information Center)는 인도주의구호재단(IHH)이 하마스 및 국제 지하드주의자 등을 포함하는 이슬람 극단주의자와 연결되어있다는 정보를 배포했다. 당일 총리주재로 7명으로 구성된 내각의 비공식적 고위급회의(Septet)가 개최되어 구호선단에 대한 대책이 논의되었다. 네타냐후 총리는 국방장관에게 관련부처와 작전 참여 주체들에게 작전계획에 집중하도록 지시했다. 당시 애쉬케나지(Gabi Ashkenazi) 총참모장은 군사적 저지작전이 폭력적 충돌을 야기하게 될 것이라는 우려를 표명했다. 또한 국방장관실에서 관계계관 회의가 개최되어 작전에 대한 실무적 논의를 진행하였다. 이 날 결정된 작전명령은 해군이 가자 지구에 대한 해상봉쇄와 진입저지를 수행한다는 것이었다.[148]

---

147) 조명진 (2010); 장정미 (2010).

148) The Turkel Commission, *Report Part One*, January 2011, pp. 116, 118, 120, 128; Barak Ravid, "State Comptroller Report: Netanyahu Inadequately Heeded IDF Warnings Ahead of

6척의 구호선단이 이스라엘 영해에 도착하기 이전인 5월 30일 22:40부터 이스라엘 해군은 구호선단에 해상봉쇄 구역에 접근하고 있고 회항하라는 수차례의 경고를 전달하였다. 경고에는 만약 불응시 이스라엘 해군은 해상봉쇄를 위한 모든 조치를 취할 것이고, 보안검색 실시 후 인도주의적 물품들은 애쉬도드 항구에서 전달될 것이라는 내용도 포함되었다. 그러나 구호선단은 항로를 변경하지 않았고, '마비 마르마라' 선장은 구호목적의 선단이고 공해에서 이스라엘의 권한이 없다고 밝히고 정선을 거부하였다. 5월 31일 04:26 구호선단이 가자지역 70마일 해상에 진입했을 때 이스라엘 해군 특수부대인 사이렛(Shayetet) 13부대가 구호선단을 저지하기 위한 작전을 시작하였다. '마비 마르마라' 이외의 5척은 인명손실 없이 작전이 전개되었다.[149)]

2) 위기 정책결정

'마비 마르마라' 점거작전은 이스라엘 해군의 고속정으로부터의 승선으로부터 시작되었으나, 인도적 구호재단(IHH)의 운동가들로부터의 폭력적 저항으로 실패하였다. 이에 3대의 헬리콥터를 동원하여 특공대원이 '마비 마르마라'에 승선하였다. 04:29에 첫 번째 헬리콥터에서 15명, 04:36에 두 번째 헬리콥터로부터 12명, 04:46에 14명의 특공대원들이 밧줄을 타고 하강하여 '마비 마르마라'의 선교가 장악되었고, 05:07에 추가병력

Gaza Flotilla Raid," *Haaretz*, June 13, 2012, http://www.haaretz.com/israel-news/state-comptroller-report-netanyahu-inadequately-heeded-idf-warnings-ahead-of-gaza-flotilla-raid-1.436116.

149) The Turkel Commission, *Report Part One*, January 2011, pp. 139, 141-142; The Turkel Commission, "Report of the Public Commission to Examine the Maritime Incident of 31 May 2010 - Part One," *Summary*, January 2011, pp. 10-11.

이 고속정을 통해 승선하였다. 특공대원들이 선박에 있는 운동가들을 제압하는 과정에서 폭력적 몸싸움과 충돌이 발생하여 사상자가 발생하였고, 구호선단 저지작전은 05:17에 종료되었다.150)

선박에 대한 장악이 끝난 후 05:17분부터 사상자에 대한 이송이 시작되었다. 이 사건으로 9명이 사망하였고 55명의 부상자가 발생하였다. 이스라엘 해군은 11:00 선박들을 이스라엘 남부의 애쉬도드 항으로 압송하고, 이 항구에서 무기류가 있는지를 조사한 뒤 구호품은 가자지구로 보냈다.151)

그러나 사건 발생이후 아랍국가와 유럽 등 국제사회의 비난이 이어지자, 6월 7일 이스라엘 국방부는 가자 구호선단 작전을 조사하기 위해 에일랜드(Giora Eiland) 전 NSC 위원장 겸 예비역 소장을 조사위원장으로 하는 자체 조사위원회를 구성하였고, 7월 12일 조사결과를 발표했다. 그 내용은 첫째, 가자지구로 향하는 국제구호선 공격 사건과 관련해 정보수집, 의사결정 및 작전계획 실행과정 모두에서 일부 전문전인 실수가 있었음을 발견했다면서, 상대적으로 고위급에서 이뤄진 실수를 포함해 작전 결정과정에서 여러 실수들이 있었고, 결국 우리가 원하지 않았던 결과를 초래하는데 영향을 미쳤다. 둘째, 정보수집에서의 실수로 인해 구호선 승선자들의 저항 가능성을 낮게 평가했고, 또 위험한 상황이 발생할 수 있다는 예비 계획을 마련하지 않음으로써 터키인 9명이 숨지는 유혈사태를 초래한 것으로 판단했다. 셋째, 그러나 군 고위급의 이 같은 실수에도 불구하고 구호선 '마비 마르마라' 승선자들에 대해 생명의 위협을 받은 특공대원들의 발포는 정당한 대응이었다고 주장했다. 에일랜

150) The Turkel Commission, *Summary*, January 2011, pp. 11, 14-15.

151) The Turkel Commission, *Summary*, January 2011, pp. 16-17; 장정미 (2010).

드 위원장은 "생명의 위협을 받은 특공대원들이 적절하게 무력을 사용한 것은 정당한 대응"이라면서 "무기를 소지하고 병사들을 살해할 각오를 한 수십여 명의 승선자들이 있는 상황에서 그들이 사살되지 않을 것이라고 보장할 수는 없는 일"이라고 설명했다. 이와 관련해 그동안 이스라엘군은 구호선 승선자들이 흉기를 휘두르면서 강력히 저항하는 바람에 특공대원들이 발포를 했다고 주장한 반면 승선자들은 특공대원들이 구호선에 오르자마자 총격을 가했다고 반박해왔다.[152)]

3) 위기 해결

한편 이스라엘 정부는 6월 14일 각료회의를 통해 투르켈(Jacob Turkel) 전직 대법관을 위원장으로 하는 가자 구호선단 사태와 관련하여 독립적인 특별 위원회를 설치키로 하였다. 위원회는 이스라엘측 인사 3명으로 구성하되, 아일랜드 인사 1명 및 캐나다 인사 1명은 옵저버로 위원회 활동에 참여하기로 했다. 위원회의 임무는 ① 가자지구 해상봉쇄를 취하게 된 안보 상황 검토와 해상봉쇄가 국제법에 부합하는지 여부, ② 이스라엘이 해상봉쇄를 유지하기 위해 5월 31일 취한 조치가 국제법에 부합하는지 여부, ③ 가자 구호선단을 조직하고 참여한 인물들이 취한 행

152) 주 이스라엘 대한민국 대사관, "가자 구호선단 사태에 대한 이스라엘군 자체 조사 결과 발표," 2010.7.13.; 『노컷뉴스』, "이스라엘군 조사위 구호선 공격에 실수 있었다," 2010.7.13; Israel Defense Forces, "IDF Appoints Internal Team of Experts to Examine Flotilla Operation, 7 June 2010," 7 June 2010, https://idfspokesperson.wordpress.com/2010/06/07/idf-appoints-internal-team-of-experts-to-examine-flotilla-operation/; Israel Defense Forces, "Maj. Gen. (Res.) Eiland Submits Conclusions of Military Examination Team Regarding Mavi Marmara, 12 July 2010" July 12, 2010, https://idfspokesperson.wordpress.com/2010/07/12/maj-gen-res-eiland-submits-conclusions-of-military-examination-team-regarding-mavi-marmara-12-july-2010/.

동과 인물들의 신원 검토 등이었다.[153] 이후 투르켈 위원회(Turkel Commission)가 2011년 1월에 가자 구호선단 사건 당시 위기 정책결정의 문제점을 지적한 보고서를 발표했다.

유엔 또한 해사법 전문가인 파머 전 뉴질랜드 총리 주도로 구호선단에 대한 조사를 실시하여 2011년 9월 보고서를 발표하였다. 동 보고서에서는 “이스라엘이 봉쇄지역에서 멀리 떨어진 곳에서 무장한 군인을 경고도 없이 구호선에 승선시켜 공격한 행위는 지나쳤고 불합리했다”고 이스라엘을 비판했다. 또한 “법의학적 조사 결과 사망자들은 가까운 거리에서 등을 비롯해 수차례 총격을 받았다”면서 이에 대한 이스라엘의 적절한 해명도 없었다고 밝혔다. 그러나 이와 동시에 보고서는 “구호선단 역시 해상봉쇄 구역을 침범하려는 등 무모하고 신중하지 못하게 행동했다”고 지적했다. 또한 “이스라엘 군인들이 구호선박인 ‘마비 마르마라’에 승선한 사람들로부터 조직적이고 폭력적인 저항에 직면해 자위 차원에서 물리력을 사용한 측면도 있다”고 평가했다. 이어 “이스라엘의 가자지구 해상봉쇄는 합법적”이라고 지지하면서도 이를 시행하는 방식을 놓고는 많은 우려가 제기된다고 비판했다.[154]

2012년 6월 13일 린덴스트라우스(Micha Lindenstrauss) 감사원장은 ‘마비 마르마라’ 등 6척의 터키 선단(flotilla)에 대한 이스라엘군의 군사적 대응 관련 네타냐후 정부의 의사결정 절차가 부적절하게 이루어졌음을 지적하는 특별 보고서를 제출하였다.[155]

---

153) 주 이스라엘 대한민국 대사관, “가자 구호선단 사태 관련, 이스라엘 특별위원회 구성 발표,” 2010.6.25.; 『노컷뉴스』, 2010.7.13.

154) 『연합뉴스』, “이스라엘 가자 구호선 공격 지나쳐,” 2011.9.2. UN, “Report of the Secretary-General’s Panel of Inquiry on the 31 May 2010 Flotilla Incident,” September 2011 참고.

155) 외교부, “이스라엘 국내정세(Flotilla 사건 관련),” 2012.6.28.

4. 위기관리 리더십 요인 분석

1) 위기 인식

네타냐후 총리는 '마비 마르마라' 선박의 배후에 터키정부의 개입이 있었음을 사안 초기단계에서부터 알고 있었고, 얄론 전략장관, 바락 국방장관, 애쉬케나지 참모총장 등이 사안에 대한 정치적·전략적 측면이 논의될 것을 요청하였음에도 불구하고, 이 사건을 전술적 문제로 간주하여 이스라엘군을 통한 군사적 점거작전이라는 기존의 대응방안을 고수하였다. 즉 네타냐후 정부는 가자 구호선단 사건과 관련하여 정치적·전략적 고려 없이 이전에 가자지역에 접근하려고 했던 선박들과 동일하게 해상봉쇄와 선박에 대한 이스라엘군의 강제점거라는 방안을 통해 대응함에 따라 9명의 터키인이 살해되었고, 이스라엘에 대한 국제사회의 비난여론을 초래하고 비교적 우호적이었던 터키와의 외교관계 또한 급격히 냉각되었다. 이로 인해 국가위기 정책결정이 네타냐후 총리와 바락 국방장관의 개인적 위기인식과 판단에 의존하여 이루어 졌다는 비판을 받았다.[156]

2) 위기 정책결정과 조정

린덴스트라우스 감사원장은 2012년 6월 13일 특별보고서를 통해, '마비 마르마라' 터키 선단사건 당시 네타냐후 정부가 2008년 제정된 국가안전보장회의법에 따른 절차를 준수하지 않았다고 지적하였다. 네타냐후 총리가 NSC의 분석과 총괄기능을 배제하고, 국방부와 국방보좌관 등을 중

156) 외교부, 2012.6.28.

심으로 한 의사결정 및 국방부 대변인을 통한 공보활동 전개 등 사건대응 과정에서 국방부 편향성을 보였는데, 이는 2008년 제정된 국가안전보장회의법의 규정된 절차를 무시한 것이었다.[157)]

터키 구호선단에 대한 대응책을 논의하는 과정에서 군사적 저지작전이 폭력적 충돌로 이어질 것이라는 우려가 수차례 제기되었다. 이렇게 군사작전이 야기할 수 있는 우발적 상황전개에 대한 문제가 제기되고 이를 인식한 상황에서, 총리와 내각의 비공식 고위급회의(Septet)에서 군사작전의 목표와 계획에 대한 체계적 논의가 이루어지지 않았다. 군관계자들은 폭력적 대응을 예견하면서도 구호선단 저지작전은 단순한 군사작전이 특별한 문제가 없을 것이라고 인식하고, 총리에게 발생 가능한 우발상황에 대해 충분히 주지시키지 않았다. 바락 국방장관과 애쉬케나지 총참모장은 군사작전에 대한 승선자들의 폭력적 대응을 우려했음에도 불구하고 이에 대한 구체적인 방책을 수립하는데 미흡했고, 구호선단은 결국 정선할 것이라고 믿었다. 총리 또한 위기 정책결정 전반을 총괄하고 군의 대응책에 대한 충분한 논의가 이루어질 수 있는 조치를 취하지 않았다.[158)]

이러한 구호선단에 대한 위기 정책결정의 문제점이 나타난 이유는 내각의 고위급 회의에서 군사작전이 비공식적이고 산발적으로 논의되었고, 안보 정책결정 관련 규정에 의거하여 사전에 준비되고 회의록이 작성되는 국가안전보장회의에서 체계적 논의가 이루어지지 않았기 때문이

157) 외교부, 2012.6.28.

158) Barak Ravid, June 13, 2012; Joanna Paraszczuk and Yaakov Katz, "Lindenstrauss slams Nethanyahu, Barak in report," *The Jerusalem Post*, June 13, 2012, http://www.jpost.com/National-News/Lindenstrauss-slams-Netanyahu-Barak-in-report.

다.[159] 가자 구호선단은 참사 발생 이전 수개월 이전부터 항해가 준비되었으며 온 세계가 항해일정에 대해 알고 있었지만, 네타냐후 총리는 이 사건에 대해 국방장관, 외교장관 등과의 개인적 면담 이외에 별다른 공식적 국가안전보장회의를 개최하지 않다가 구호선단이 출발한 이후에야 비로소 구호선단 문제를 논의하기 위한 첫 비공식적 고위급회의를 소집하였다. 이스라엘 법령으로 2주에 한 번 개회되어 안보문제를 결정토록 되어있는 안보내각은 이 사건 이전 두 달간 전혀 개최되지 않았으며, 2008년 기능이 강화된 국가안전보장회의 역시 네타냐후 총리의 지시에 따라 의사결정에서 배제되었다.[160]

또한 총리는 이 사건과 관련하여 위기 정책결정과 위기 커뮤니케이션 활동과정에서 NSC와 정부 공보기관들을 배제하고 이스라엘군이 중심적 역할을 수행토록 하였으며, 이로 인해 국방부를 제외한 외교부와 여타 안보관련 기관들은 사건 진행경과에 대한 정보획득이 제한되고 의사결정에 대한 실질적 영향력을 행사할 수 없었다. 그러나 이스라엘 총리실은 "이스라엘 시민들은 책임 있는 정부의 확고한 정책결정의 직접적 결과로 인해 지난 수년간 유래 없는 안보적 안정을 향유할 수 있었으며, 지난 3년간 개최된 안보회의들에 참가했던 모든 사람들은 회의의 논의 범위와 심도가 전례 없는 수준이었다는 점에 동의할 것"이라는 성명을 발표하는 등 위기 정책결정 과정을 옹호하였다.[161]

159) Barak Ravid (June 13, 2012).
160) 외교부, 2012.6.28.
161) 외교부, 2012.6.28.

3) 위기 커뮤니케이션

네타냐후 총리는 구호선단 사건의 정치적·전략적 민감성을 무시하고, 구호선단 제압을 위한 군사작전의 전술적 성공에만 치중하고 일반대중을 상대로 한 위기 커뮤니케이션 노력을 충분히 하지 않았다는 비판에 직면하였고, 특히 아랍 대중들을 대상으로 한 대외적 커뮤니케이션 노력이 필요하다는 지적을 받았다.

특히 가자 구호선단 사건이 이스라엘 국방부 대변인을 통해서 군사적 측면만 보도되었고 국제사회와 터키 국민들을 대상으로 한 네타냐후 정부의 위기 커뮤니케이션 노력이 부족하였다. 또한 아랍 대중들에 대한 이스라엘의 커뮤니케이션 활동이 아랍 지도층에 대한 자극을 우려해 소홀했고, 아랍 대중들의 정책결정상 영향력에 대한 경시로 인해 약화되어 왔다. 외교부 또한 구호선단 저지작전에 대한 공공 외교적 측면에서의 활동을 수행하지 못했다. 해외언론의 이스라엘의 군사작전에 보도방향을 위한 브리핑을 담당하는 책임부서가 없었고, 이스라엘 정부의 발표를 총괄하는 체계적 절차도 미흡했다.[162)]

이에 따라 아랍의 봄 이후 이스라엘의 대외 공보정책이 역사적 실수라는 것이 증명되어, 이스라엘의 문화, 이념, 외교정책들이 아랍 대중들이 관심을 가질만한 엔터테인먼트와 결합하여 아랍어 방송과 인터넷 매체를 통해 제공되어야 한다는 요구에 직면하였다.[163)]

---

162) 외교부, "이스라엘 국내정세(Flotilla 사건 관련)," 2012.6.28; Shlomo Cesana and Israel Hayom Staff, "Government's flotilla decision-making process was flawed," *Israel Hayom*, June 13, 2012, http://www.israelhayom.com/site/newsletter_article.php?id=4665.

163) 외교부, "이스라엘 국내정세(Flotilla 사건 관련)," 2012.6.28.

10장 한국의 위기사례 분석

Ⅰ. 제1연평해전(1999)[164]

1. 위기사건 배경

1998년 2월 출범한 김대중 정부는 평화와 화해 · 협력을 통한 남북관계의 개선이라는 대북정책 목표 하에, 무력도발 불용, 흡수통일 배제, 화해 · 협력 추진을 대북정책 기조로 삼았다. 이러한 한국 정부의 안보와 화해협력을 병행을 기조로 하는 대북 포용정책은 북한 변화의 불가피성과 안보위협의 상존이라는 이중적 안보상황을 타개하기 위해 북한의 개혁 · 개방 유도, 남북관계 개선 및 한반도 평화정착 추구에 중점을 두었다.[165] 반면 북한은 김대중 정부의 포용정책에 대한 강한 불신을 표출하면서도 이를 최대한 역이용하는 화전양면 전술을 구사하여, 남북한 간의 선택적 대화와 군사적 긴장구도를 적절히 유지하면서 실익을 확보하는 행태를 나타냈다.

이러한 배경 하에 남북한은 1998년에 접어들어 대북구호물자 지원을 위한 제5차 남북적십자 대표접촉(3월 25-27일) 및 남북 당국대표회담(4월 11-17일)을 개최하였고, 11월 18일 금강산 관광을 시작하여 대규모 방문이 성사되었다. 또한 1999년 4월 23일-6월 3일 베이징에서 남북 당국간

164) 윤태영, "연평해전과 한국의 대북한 위기관리" 『해양전략』 제109호(2000.12) 내용을 재구성하여 수정 · 인용 및 보완.

165) 통일부 남북회담사무국, 『남북대화』 제66호 (1998.1-1999.9), p. 7; 통일부, "평화와 화해 · 협력을 위한 대북정책과 남북현안에 대한 입장," 1999.7.30, p. 10.

차관급 비공개 접촉을 진행하여 1999년 6-7월간 북측에 비료 20만톤 제공, 6월 21일 베이징 차관급당국회담 개최, 이산가족문제 최우선 협의 등에 합의했다.[166)]

이렇게 김대중 정부의 남북경협 활성화 조치에 따른 교역증가와 금강산 관광 시작 등 남북한이 대화의 국면에 접어들 시점에서, 남북한 차관급회담이 열리기 2주전인 6월 7일부터 북한 경비정의 북방한계선(NLL: Northern Limit Line) 침범이 시작되었고, 마침내 6월 15일 서해 연평도 근해에서 북한 함정의 선제공격으로 인해 남북 함정간 교전이 발생하였다.

2. 위기사건 개요

제1연평해전은 1999년 6월 15일 연평도 서남방 15km, 북방한계선(NLL) 남방 8km 해상에서 북한 경비정의 기습적인 선제사격에 대해 한국 해군 경비함정이 대응사격을 실시한 해전이다. 6월 7일부터 15일까지 다수의 북한 경비정과 어선들이 연평도 서남방에서 NLL을 여러 차례 침범하였고, 한국 해군은 무력을 사용하지 않고 퇴각을 시도하였다. 6월 15일 09:28 북한 경비정이 선제사격을 가해왔고, 한국 해군 함정들이 즉각 대응사격을 실시하여 이를 격퇴하였다. 제1연평해전은 정전협정 이후 남북의 정규군 간에 벌어진 첫 번째 해상 전투였다.[167)]

6월 7일 09:10, 인천시 옹진군 연평도 서북방 10km해상에서 북한 경비

166) 통일부 남북회담사무국 (1999), pp. 43-44.

167) 국방부, 『2010 국방백서』 (서울: 대한민국 국방부, 2010), p. 252; 북한정보포털, 군사: 대남도발, "1990년대-2000년대," http://nkinfo.unikorea.go.kr/nkp/overview/nkOverview.do?sumryMenuId=MR115.

정 1척이 어선 15척을 보호한다는 명분하에 NLL을 침범하여, 09:35-10:00 NLL 남방 3.5km까지 침범하였다. 한국 해군 고속정의 시위기동과 퇴거 조치에도 응답하지 않았다. 18:00 북한 경비정 2척이 추가 침범하여 아군 고속정 편대가 근접 시위기동 하였고 인천의 대기함정이 긴급 출항하였다. 20:30-22:50 북한 경비정 2척은 NLL을 북상하였고, 나머지 1척은 NLL 남방 2.5km에서 정지하여 아군 고속정 편대와 대치하였다. 6월 8일 05:50분경 북 경비정 4척이 어선 10척과 함께 NLL 남방 9km까지 침범하여 아군 고속정 8척이 출동, 교전규칙에 의해 퇴각을 요구하였고, 20:20-23:55 북한 경비정 4척은 철수하였다.[168] 국방부와 합동참모본부는 북한 경비정의 NLL 출현과 침범이 7일과 8일, 계속되자 8일 오후 합참 위기조치반을 소집하여 위기상황에 대한 대응태세를 갖추었다.[169]

6월 9일 옹진반도 인근 군항인 사곶항을 출항한 북한 경비정 6척이 NLL 북방 2km 지점에서 꽃게잡이 어선보호를 위해 머무르다, 06:20분경부터 연평도 서쪽 10km 지역에서 NLL 남방 3-7km지점까지 한국영해를 침범했다. 이에 한국 해군은 8일부터 경계 근무 중이던 고속정 12척을 동원, 북한 경비정을 남하를 저지하기 위해 시위기동과 대공방송을 통해 퇴각을 요구했지만 북한은 오히려 한국 고속정이 소형이라는 약점을 이용해 충돌공격을 해왔다. 06:35 서해 연평도 인근 NLL 남쪽 3km 해상에서 북한 해군 SO-1급 경비정(250톤급)과 아군 해군의 150톤급 고속정(참수리-328호)간 충돌하여 양측은 인명피해는 면했지만 참수리-328은 통신실이 파공 되었고 북한 경비정도 현측이 파공되었다.[170] 한국 해군은

168) 국방부, 『국방백서 1999』 (서울: 국방부, 1999), p. 197.
169) 『조선일보』, 1999.6.10.
170) 김태준, "연평해전의 정의와 성격에 관한 연구," 『해양전략』 제104호 (1999.9), p. 25;

북한 경비정이 완충구역을 벗어나 남하할 것을 대비, NLL 남방 40km 지점에 호위함과 초계함을 각각 2척씩 급파해 대기시켰다. NLL을 침범한 경비정 6척 중 2척은 14:14 및 15:15 각각 북측으로 돌아갔고, 나머지 4척은 10일 0:20분경까지 머물며 한국 고속정들과 계속 대치했다. 일부 경비정들은 아군 고속정들을 우회해 NLL 남쪽 5-7km 지점까지 남하, 양측 함정이 뒤섞이는 위험한 상황까지 벌어졌다.[171] 한편 6월 9일 오전 김진호 합참의장은 존 틸러리 한·미 연합군사령관과 만나 한·미 작전공조대책을 논의했다. 군사정전위원회 유엔사측 비서장(미 육군대령)은 9일 16:30 북측 비서장인 유영철 대좌에게 장성급회담을 위한 비서장회의를 갖자고 제의했으나 16시 50분쯤 거부의사를 통보해왔다.[172] 6월 7일 북한 경비정의 침범 후 며칠 간 청와대와 국방부는 명확한 사태규정을 하지 못하고 사건발생 후 3일 만에 국방부는 '북한 경비정의 북방한계선 월선과 관련한 국방부의 입장'이라는 1차 대북 성명을 발표했다.

6월 10일 04:45분경 북한 경비정 1척이 인천시 옹진군 연평도 서쪽 10km지역에서, 06:03분경 NLL 남쪽 0.5-3km 해상에서, 그리고 13:35 2척 등 총 6척이 북방한계선을 넘어 NLL 남방 7-8km일대까지 침범하였다. 이에 따라 한국 해군 고속정 10여척과 대치하다 17:50 NLL 북방으로 이동하였으나, 북한 경비정 1척이 추가로 NLL 남방 2km까지 침범하였고 20:55 NLL 북방으로 이동하였다.[173]

국방부, 『국방백서 1999』, p. 197; 해군본부, "제1연평해전," http://www.navy.mil.kr/mbshome/mbs/navy/subview.do?id=navy_060406010000; 제204회 국회, 국방위원회회의록 제1호, "1. 북한 경비정 서해 NLL 침범사건 등 현안보고," 1999년 6월 10일, pp. 3-4.

171) 『조선일보』 1999.6.10; 『동아일보』 1999.6.10; 『중앙일보』 1999.6.10; 국방부, 『국방소식』, 1999.7, p. 14.

172) 『중앙일보』 1999.6.10; 『조선일보』 1999.6.10; 『동아일보』 1999.6.15.

6월 11일 03:36부터 13:40까지 북한 경비정 4척이 NLL을 13.9㎞를 침범하고 한국 고속정에 충돌을 시도하자, 한국 고속정은 이에 맞대응 충돌하여 북한 경비정 2척을 대파하고, 2척은 손상을 입혔으며 한국 고속정은 4척이 경미한 손상을 입었다. 교전이 일어난 15일 08:45 북한 경비정 4척이 NLL을 침범하여 한국 고속정에 충돌을 시도하였고, 09:04 북한 어뢰정 3척과 7척의 함정이 한국 관할해역을 침범하여 한국 초계함에 고속으로 접근하자, 09:07 한국 고속정 6척이 북한 어뢰정에 역충돌을 시도하였다. 북한 함정에서는 수류탄 4-5발을 던지고 경비정과 합세하여 소총사격과 25mm 기관포를 발사하기 시작했고, 추가로 증원된 3척의 경비정을 포함하여 총 10척의 함정들이 한국측 함정을 향해 공격해왔다. 북한 함정의 선제 기습공격에도 불구하고 한국 해군은 북한 함정들을 향해 돌진하며 40mm와 76mm 기관포로 응사하여 북한 함정을 격퇴하였다. 교전이 발발한지 14분 만에 10척의 북한 함정들 중 어뢰정 1척 침몰, 대형 경비정 대파, 중형 경비정 2척 반파(기동불능상태로 예인), 소형 경비정 2척 파손 등 북한 측은 최소 30여명 이상의 사망과 70여명이 부상당하였다. 반면 한국 해군의 피해는 4척의 고속정과 1척의 초계함만이 기관실과 선체 일부가 파손되고, 9명의 장병들이 비교적 가벼운 부상을 입었다.[174]

173) 『동아일보』 1999.6.11; 『조선일보』 1999.6.11.
174) 해군본부, "제1연평해전,".

3. 위기관리 과정

1) 초기 대응

6월 11일 03:50 북 경비정 4척과 09:30 2척이 NLL 남쪽 10-11km 지점까지 넘어왔다. 이 지점은 해군이 무력대응을 가능한 자제하기 위해 설정한 완충구역 끝을 1km 가량 남겨둔 위치였다. 이에 한국군 고위관계자들은 합참 지휘통제실에서 08:00부터 긴급 군사상황회의를 열어 강경 대응방침을 확인했다. 11시경 조성태 국방장관은 틸러리 한·미 연합군사령관과 국방부에서 긴급회동을 갖고 유사시 미군 측의 지원을 요청하고 전투기와 이지스함 등 전력증강 배치를 요청하였다. 한편 완충구역 남단 1-3km 지점까지 내려온 북한 경비정 4척이 고속정에 충돌공격을 시도하였다. 이에 대응해 아군 고속정(150톤) 10여척은 11:40-12:05사이 북한 경비정 4척(상하이급 150톤, 대청급 400톤, SO-1급 250톤)에 대해 후미 밀어내기식 충돌공격(레밍전법)을 구사했다. 충돌공격을 받은 북한 경비정 중 2척이 선미와 선체가 파손되어 운항이 어렵게 되자 나머지 2척이 예인하여 13:40 NLL 북방으로 이동하였다.[175] 아군 고속정들은 북상하는 경비정을 추적하다가 북한 해안에 배치된 83-95km 실크웜(Silkworm) 및 샘릿(Samlet) 지대함 미사일과 해안포의 공격징후를 포착하여 완충구역 남단 지역으로 물러나 경계활동을 전개했다.[176]

한편 11:40부터 아군 고속정과 북한 경비정의 충돌이 시작되자 한 · 미 연합군사령부에도 비상이 걸려 위기조치반이 소집되었다. 이들은 연합

---

175) 김병석, "서해해전: 국군 사령탑의 단계적 대응과정," 『월간조선』 1999.7, p. 670.

176) 『동아일보』 1999.6.12; 『조선일보』 1999.6.12; 『중앙일보』 1999.6.14; 해군본부, "제1연평해전,".

사 지하벙커인 'CC 서울'에서 미국 첩보위성과 U-2 정찰기 등 각종 정찰 장비로부터 들어오는 북한군 동향과 서해 남북한 해군대치상황을 예의 주시했다. 16:10-16:45 북한 경비정 7척은 다시 NLL 남쪽 3km지점까지 내려와 아군 고속정과 대치하다가 3척은 18:45, 잔여 4척은 23:40 NLL 북쪽으로 철수했다.[177] 한국 합참은 이날 오후 충돌공격에 대한 북한의 보복에 대비, 전군에 경계강화 지시를 하달하였다. 외교적 조치와 관련하여 유엔군사령부는 6월 11일 오후 북한의 서해상 영해침범과 관련 조속한 시일 내 유엔사·북한군간 장성급회담 개최를 제의했으나 북한은 거부하였다. 한편 이날 오후 1674명의 금강산 관광객은 차질 없이 관광 일정을 진행하고 있었다. 북한 인민군 판문점대표부는 11일 22:50 중앙방송과 평양방송으로 보도된 성명을 통해 북한영해를 침범한 남한 전투함의 즉각적 철수와 영해 침범에 대한 사죄, 그리고 이번 해상 도발사건으로 인한 모든 결과에 대한 책임을 요구했다. 아울러 장성급회담을 거부하고, 남한의 무모한 도발이 계속될 시 강력한 자위적 화력타격을 보게 될 것이라 경고했다.[178]

6월 12일 10:15, 북한 경비정 6척이 침범하자 해군 고속정과 초계함이 북한 경비정에 대한 선수항로 차단과 포위기동으로 남하를 차단하였다. 특히 11시경, 북한 경비정 4척은 아군 고속정에 전속력으로 정면 돌진하여 충돌을 시도했으나, 그중 2척이 기관고장으로 실패하고 17:45 6척 모두 NLL 북방으로 이동하였다. 13일 06:10-16:00 북한 경비정 4척은 NLL을 침범하여 최대 9km까지 남하하였고, 이후 2척이 침범하여 총 7척이 NLL

177) 『조선일보』 1999.6.12.

178) *The New York Times*, June 13, 1999; 『중앙일보』 1999.6.12; 『조선일보』 1999.6.12.; 김병석 (1999), pp. 670-671.

남방 2-5km에서 활동하다 18:45-20:00에 NLL 북방으로 이동하였다. 한편 17:30-18:27, 경비정 보다 위협적인 신흥급 어뢰정 3척이 NLL 남방 최대 7.5km까지 침범 후 고속해상 시위를 벌이다 해주 기지로 철수하였다. 이날 오후 해군당국은 우발적 교전상황시 화력지원을 위해 NLL 남방 40km해역에 2함대사령부 초계함과 호위함을 주둔시키고 4천톤급 구조함을 작전지역에 투입하기로 결정하였다. 정부는 6월 12일에 이어 13일 오후, 임동원 통일부장관 주재로 외교부장관, 국방장관, 국정원장 등이 참석하여 NSC 상임위원회를 개최하고 서해사태 대응과 장성급회담 전략 등을 논의했다. 국방부는 어뢰정 출현으로 긴장이 높아지자 2차 대북 성명을 발표하고 "북한 측의 어떠한 북방한계선 침범도 결단코 용납하지 않을 것"이라 강력하게 경고하였다. 한편 북한은 유엔사가 제의한 6월 9일의 비서장회의와 11일과 12일 제의한 장성급회담 개최를 거부하다가 13일 장성급 회담수용을 통보해와 6월 15일 오전 10시 판문점 정전위 회의장에서 열기로 하였다.[179] 이런 상황 속에서 북한에 지원할 비료 6천 톤을 싣고 10일 밤 해주항에 들어갔던 광양 33호는 하역을 무사히 마치고 12일 밤 귀환했다. 또한 추가 지원분 5천 톤을 실은 선듀크호가 13일 남포항에 들어갔다.[180]

6월 14일 오전 7시쯤 북한 경비정 4척이 잇따라 연평도 서쪽 10km 해상에서 NLL 남쪽 4km 해상까지 침범했으며 꽃게잡이 북 어선 14척도 NLL 남쪽 2km 해상까지 넘어왔다. 해군은 북 경비정이 더 이상 남하하지 못하도록 이번 사태이후 처음으로 오후 2시부터 NLL 남쪽 4km 지점

179) 『조선일보』 1999.6.14., 1999.6.15; 『동아일보』 1999.6.15; 『중앙일보』 1999.6.14; 김병석(1999), p. 671.
180) 『중앙일보』 1999.6.14.

에서 초계함(1200톤급)을 직접 작전에 투입, 고속정과 함께 2개 혼합편대를 만들어 V자 형태로 두 방향에서 포위해 북방으로 몰아내는 밀어붙이기식 압박 작전을 전개했다. 한편 11일 전군에 내린 비상경계태세를 계속 유지하도록 하였고, 이에 따라 5공수여단 등은 전부대원이 출동대기상태를 유지하였고, 공군도 전투 초계비행과 조기경보체계를 평상시보다 2배 이상 증가시켰다.[181)]

2) 위기 정책결정

6월 15일 06:10-07:25 북한 경비정 2척이 어선 15척에 합류하여 NLL을 침범하였다. 08:45 북한 경비정 2척이 NLL을 추가로 침범하였고, NLL 남쪽 2-5km지점에서 해군 초계함 1척과 고속정 4척에 충돌공격을 감행하였으나 실패하고 남북 함정간 혼전이 진행되었다. 09:04에는 북한 어뢰정 3척이 어뢰 발사관을 개방한 채 고속으로 침범 아군함정에 접근하였다. 9:05 아군 고속정 4척이 북 경비정 3척을 충돌저지 하였고, 09:25 해군 고속정 3척이 북한 경비정 2척과 어뢰정 1척에 충돌공격을 펴자 09:28 북한 경비정(상하이급 PC381호 155톤)이 아군 고속정(참수리-325/338)에 개량형 AK소총으로 선제사격을 가하였고, 추가로 증원된 3척의 경비정을 포함 총 10척이 소총과 25mm 기관포로 아군 함정을 공격해왔다. 해군은 교전수칙에 따라 고속정의 22mm 발칸포 및 40mm 기관포와 초계함의 76mm 자동 속사포로 응사하였다. 교전은 09:42까지 진행되었으며 한국 해군은 엑조세 및 하픈 미사일 사용을 자제하였고, 북 어뢰정에서도 기관포를 쏘는 이외에 어뢰를 발사하려는 움직임은 포착

181) 『국민일보』 1999.6.15; 『조선일보』 1999.6.15; 『중앙일보』 1999.6.15.

되지 않았다.[182] 교전 14분 만에 10척의 북한 함정들 중 어뢰정(40톤) 1척이 침몰되고 5척이 크게 파괴되었으며(구잠함 420톤은 선체파손 및 기동력 저하, 중형경비정 1척은 절반 침몰, 1척은 기동불가, 소형경비정 2척은 기관실 파손) 많은 인원이 손상을 입고 09:48 북으로 철수하였다. 한국 해군은 고속정 5척이 경미한 손상을 입었으며 9명이 가벼운 부상을 입었다. 해군 함정은 전과확대가 가능하였으나 북한이 침몰함정에 대한 예인과 인명구조를 할 수 있는 시간을 주기 위해 추격작전을 실행하지 않았다. 10:00-11:30 북한 경비정 9척은 긴급 철수하여 NLL 북방 2km에 위치하였고, 북한 지대함 유도탄(쪽다리 지역의 실크웜) 발사 징후가 포착되어 확전방지와 함정의 안전을 위해 아군 고속정과 초계함은 완충구역 남단으로 긴급 대피하였다.[183]

3) 위기 해결

6월 15일 10:00 판문점에서는 유엔사와 북한군 간에 서해사태를 논의하기 위해 장성급 회담이 열렸다. 유엔사측은 회담에서 서해 긴장완화를 위해 남북한 양측이 NLL로부터 일정거리 이상으로 해군력을 철수시킬 것을 북한측에 제의했다. 그러나 북한 측은 NLL이 북한에서 12해리 이내이기 때문에 북한 영해라는 주장을 되풀이하고 한국 해군 함정의 즉각적인 철수를 요구하여 합의점을 찾지 못했다.[184]

국방부는 교전 직후 서해 5도 인근 해군부대와 2함대사령부, 해병여단

182) 『중앙일보』 1999.6.17; 『시사저널』 1999.7.1, p. 32.

183) 국방부, 『국방백서 1999』, p. 198; 해군본부, "제1연평해전,".

184) UNC/CFC/USFK/EUSA Public Affairs Office, "UN Command and North Korean Generals Discuss Naval Incidents," *News Release*, Release No. 990611.

등에 데프콘(DEFCON: Defense Readiness Condition) 3에 준하는 방어준비태세령이 발령되었고, 6월 11일 첫 충돌작전이후 소집된 한·미 연합사 위기조치반은 교전 직후인 11:00, 대북 정보 감시태세를 심각한 위협이 존재할 때 발동하는 워치콘(WATCHCON: Watch Condition) 2를 발령하였다. 한편 정부는 14:00 NSC 상임위원회를 긴급 소집하여 "서해 북방한계선 침범과 무력도발로 인해 야기된 교전사태에 대해 북측에 엄중히 항의한다"는 공식입장을 발표했다. 황원탁 NSC 사무처장은 6월 21일로 예정된 차관급 회담과 비료지원, 그리고 금강산 관광은 변함없이 추진된다고 밝혔다. 연평해전 발생 무렵, 금강산 관광 및 한반도에너지개발기구(KEDO) 요원 등 1970여명의 한국 국민이 북한에 체류하고 있었고, 대한적십자사의 대북 비료지원 선박이 북한에 입항하였고 금강산 관광선의 운항이 계속되고 있는 상황이었다. 한편 오후 3시 김진호 합참의장과 존 틸럴리 한·미 연합군사령관은 한·미 군사위원회를 열고 교전에 따른 한·미 연합군의 위기관리방안을 논의한 뒤 미군전력을 신속히 증강시키기로 했다.[185) 그러나 6월 7일부터 15일까지 계속된 북한 경비정의 NLL 침범이 15일 교전이후 중단되어 위기상황이 해소되었다.

4. 위기관리 리더십 요인 분석

1) 위기 인식

제1연평해전 당시 한국의 대북 위기관리의 딜레마는 북한 경비정의

185) 『조선일보』, 1999.6.16. 제204회 국회, 국방위원회회의록 제2호, "1. 서해상 교전사태 관련 현안보고," 1999년 6월 17일, pp. 4-5.

NLL 침범과 교전으로 야기된 국가이익의 침해에 대한 군사적 대응과, 동시에 위기확대로 인한 전쟁을 억제하기 위한 외교적 대응간의 상충된 요구를 적절히 조화시켜야 한다는 것이었다. 특히 한국 정부는 햇볕정책의 기조 하에서 군사적 충돌은 피하면서도 북한의 무력도발은 용납할 수 없는 상황에서 두 가지 상충된 요구를 실현시켜야하는 딜레마에 직면했다.

사건 초기단계 당시 한국 정부는 북한의 NLL 침범의도를 꽃게잡이 어선의 보호 정도로 인식하여 위기목표 설정에 혼선이 있었다. 결국 NLL 침범 4일 후인 6월 10일에 개최된 NSC 상임위원회에서 결정된 위기목표는 북한 경비정의 퇴각, NLL의 현상유지 및 평화적 위기해결이었다. 한국은 햇볕정책의 기조 하에 북한을 되도록 자극하지 않고 남북관계를 악화시키지 않으려는 유화적 의도를 전달하려 노력했다. 북한 경비정이 퇴각하는 선에서 위기확대를 방지하고, NLL을 고수한다는 제한된 위기목표 하에 침해된 국익을 보호하려했다. 한편 북한의 도발의도는 NLL의 무력화 시도 및 분쟁 구역화, 햇볕정책의 무력도발 불용의 원칙 시험, 한반도 긴장고조를 통한 대남·대미 협상력 강화, 미국의 한반도 위기대응태세 점검 등으로 볼 수 있다.[186]

이러한 위기인식과 목표 하에서 한국은 북한 경비정 침범에 대해 경량급 해군 함정인 고속정 및 제한된 범위 내에서 무기체계를 전개하였고, 북한의 대응에 상응하는 순차적 대응을 하였다. 6월 11일 북한의 충돌공격 감행에 대응해서 후미 밀어내기식 충돌기동으로 대응하였고, 6월

186) Suh Young-Kil, "The Naval Battle of Yeon Pyung, the West Sea," In My View, *Naval War College Review*, Vol. LIII, No. 2 (Spring 2000), pp. 191-193. 서영길, "연평해전이 남긴 교훈," 『해양연구논총』 제24집 (2000년 6월), pp. 479-481 참고.

13일 북한 경비정과 어뢰정이 NLL 남방 9km까지 남하했을 때 4천톤급 구조함과 상륙함 등 대형함정을 투입하였다. 6월 15일 북의 선제사격에 대해서는 이에 상응하는 함정사격을 하였다. 특히 대규모 함포사격, 미사일 공격 및 전투기 공격을 자제하였다. 북한 또한 자신의 정치·전략적 의도를 관철시키기 위해 서해해상에서 국지전을 수행하였고 대규모 함정투입 및 어뢰정과 미사일 공격을 자제하였다.

결국 한국은 북한 경비정의 퇴각, NLL의 현상유지 및 평화적 위기해결이라는 제한된 위기목표 하에 시위기동, 선수항로 차단과 선회 포위기동, 밀어내기 기동, 맞대응 충돌기동, 즉응사격대응 전술[187]을 구사하면서 제한된 함정의 운용을 통해 위기관리를 하였다.

2) 위기 정책결정과 조정

6월 7일부터 시작된 북한 경비정의 침범 4일 만인 6월 10일 오후에 정부는 처음으로 NSC 상임위원회를 개최하여 다음과 같은 위기대응 지침을 결정을 하였다. 첫째, 북방한계선을 지상의 분계선과 같이 확고히 지킨다. 둘째, 이를 위해 서해 해당해역에 해군 함정을 증강 · 투입한다. 셋째, 북한의 모든 함정을 NLL 북방으로 철수시킬 것을 촉구하며 철수하지 않음으로써 야기되는 사태에 대해선 그 책임이 북한에 있다.[188] 한편 김대중 대통령은 연평해전시 군에 대해 NLL 수호, 선제공격 자제, 북한 선제공격시 단호히 분쇄, 전쟁확대에 유의 등 4가지 지침을 하달

187) 강영오, 『해양전략으로 풀어본 한 · 일가상독도해전』 (서울: 연경문화사, 2000), p. 192; 김태준, "연평해전의 전술적, 전략적 그리고 정치적 의미와 가치에 대한 연구," 『해양전략』 제107호 (2000. 6), p. 50.

188) 『조선일보』 1999.6.11.

했다. 아울러 6월 8일과 14일 국방부장관의 NLL 수호, 밀려서는 안 된다는 지시 및 선제무력사용 금지방침이 해군의 제한된 군사작전 수행에 영향을 미쳤다고 볼 수 있다.[189)]

한편 조성태 국방장관은 존 틸러리 한·미 연합군사령관에게 상황 악화시 미국 측의 협조를 요청하였다. 아울러 정부는 즉각 해군 함정을 출동시키는 군사적 대응조치를 취하는 한편 남북한 군함의 대치장소가 비료 수송지의 하나인 북한 해주항으로 가는 길목이기에 대북 비료수송에 차질이 빚어질 것을 우려하였다. 실제로 정부는 2차 지원분 6000톤을 싣고 9일 0시 울산항을 출발해 해주로 가려던 비료수송선의 출항을 10일 오후 4시로 연기하고 항로도 남북대치 수역을 우회하도록 긴급 조치했다.[190)]

위기 정책결정 과정에서 군사적 조치의 선택에 대한 최고지도부의 정치적 통제가 중요하다. 위기 초기단계시 북한 경비정의 침범을 꽃게잡이 보호를 위한 월선으로 인식하고 NLL 근해에서 한국 해군의 해양전투단(MAG)이나 고속정 편대가 해양시위기동을 수행하지 않은 것은 김대중 대통령과 정책결정자들의 햇볕정책에 대한 의지가 국방부, 합참, 해군에 직·간접적으로 전달되었기 때문이다. 6월 11일 북한 경비정에 대한 밀어내기 충돌작전과 6월 15일 북한의 선제 공격시 대응공격은 NSC 상임위원회에서 강경 대응방침에 따른 것이다. 구체적 작전에 대해서 상임위원회로부터 위임받은 군은 국가지휘부의 정치·외교적 의도를 반영한 군사작전을 전개하였다고 할 수 있다.[191)]

189) 강영오(2000), p. 199; 유성운, "1999년 1차 연평해전 때 북한 사상자 130여명 달해 주장 제기," 『중앙일보』, 2014.11.23.

190) 『중앙일보』 1999.6.11; 『동아일보』 1999.6.11.

한편 한국은 확전방지와 위기통제를 위해 북한에 시간적 여유를 주고 북한의 군사력 전개의 수준에 상응하는 순차적 대응과 유연한 위기조치를 취하기 위해 노력하였다. 6월 7일 북한 경비정의 침범 이후 해군은 NLL에 근접하여 봉쇄작전을 펴지 않고 완충구역 남단에서 북 경비정 퇴각을 위해 경고방송과 물포 등을 쏘면서 북한 경비정을 설득하였다. 당시 한국 해군은 북한 해군에 대한 전력의 우위로 자신감을 가지고 있었고, 연평도 인근해역은 수심이 얕아 고속정 이외 대형함정이 근접 기동하기 어려운 상황이었다. 6월 11일에 가서 후미 밀어내기식 충돌공격으로 대응하였고 6월 14일에 가서 NLL 남쪽 2km 더 이상 넘어오지 못하도록 밀어붙이기식 압박작전을 수행하였다.

효과적인 위기관리를 위해 사용되는 군사력은 정치·외교적 행동과 조율된 군사적 행동, 제한된 외교목표와 일치된 군사력 위협, 대규모 전투에 의지하려한다는 인상의 회피 등을 고려해야한다. 한국은 북한 경비정의 NLL 북방으로의 퇴각과 NLL 사수라는 제한된 위기목표를 추구하기 위해 외교·군사적 조치를 수행하였다. 외교적 조치로는 6월 21일 예정된 이산가족문제 논의를 위한 북경 차관급회담의 개최의지를 보이며 예정된 비료수송을 계속 진행시켰고, 동해에서는 금강산 관광선 운항을 중단시키지 않고 계속 진행하였다. 이러한 조치는 북한의 도발의도를 NLL 지역의 분쟁 구역화를 통한 대남협상 및 예정된 차관급회담에서 협상의 지렛대로 활용할 것이라 판단하고, 이러한 정치적 의도를 위해서 북한이 위기확대를 초래하지 않으리라는 위기인식에 근거하였다. 따라서 한국 정부는 서해사태를 과민하게 반응하지 않고 비료수송과 금강산

191) 『News+』, 1999.7.1., p. 23.

관광을 진행하여 북한에게 한국의 위기확대 방지와 평화로운 해결의지를 전달하여 예정된 차관급회담을 성사시키고 남북 간의 화해와 관계개선에 악영향을 미치지 않으려 노력하였다.

한편 제한된 군사적 조치로 한국 해군은 6월 7일-13일 북 경비정 침범에 대해 설득하여 퇴각시키려 완충구역 남단에서 차단작전을 수행하였다. 6월 11일에는 북 경비정에 대한 후미 충돌공격 후 고속정을 뒤로 후퇴시켜 북 경비정의 퇴각을 허용했고, 14일에는 대형함정을 투입 NLL에 근접하여 봉쇄작전을 실시하였다. 한편 육군과 공군의 대비태세는 갖추되 공세적 무기체계를 동원하지 않았고 6월 15일 교전 직후에야 DEFCON 3에 준하는 방어준비태세를 발령하였다. 한국이 DEFCON 3에 준하는 방어준비태세로 연평해전을 수행한 이유는 1994년 12월 합참의 평시작전통제권 환수로 DEFCON 3전까지 상황 또는 한·미가 합의한 시점까지 한국 합참이 작전통제권을 행사할 수 있기에, 연합사의 정보 및 경보체제 운용의 지원을 받으면서 비교적 독자적 위기관리를 위한 조치를 위한 노력으로 평가할 수도 있을 것이다. 교전 당시에는 북의 선제공격이 있은 후에 상응하는 보복전략(tit-for-tat)을 구사하였고, 교전 이후 북한이 침몰되고 손상된 경비정과 어뢰정을 예인하여 퇴각하도록 추가 공격과 추격작전을 전개하지 않았다. 한편 교전 직후 북한 쪽다리 지역 지대함 미사일(실크웜) 발사 징후를 포착하고 고속정과 초계함을 완충구역 남단으로 긴급 대피함으로 대규모 전투를 회피하려는 위기통제를 위한 한국의 의도를 전달하였다. 결국 공격은 하지 않고 북 함정을 NLL 북쪽으로 철수시켜야하는 어려운 상황을 해결하기 위해 제한된 시위기동과 탐색전을 펼쳤다.[192)]

그러나 초기단계에서 북한의 의도파악에 대한 혼선 및 NLL 근해에서 해양시위의 부재는 사태의 조기종결을 저해했는지에 대한 문제가 제기될 수 있다. 한국 정책결정자들은 북한이 NLL 침범을 위기확대로 전개시키지 않을 것이라는 점과 교전이 발생해도 국지전으로 한정지을 것이라는 위기역동성 이미지를 가지고 있었다. 이는 서해에서의 해군력 전개와 교전상태에서도 비료수송과 금강산 관광의 변함없는 진행으로 보아 드러난다. 한국은 강경한 대북 경고 및 대응으로 예정된 차관급회담의 성사여부에 부정적 영향을 미칠 것을 우려해 초기 NLL 근접 해양시위의 시점을 놓치고 완충구역 남단에서 봉쇄함으로, 북한에게 한국의 해상경계선 수호의지를 단호히 보이지 못했고 북한의 의도인 NLL 분쟁구역화의 명분을 제공하였다고 볼 수 있다. 결국 북한은 전투에는 실패하였으나 정치·전략적으로 이득을 달성했다고 볼 수 있다.[193] 당시 해군 현장 지휘관들은 북한에 보다 더 강압적인 대응을 하려는 심정이 많았으나 상급부대로 선제발포를 자제하라는 명령이 있었다고 한다.[194]

한편 비료수송의 강행과 금강산 관광의 진행은 위기확대를 피하고 전쟁을 원치 않는다는 위기관리를 위한 외교조치를 넘어선 일방적 유화정책으로 볼 수 있다. 오히려 이를 중단시켜 외교적 제재조치로 활용해야 했으나 예정된 남북차관급회담이 결렬을 우려해 상호주의 원칙을 포기하고 계속 진행시켰다. 따라서 북한에게 관광객의 안전을 담보로 한 흥정의 기회를 주어 민영미씨 억류사건(6월 20일-25일 억류)을 초래하였고,

192) 김태준, "연평해전의 전술적, 전략적 그리고 정치적 의미와 가치에 대한 연구," p. 53.
193) 한국전략문제연구소, "서해사태 평가와 향후 대비방향", 『정책토론회 결과보고서, 99-7』, p. 13.
194) 유용원, "인터뷰: 서해 교전사태의 사령탑 조성태 국방장관," 『월간조선』 1999.7, p. 676.

대북 흥정의 주도권을 북한에 넘겨주는 결과를 낳았다.[195] 결국 외교적 조치와 군사적 조치의 혼선이 야기되었고, 이는 효과적 위기관리에 문제점으로 지적될 수 있다.

3) 위기 커뮤니케이션

한국은 북 경비정의 NLL 침범에 대한 군사작전을 수행하면서도 비료 수송 문제와 차관급회담 성사여부를 우려했고, 교전 이후 6월 15일 NSC 상임위원회에서는 예정된 북경 차관급회담과 비료지원의 변함없는 추진과 차관급회담에서 서해사태를 거론할 의사가 없으며 우선적으로 합의된 이산가족문제를 협의할 것이라는 협상의사를 표명하였다. 아울러 유엔에 상정하겠다는 계획은 검토된바 없다고 함으로써 서해사태를 되도록 확대시키지 않는 범위에서 해결하려는 입장을 밝혔다. 6월 15일 교전 직후 한·미는 위기시 대화채널로 장성급회담을 제의하고 개최하였다. 간접적 위기 대화채널과 관련해서는 당시 중국정부는 한국대사관에 브리핑 요청하여 한국 측은 북한의 선제발포에 대한 한국 해군의 응사로 시작된 연평해전 상황을 중국에 설명하였다고 한다. 한국은 위기확대의 의사가 없음을 주지시키고 북한에 대한 중국의 영향력 행사 요청하였고 실제 중국은 대북채널을 통해 북한에 한국의 의사전달을 했을 것으로 판단된다. 그러나 북한의 NLL 침범에 대한 명확한 한국의 입장을 전달하지 못하고 차관급회담에서도 이 문제를 거론치 않은 것은 문제점으로 지적될 수 있다. 결국 북한은 북경 차관급회담에서 서해교전을 문제 삼

195) 민영미씨 억류사건으로 금강산 관광선 출항은 6월 21일 중단되었다가 8월 5일 재개되었다.

아 당초 의제인 이산가족문제를 외면하였다.

한편 위기상황 악화와 전면전으로의 확대를 억제하기 위해서 적대국의 기본적 이익과 양립될 수 있는 퇴로의 조성과 협상 분위기 조성은 적대국의 전략적 손익계산에 영향을 미쳐 위기해결의 모색하는 중요한 문제이다. 한국은 남북간 대화의 분위기가 조성되는 기간 중에 북한의 호전적 도발에 직면하여 북한을 자극하지 않으려는 노력을 하였다. 북한 경비정의 NLL 침범은 남북간 NLL에 대한 사소한 갈등으로 한정하고 이 문제로 인해 남북대화 분위기를 저해하고 긴장구도가 형성되는 것을 피하려 하였다. 그러나 NLL 문제는 이미 쌍방이 46년간 준수해온 문제이고 1991년 남북기본합의서에서 합의된 해상 경계선이기에 남북 간에는 이익의 비대칭(asymmetry of interests)이 작용됨을 주지시킬 필요가 있었다. 즉 북한에 대한 NLL 준수요구는 공세적 양보의 요구가 아니며 북한의 국익에 크게 저해되지 않는 사안이나, 한국에게 NLL 침범은 군사적 도발이며 영해의 침범이기에 반드시 수호해야할 국익임을 엄중하게 전달할 필요가 있었다.

결론적으로 제1연평해전 당시 한국의 위기관리 행태를 평가하면, 위기관리를 위한 위기통제와 강압흥정적 측면을 적절히 배합하여 성공적인 위기관리 행태를 보였다고 할 수 있다. 그러나 위기통제와 강압흥정의 절적한 배합에 기반을 둔 위기관리 요건의 운용측면에서 보면 다음과 같은 문제점이 지적될 수 있다. 우선 위기목표의 설정의 지체와 혼선이 야기되었다. 북한의 무력도발은 한국의 국익을 침해하는 일이며 남북의 평화와 안정을 저해하는 일임을 초기단계에 설정하고 북한에 주지시키지 못했다. 둘째, 위기확대를 피하기 위한 외교적 조치는 다양한 위기

대화채널 운용, 위기해결을 위한 요구조건 제시, 외교적 제재조치 및 압력 등의 다각적인 방법으로 운용되었어야 했으나, 한국이 취한 외교적 대응은 유화적 조치로 사용되어 실효성을 달성할 수 없었다. 이로 인해 외교적 조치와 군사적 조치의 운용에 혼란이 야기되어 서해에서는 남북 함정이 충돌·교전하는 중에 비료수송 선박이 운항했으며, 동해에서는 금강산 관광선이 출항하는 일이 발생했다.

Ⅱ. 연평도 포격(2010)[196]

1. 위기사건 배경

2010년 3월 26일 천안함 피격사건 이후 한국의 대북 억제력 강화와 제재조치가 취해지는 가운데, 남북한은 2010년 3차례의 적십자 실무접촉을 통해 이산가족상봉행사 및 차기 적십자회담 개최에 합의하여, 10월 30일부터 11월 5일까지 금강산에서 이산가족상봉행사를 개최하였다. 또한 2010년 11월 25일 적십자회담을 개최하기로 예정한 상황이었다.[197]

한편 미국은 북한에 대한 맞춤형 경제제재를 강화하기 위해 8월 30일 행정명령 13551호에 의거하여 재래식 무기, 사치품 구입 및 불법활동에 대해 제재대상을 지정하고, 기존 행정명령 13382호에 의거 대량살상무기(WMD) 개발 및 수출과 연련된 제재대상을 추가로 지정했다. 이에 대해

196) 윤태영, "한국의 대북한 위기관리 평가와 발전방향: 천안함 피격사건과 연평도 포격도발을 중심으로," 『정책연구』 통권 183호 (2014 겨울호) pp. 109-117 내용을 재구성하여 수정·인용 및 보완.

197) 통일부, 북한정보포털, 남북관계지식사전, "남북적십자회담," http://nkinfo.unikorea.go.kr/nkp/term/viewKnwldgDicary.do?pageIndex=5&dicaryId=152&searchCnd=0&searchWrd=.

북한은 천안함 사건 연루를 부인하면서 한·미 연합훈련에 대항하여 핵억제력을 통한 보복성전을 시작하겠다고 위협하면서, 경제제재에 대해서는 물리적 조치를 예고하였다. 또한 북한은 한국의 군사적 억제력 강화방침과 미국의 경제제재가 진행되는 가운데, 2010년 11월 9-13일 스탠퍼드 대학교 헤커(Siegfried Hecker) 소장이 북한을 방문했을 때 우라늄 농축 시설을 공개하였다.[198)]

이러한 상황이 전개되는 가운데 한국군 연평부대는 11월 22일부터 11월 30일까지 예정된 호국훈련을 진행 중이었다. 북한은 11월 23일 08시 20분에 한국군이 진행 중인 호국훈련과 관련해서 "북 해역에 한 발의 포탄이라도 떨어진다면 물리적 대응조치를 취할 것"이라는 장성급군사회담 단장 명의의 전통문을 보냈다. 한국 연평부대는 북한의 통상적인 협박으로 판단하고 11월 23일 10시 15분부터 14시 30분까지 북방한계선(NLL) 이남의 한국 해상사격구역에서 정례적인 해상사격 훈련을 실시했다.[199)]

2. 위기사건 개요

2010년 11월 23일 북한군은 연평부대의 훈련 직후인 14시 34-46분과 15:12-29분 두 차례에 걸쳐 개머리 지역에 배치된 방사포와 무도에 배치된 해안포로 연평부대와 민가에 170여발의 무차별적인 포사격을 하였다.

---

198) 『조선일보』, 2010.9.1; 2010.7.24, 통일부, "월간 북한동향," 2010.09, p. 30; 문순보, "북한의 도발 환경 비교 분석: 1968년과 2010년의 주요 사건을 중심으로," 『세종정책연구』 2012-13, p. 33.

199) 국방부, 『2010 국방백서』 (서울: 대한민국 국방부, 2010), p. 266; 통일부, "북 연평도 포격도발 관련 대응조치," 외교통상통일위원회 보고자료, 2010.11.24., p. 1; 『조선일보』, 2010.11.24.; 『연합뉴스』, 2010.12.17.

이에 대해 한국 연평부대는 K-9 자주포로 80발의 대응사격을 실시했다. 2010년 3월 26일 천안함 피격사건이 발생한지 약 8개월 후에 발생한 연평도 포격도발은 6.25 전쟁 이후 북한군이 한국 영토에 대해 최초로 직접 공격한 사건이다.[200)]

연평부대의 호국훈련 직후, 북한은 14시 34분부터 46분까지 개머리 지역에 배치된 방사포와 무도에 배치된 해안포로 연평부대와 민가에 무차별적인 1차 포사격을 하였다. 북한의 방사포와 해안포 150여발 중 60여발은 군부대와 민가를 공격했으며, 90여발은 해상에 낙탄 되었다. 연평부대는 대응사격 전 2차례에 걸쳐 경고통신을 한 이후, 14시 47분부터 15시 15분까지 K-9 자주포로 북한의 무도 해안포부대에 50발의 대응사격을 하였다. 이에 북한군은 15시 12분부터 29분까지 방사포와 해안포 20여발로 연평부대 지휘소와 레이더 기지 일대에 2차 공격을 하였다. 북한군의 2차 공격에 대해 연평부대는 15시 25분부터 41분까지 K-9 자주포로 북한의 개머리 해안포 진지에 30발의 대응사격을 하였다.[201)]

교전 결과 한국군은 연평부대원 2명이 전사하고 16명이 중경상을 입었으며, 민간인은 2명이 사망하고 50명이 중경상을 입었다. 또한 건물 133동(전파 33, 반파 9, 일부파손 91)과 전기 및 통신시설이 파손되었으며, 10군데에서 산불이 발생하는 등 많은 피해를 입었다. 북한군도 한국군 연평부대의 대응사격으로 상당한 피해를 입은 것으로 추정되며, 군인 40여명이 사상(10여명 사망, 30여명 부상) 당한 것으로 보도되었다.[202)]

---

200) 국방부. 『2010 국방백서』, pp. 21, 266; 통일부, 북한정보포털, 남북관계 지식사전, "연평도 포격 도발 사건," http://nkinfo.unikorea.go.kr/nkp/term/viewKnwldgDicary.do?pageIndex=1&dicaryId=67.

201) 국방부, 『2010 국방백서』, p. 266.

202) 국방부, 『2010 국방백서』, p. 267; 행정안전부, 『2010 행정안전백서』 (서울: 행정안전

북한의 연평도 포격 도발사건은 한국 영토에 대한 명백한 무력도발로 남북한 간에 위기가 고조된 상황을 촉발했다. 이 사건은 한반도에서 군사적 긴장상태가 가장 높은 서해 NLL 지역에서 발생한 전형적인 군사적 위기사례이다. 사건 당시 확전을 우려한 한국 최고정책결정자는 모호한 대응지침을 하달하여 위기관리 리더십에 문제점이 나타났고, 군 또한 제한적인 교전규칙 적용하고 미흡한 전투대비태세를 보여 많은 비판이 제기되었다.

3. 위기관리 과정

1) 초기 대응

한국군은 북한의 연평도 포격 직후 11월 23일 14시 35분에 위기조치반을 소집하고 전군 경계태세를 강화하였다. 북한의 2차 포격에 대한 연평부대의 대응사격이 종료된 직후 15시 48분에 한국군은 도발행위를 즉각 중지하도록 촉구하는 대북 전통문을 장성급군사대표 명의로 발송했다. 14시 50분경 국지도발에 대한 한국군 최고의 경계태세인 '진돗개 하나'가 발령되었고, 15시 45분경 한·미 대북 감시태세인 워치콘(WATCHCON)이 3단계에서 2단계로 격상되었다. 15시 40분부터 16시까지는 한국 합참의장과 한·미연합사령관이 화상회의를 통해 연합위기관리태세를 선포하는 방안을 검토했다.[203]

부, 2011), p. 219.

203) 합동참모본부, "북 포사격 도발에 대한 우리 군의 조치," 2010.11.23.; 합동참모본부, "북 연평도 포격 관련," 2010.11.23.; 『조선일보』, 2010.11.24.; 제294회 국회, 국방위위원회회의록 제5호, "1. 북 연평도 화력 도발관련 보고," 2010년 11월 24일, p. 4.

연합위기관리태세가 선포되면 대북한 방어준비태세인 데프콘(DEFCON)을 3단계로 격상하는 방안이 협의되고, '데프콘 3'가 발령되면 전시작전통제권은 한국 합참의장에서 한 · 미 연합군사령관으로 이관되고 연합군사령관은 한 · 미안보협의회(SCM) 및 군사위원회(MC)의 전략지시와 작전지침을 받아 작전통제 권한을 행사한다. 그러나 연합위기관리태세가 선포되더라도 '데프콘 4'가 유지되면 한국 합참의장이 한국군을 단독으로 작전통제를 한다. 그러나 연평도 사건 당시 연합위기관리태세는 선포되지 않았고 데프콘도 4단계를 유지했다.[204)]

2) 위기 정책결정

연평도에 포격이 시작된 직후 11월 23일 14시 40분경 이명박 대통령은 청와대 국가위기관리센터에서 긴급 수석비서관회의를 소집하고 합참의장과의 화상회의를 통해 대책을 논의했고, "확전되지 않도록 관리를 잘하라," "단호하게 대응하되, 상황이 악화되지 않도록 만전을 기하라"고 지시했다고 보도되었다. 이어서 16시 35분 대통령은 외교안보장관회의를 소집하여 대책을 숙의했고, "북한의 도발은 명백한 무력도발이며 추가도발시 단호히 응징할 것"이라는 정부의 성명이 발표되었다. 이후 대통령의 초기지침은 "확전자제"가 아니라 "교전규칙에 따라 단호하게 대응하라, 몇 배로 응징하라, 해안포 부근에 미사일 기지도 경우에 따라서는 타격하라"는 것이었다고 발표되었다.[205)]

---

204) 『연합뉴스』, 2010.11.23; 합동참모본부, "북 연평도 포격 도발 관련 브리핑 내용-2," 2010.11.24.

205) 청와대, "북한 연평도 포격에 관한 정부 성명," 2010.11.23; 청와대, "외교안보장관회의 브리핑 2010.11.23; 『조선일보』, 2010.11.24. 대통령의 지시사항에 대한 논란은 김종대,

한편 공군은 14시 34분 북한군의 해안포가 발사되자 4분 뒤 KF-16 2대를 비상 출격시켰고, 이어 6분 뒤 F-15K 4대와 14시 46분에 KF-16 2대도 추가로 출격시켰다. 한국군이 대응포격을 하자 북한 공군 전투기들이 출격하였고, 한국 공군 전투기들도 북측 전투기에 대한 공대공 임무를 수행하기 위해 출격한 것이었다. 교전이 끝나고 한국 전투기들은 공대지 미사일을 탑재하고 북한 해안포와 미사일기지를 타격할 준비태세를 갖추고 출격했으나 북측이 더 이상 추가도발을 하지 않아 실행하지 않았다.[206)]

이명박 대통령은 20시 37분 합동참모본부를 방문하여 추가도발에 대한 대비와 향후 대응을 논의하고 "북한이 공격태세를 갖추고 있음을 볼 때 추가도발도 예상되므로 몇 배의 화력으로 응징을 한다는 생각을 가져야한다," "다시는 도발할 수 없을 정도로 막대한 응징을 해야 한다고 생각한다"고 밝혔다. 또한 합동참모본부에서 한·미연합사령관에게 화상으로 보고를 받고 "북한이 다시 도발한다면 한·미가 힘을 모아 응징해야한다"고 말했다.[207)] 외교적 조치차원에서 대통령은 11월 24일 미국, 일본, 영국, 독일 등 정상들과 전화통화를 통해 북한 도발을 규탄하고 국제사회의 공조를 이끌어내고자 노력했다.[208)]

초기 위기상황이 종결되면서 정부는 향후 정책방향 수립과 대응태세를 점검하기 시작했다. 대통령은 11월 24일 오전 청와대 수석비서관회의에서 적극적인 대응이 가능한 방향으로 교전규칙의 수정을 검토하고,

---

『시크릿 파일 서해전쟁』(서울: 메디치미디어, 2013), p. 299 참고.
206) 『연합뉴스』, 2010.11.23; 『중앙일보』, 2011.3.28.; 김종대(2013), p. 298.
207) 청와대, "이 대통령 합참방문 관련 브리핑," 2010.11.23.; 『조선일보』, 2010.11.24.
208) 청와대, "각국 정상과의 전화통화 관련 브리핑," 2011.11.24.

서해 5개 도서에 군 대응 전력의 보강을 지시했다. 한편 국회는 11월 25일에 연평도 무력도발 사건에 대한 규탄 결의문을 채택했다. 11월 29일 대통령은 연평도 포격도발 관련 대국민 특별담화를 발표하고, 북한의 도발행위를 반인륜적 범죄라고 규정하고, 향후 북한의 도발에 반드시 응분의 대가를 치르게 할 것이라고 천명했다.[209)]

3) 위기 해결

연평도 포격이후 11월 29일 이명박 대통령은 대국민 담화를 통해 북한의 추가도발에 대한 강력한 대응의지를 밝혔다. 한·미는 북한의 도발에 대한 강력한 경고의 의미로 11월 28일-12월 1일 서해에서 미국 조지워싱턴 항모강습단과 한국 해군의 세종대왕함 등 최신예 함정 10여 척과 80여 대의 함재기, 20여 대의 항공기들이 참가한 대규모 연합훈련을 실시했다. 또한 12월 20일 한국군은 북한의 2차·3차 자위적 타격 협박에도 불구하고 주한미군의 지원 하에 연평도에서 대규모 해상 사격훈련을 실시했다. 미국은 2011년 4월 18일, 안보리 대북결의 1718호와 1874호 및 기존의 행정명령을 확인하면서 새로운 행정명령 13570호를 발령하여 미국 정부의 허가 없이 북한 상품과 서비스의 직간접 수입을 금지하는 조항들이 추가했다.[210)]

---

209) 청와대, "수석비서관회의 관련 브리핑," 2010.11.24; 대통령기록관, "연평도 포격 도발 관련 대국민 특별담화," 2010.11.29. 제294회 국회 국방위위원회회의록 제5호, "2. 북한의 무력도발행위 규탄 결의안," 2010년 11월 24일, pp. 52-53 참고.

210) 『국방일보』, 2010. 12. 2; 『조선일보』, 2010. 12. 21; 『연합뉴스』, 2010. 4. 19. 윤태영, "강압외교에 관한 이론적 고찰과 한·미동맹의 대북한 전략에 대한 시사점," 『정책연구』 통권 173호 (2012년 여름), pp. 51-52 인용.

4. 위기관리 리더십 요인 분석

1) 위기 인식

북한의 공격 직후 한국 정부는 교전규칙에 따라 대응사격을 실시하고 추가도발에 대한 강력한 경고를 하면서, 위기목표로 교전규칙에 의한 대응, 확전방지, 추가도발 억제를 추구했다. 그러나 한국 영토에 대한 직접적이고 명백한 공격에 대해 제한된 교전규칙에 따른 대응과 확전방지에 중점을 둔 위기목표 설정은 많은 비판을 야기했다. 특히 연평도 포격 직후 11월 23일 14시 40분경 이명박 대통령의 '단호하되 확전방지'라는 극히 일반적이고 모호한 초기 대응지침은 확전방지를 위한 위기통제에만 중점을 둔 것으로 군에 전달되었다. 북한군의 15시 12분부터 시작된 2차포격에 대해 연평부대는 13분 후인 15시 25분부터 대응포격이 실행된 것으로 보아 신속한 대응이 이루어지지 않은 것에 영향을 미쳤다고 볼 수 있다.[211] 군과 민간인 지역에 대한 공격이 자행되는 긴박한 교전상황의 성격으로 볼 때 이러한 지침은 해석하기 곤란하고 불분명하였고, 침해된 국익에 상응하여 대응할 수 있는 위기목표로 보기에는 지나치게 수동적이고 제한적이었다.

11월 23일 14시 34분부터 북한의 선제공격으로 시작된 포격전은 양국군의 대응사격을 통해 1시간여에 걸쳐 진행되었다. 한국군은 북한의 선제공격에 대해 맞대응 보복공격을 실행하였으나 제한적인 교전규칙의 적용으로 과소대응을 초래했고, 위기 초기단계에서 강압홍정적 조치를

211) 김종대, "청와대 말장난에 무너지는 연평도 위기관리," 김종대의 안보통신, 2011.2.23., http://plug.hani.co.kr/dndfocus/4494.

실시할 기회로 활용하지 못하였다고 볼 수 있다.

천안함 피격사건 이후 한국 정부는 수동적 억제전략과 거부적 방어전략개념으로는 북한의 도발행위를 억제하기 힘들다는 인식하에 북한대비 전력의 우위를 확보하고 도발의지 자체를 분쇄하는 선제적 대응을 전제로 한 '적극적 억제전략'을 수립했다.[212] 그러나 연평도 포격 발생으로 대북 억제에 실패했고, 교전 당시 이에 상응하는 강압흥정적 군사조치의 실행이 미흡했다. K-9 자주포의 고장과 대포병 레이더의 신속한 작동미흡 등이 신속하고 효과적인 초기대응에 지장을 주었다. 특히 공군의 출격에도 불구하고 사건 직후 공군의 대응공격이 실행되지 않은 점은 '유엔사·연합사 정전시 교전규칙'에 따라 미군과 협의가 필요하기에 곤란하다는 군의 입장에 따라 최고지도부가 결심하지 못했고, 사건 직후 출격한 공군 전투기에는 공대공 미사일만 장착되어 있었기 때문이었다. 전투기가 북한 해안포와 미사일 기지를 타격할 수 있는 공대지 미사일을 장착하고 출격한 것은 교전이 종료된 이후 90분이 지난 시각이었다.[213] 결국 이와 같은 교전초기 강압흥정적 위기관리의 실패는 유엔사·연합사 정전시 교전규칙의 적용과 해석의 문제, 최고정책결정자의 교전규칙에 대한 직접적 통제와 위기관리 리더십의 부재, 전투대비태세의 미비 등으로 발생했다고 볼 수 있다.

212) 대한민국 정부, 『이명박정부 국정백서, 5권 통일·안보』(서울: 대한민국 정부, 2013), p. 212.

213) 김종대(2013), p. 298; 『중앙일보』, 2011.3.28.

2) 위기 정책결정과 조정

연평도 포격에 대한 한국의 위기관리 전략은 억제를 동반한 '맞대응 보복전략', 북한의 오판과 추가도발을 억제하기 위한 '공약 · 결의 전달전략', '한계선 설정전략'을 추진했다. 첫째, 한국군은 맞대응 보복전략을 통해 위기상황 확대를 배제하는 선에서 북한의 포격도발에 대해 유사한 수준의 공격무기와 방식으로 대응하여 위기고조를 방지하고 한국의 도발불용이라는 의지를 피력하였다. 이를 통해 위기통제에는 성공했다고 볼 수 있으나, 선제도발에 상응하는 '비례성 원칙'에 입각한 교전규칙의 적용에는 미흡했다. 북한의 170여발 공격에 대해 한국군이 80발로 대응한 것은 한국군의 교전규칙과 작전예규의 '비례성의 원칙'에 따라 동종 · 동량의 무기를 사용해 2-3배로 응사하도록 되어있는 지침을 실행에 옮기지 못하였다.

둘째, 대통령의 대국민 특별담화를 통해 북한에 엄중한 경고와 추가도발시 강력한 응징 결의를 전달하였고, 천안함 피격사건 이후 채택된 한국의 선제적이고 적극적인 억제전략 강화와 한 · 미 연합 국지도발 대비계획의 보완을 추진했다. 또한 유엔사 · 연합사 정전시 교전규칙을 전면 개정하여 비례성 원칙을 공세적으로 적용하여 위협과 피해규모에 따라 응징의 종류와 규모를 결정하고 현장지휘관의 권한을 강화했다. 이를 뒷받침하기 위해 서해상에서 해상사격 및 한 · 미 연합훈련을 통해 한국군 및 한 · 미 연합 억제력 전개와 유사시 대응태세를 점검했다.

셋째, 한국 정부는 영토에 대한 직접적인 공격이 재발할 경우 명백한 무력도발로 간주하고 자위권 차원에서 전투기 폭격과 도발원점 타격 등을 통한 보복공격을 할 것이라고 밝혔다. 정부는 이러한 한계선 설정전략을 통해 한국 영토에 대한 군사도발이 사활적 국익을 침해하는 용납할 수 없는 한계점이라는 것을 밝히고, 이를 넘어서 북한이 선제 도발할 경우 교전규칙과 자위권을 분리하여 자위권 차원에서 위협의 근원을 응징할 것이라는 강경한 대응의지를 북한에 주지시켰다. 2010년 이후 한국은 서해 해상경계선상에서 북한의 NLL 침범과 포격에 대해 강력하게 대응했고, 이로 인해 연평도 포격과 같은 긴박한 위기상황의 발생을 억제하고 있다고 평가된다.

3) 위기 커뮤니케이션

교전 이후 사후적 대북조치와 억제적 의사전달은 한국군의 서북도서에서의 해상사격훈련과 한·미연합 해상훈련을 통한 군사력 시위와 억제력 강화를 통해 이루어졌다. 11월 24일 한·미 국방장관 및 한국 합참의장과 한·미 연합사령관과의 협의 하에 한·미 공조방안이 논의되는 가운데, 한·미 양국은 연평도 포격 이전 한·미 외교국방장관급 회담에서 발표한 연합훈련의 일환으로 11월 28일부터 12월 1일까지 서해상에서 미국의 조지워싱턴 항모강습단이 참가하는 한·미 연합훈련을 실시할 계획이라고 밝혔다. 11월 29일 서해상에서 연합훈련이 실시되는 가운데 이명박 대통령은 대국민 담화문을 발표한 직후 한·미연합사령부를 방문하여 연합훈련의 진행상황을 보고받고 북한군에 대한 한·미 정보교류 상황을 점검했다.[214] 한편 통일부는 11월 25일로 예정되어있던 남북적십자 회담을 무기한 연기하였고, 10월 25일부터 시작되었던 대한적십자사의 북한에 대한 수해지원물자(잔량 시멘트 7천 톤) 전달도 중단하

214) 합동참모본부, "서해상에서 한·미연합훈련 실시," 2010.11.24.; 청와대, "한·미 연합사령부 방문 관련 브리핑," 2010.11.29.

고 민간차원의 대북지원도 엄격히 검토하기로 했다.[215)]

결론적으로 위기관리를 위한 노력은 위기상황이 전쟁으로 확대되는 것을 회피하면서 침해된 국가이익의 보호·증진을 고려한 위기목표 설정과 위기통제와 강압흥정을 배합한 위기관리 전략의 실행으로 집약될 수 있다. 연평도 포격사건 당시 위기목표는 교전규칙에 의한 대응, 확전방지, 추가도발 억제였다. 위기통제에 중점을 둔 이러한 위기목표는 위기를 해소하고 확전방지에는 기여했으나, 휴전 이후 한국 영토에 대한 최초의 직접적 도발에 상응하는 위기목표로 보기에는 제한적이었다고 평가된다. 향후 특정한 위기의 속성에 부합하고 위기관리의 딜레마 속에서 국가이익을 담보할 수 있는 위기목표의 설정이 요구된다.

위기통제와 강압흥정 측면에서 연평도 사건 당시 한국 정부는 위기통제적 측면에서는 위기관리에 성공했다고 평가된다. 그러나 위기통제와 강압흥정의 적절한 배합과 균형이라는 측면에서 보면 문제점이 나타난다. 특히 연평도 포격도발 당시 신속한 전투대비태세하에서 북한의 도발에 상응하는 강압흥정적 조치의 실행이 미흡했다. 강압흥정에만 중점을 둔 위기조치의 선택은 확전과 전쟁의 위험성이 높아지기에 신중히 계산된 판단이 요구되지만, 위험공유와 상호경쟁이 내재한 위기상황에서 침해된 국가이익을 보호·증진하기 위한 전략적 판단과 이에 상응하는 대응조치의 조정과 균형이 요구된다. 아울러 한·미간 유엔사·연합사 정전시 교전규칙의 개정을 통해 강압흥정적 조치의 수준과 실행범위 등에 대한 명확한 작전예규 또는 작전지침을 설정할 필요가 있다.

---

215) 『이명박정부 국정백서, 5권 통일·안보』, p. 203; 통일부, "연평도 폭격 도발 관련 통일부 조치," 2010.11.26.

제 4 부

위기관리 체계와 위기관리 리더십 평가

제4부
위기관리 체계와 위기관리 리더십 평가

11장 국가안전보장회의(NSC) 분석과 효과적 구축 · 운영 방향

Ⅰ. 미국 · 영국 · 이스라엘 · 한국의 NSC 운영실태

미국, 영국, 이스라엘, 한국의 국가안보정책 논의와 위기관리 임무 수행을 위한 최상위 기관은 NSC이다. 위기사례 분석을 기반으로 NSC 운영실태를 평가하면 다음과 같다. 첫째, 미국은 1947년 국가안전보장법에 근거하여 국가안보와 관련하여 대통령을 보좌하고, 안보정책의 통합과 조정기능을 수행하기 위해 NSC를 창설하였다. NSC에는 대통령, 국무부장관, 국방부장관, CIA국장, 대통령비서실장, 국가안보보좌관, 합참의장 등이 참석한다. 특히 위기시 NSC는 대통령에게 정치 · 외교 · 군사적 측면의 통합적 고려를 기반으로 대응조치를 논의하고 발전시켜 대통령의 정책결정을 지원하고, 위기조치의 수행을 감독하는 핵심적 역할을 수행한다. 케네디 행정부의 쿠바 미사일 위기 당시에는 NSC 집행위원회

(ExCom)가 대응방안을 논의하였고, 부시 행정부의 9/11 테러 당시에는 NSC 체제하의 전쟁이사회(War Council)에서 위기관리 대응방안을 논의하고 결정하였다.

둘째, 영국의 위기관리 체계는 1972년 창설된 내각 브리핑룸(COBR) 회의와 2010년 캐머런 정부 출범이후 창설된 NSC로 구성된다. 영국은 1972년 위기대응기구로 임시 조직적 성격이 강한 내각사무처 브리핑룸(COBR 또는 COBRA: Cabinet Office Briefing Room A) 회의체를 설치하고 주요 국가안보 사안 및 위기시 대응방안을 논의하였다. 그러나 이러한 비상설적 성격의 조직도 총리의 리더십 방식에 따라 운영방식이 달랐다. 2005년 7/7 런던 테러 당시 대테러 위기관리를 위해 COBR 회의를 개최하였다. 그러나 이러한 임시적인 태스크 포스(task force) 형태의 위기관리 체계를 개선하기 위해, 2010년 5월 캐머런 정부는 미국과 유사한 NSC를 신설하고 국가안보보좌관을 임명하고 산하에 국가안보비서실(National Security Secretariat)을 설립하였다. NSC 창설 이후에도 COBR 회의를 존속시키기로 하였고, NSC는 정책기획을 담당하고 COBR 회의는 당면한 위기에 대한 위기관리와 작전적 임무의 수행을 담당하도록 역할을 조정하였다. 2011년 리비아 위기 당시 COBR 회의와 NSC 리비아위원회(NSCL)가 개최되어 위기에 대처하였다.

셋째, 이스라엘은 1999년 NSC가 설치되기 이전 라빈 정부(1974-1977) 당시 총리실, 안보각료회의, 국방조직 및 이스라엘의 정보공동체를 구성하는 모사드(Mossad), 보안국(ISA), 아만(Aman) 등이 위기관리를 담당하였다. 1976년 엔테베 인질위기 당시 안보각료회를 통해 위기관리 활동을 전개하였다. 네타냐후 정부(1996-1999) 당시인 1999년 3월 NSC와 국가안보보좌관을 신설하였다. 이스라엘 NSC 임무와 역할은 총리와 내각에 대하여 참모 조직으로 외교안보 정책에 관해 조정, 통합, 심의, 모니터링 등의 임무를 수행한다. 그러나 2010년 가자 구호선단 저지사건 당시 NSC를 개최하지 않았고, 총리와 내각의 비공식 고위급회의(Septet)에서 위기 정책결정이 이루어졌다.

넷째, 한국의 경우 1963년에 국가안전보장회의(NSC)를 설치하고 현재까지 유지하고 있으나, 한반도 위기시 대통령의 리더십 특성에 따라 조직의 축소와 확대가 거듭되었고 운영방식에도 차이가 있었다. 박정희 정부 당시에는 NSC의 기능과 역할이 비교적 활성화되었으나, 전두환 대통령 이후에는 NSC가 축소되고 외교안보관계장관회의와 같은 비공식적 회의체가 운영되었다. 김대중 · 노무현 정부 들어 NSC의 조직이 재정비되고 운영이 활성화되었다. 김대중 정부하의 1999년 제1연평해전 당시에는 국가안전보장회의 상임위원회회의를 중심으로 위기관리 대책이 논의되고 결정되었다. 이명박 정부에는 NSC 조직이 대폭 축소되고 비공식적인 외교안보장관회의가 위기관리를 주도하였다. 2010년 11월 연평도 포격도발 당시 청와대 수석비서관회의와 외교안보장관회의를 중심으로 위기관리를 수행하였다.

〈표 11-1〉 미국, 영국, 이스라엘, 한국의 국가안전보장회의(NSC) 비교

구분	미국	영국	이스라엘	한국
명칭	National Security Council	National Security Council	National Security Council	국가안전보장회의
설립연도	1947년 7월	2010년 5월	1999년 3월	1963년 12월
설립 법적 근거	국가안전보장법	법적 근거 없음	정부결정, 국가안전보장회의법	헌법, 국가안전보장회의법
설립 위치	대통령실 산하	총리실 산하	총리실 산하	대통령 직속
의장	대통령	총리	국가안보보좌관	대통령
구성원	대통령, 부통령, 국무부장관, 재무부장관, 국방부장관, 국가안보보좌관, 국가정보장, 합참의장 등	총리, 외교부장관, 재무부장관, 내무부장관, 국방부장관, 국가안보보좌관, 에너지지 · 기후변화부장관, 국제개발부장관, 내각사무처장관 등	총리, 국가안보보좌관, 외교정책보좌관, 안보정책보좌관, 전략문제보좌관, 대테러리즘보좌관, 경제보좌관, 법률보좌관 등	대통령, 국무총리, 외교부장관, 통일부장관, 국방부장관, 국가정보원장, 행정안전부장관, 대통령비서실장, 국가안보실장 등
기능	국가안보 관련 국내 · 외교 · 국방 정책 조정 · 통합 및 대통령 보좌	안보정책 전반 조정 · 통합 · 감독 및 총리 보좌	안보정책 심의 · 조정 · 통합 및 총리 보좌	대통령의 대외 · 군사 · 국내 정책 보좌

참모조직	국가안보보좌관, NSC사무처	국가안보보좌관, 국가안보비서실	국가안보보좌관, 국가안보스텝	국가안전보장회의 사무처장(국가안보실 제1차장 겸임), 국가안전보장회의사무처, 국가안보실

* 내용 기준: 미국 오바마 행정부, 영국 캐머런 정부, 이스라엘 네타냐후 정부, 한국 문재인 정부

미국, 영국, 이스라엘, 한국의 위기관리 체계로서 국가안전보장회의(NSC)의 조직과 구성 현황을 비교하면 다음과 같다. 첫째, NSC의 설립연도는 미국이 1947년에 가장 먼저 설립되었고, 한국은 1963년, 이스라엘은 1999년, 영국은 2010년에 설립되었다. 둘째, 설립 법적근거는 미국, 이스라엘, 한국 모두 국가안전보장 관련법에 의해 설립되었다. 영국은 성문법을 가지고 있지 않아 의회의 승인 없이 정부의 특권으로 정부조직을 설립할 수 있기에 NSC 설립의 법적근거가 없다.[1)]

셋째, 설립 위치는 4개국 모두 대통령실이나 총리실 산하에 설치하고 있다. 넷째, 미국 · 영국 · 한국의 NSC 의장은 모두 최고통치권자인 대통령 또는 총리이나, 이스라엘만 예외적으로 국가안보보좌관이다. 다섯째, 미국 · 영국 · 한국의 NSC의 참여 구성원은 정부 · 내각의 주요부처 장관, 군 최고지휘관 및 정보기관장 등으로 구성된다. 이스라엘의 NSC는 군, 정보기관, 법집행 등으로부터 파견된 고위급 관리들로 구성된 소규모 참모조

1) Lunn, et al. (2016), p. 4.

직이다.

여섯째, 미국 · 영국의 NSC는 대통령 또는 총리의 외교 · 안보와 위기관리 정책결정과정에서 주도적으로 조정 · 통합 · 보좌 역할을 수행하고 있다. 이스라엘은 주요 안보관계 장관들로 구성된 국가안보각료위원회/안보내각(Ministerial Committee on National Security 또는 Security Cabinet)과 소규모 비공식적 내각(kitchen cabinet)의 활용빈도가 높고, NSC의 안보정책 조정 · 통합 및 정책수립 능력이 미흡하여 다른 국가들보다 NSC의 역할이 미약하다.[2] 한국도 NSC에 외교 · 안보정책과 위기관리를 담당하는 기능을 부여하고 있으나 이를 효과적으로 활용하지 못하였다. 일곱째, 참모조직으로는 미국, 영국, 이스라엘 모두 국가안보보좌관을 두고 산하에 NSC 참모조직을 운영하였다. 한국은 1998년 김대중 정부부터 NSC 사무처장을 두고 사무처를 운영하였으나, 이명박 정부 당시 사무처를 폐지하였고, 2010년 3월 천안함 피격이후 안보특별보좌관을 신설하였다.

Ⅱ. 위기관리를 위한 NSC의 구축 · 운영 발전방향

주요국의 NSC는 국가 최고통수권자에게 국가안보 문제에 대해 조언하며 외교 · 안보 정책을 조정 · 통합하는 기능을 수행한다. NSC는 정책결정 조직이라기보다 심의 · 보고하는 조직으로 안보관련 부처가 국력의 주요 요소를 구현할 수 있도록 정책을 조정 · 통합하여 국가 최고지도자가 상황에 적합한 안보정책과 위기관리 방안을 결정할 수 있도록 지원

2) Freilich (2006), pp. 641-642; Even (2009), pp. 91-92.

하는 기능을 담당한다. 특히 위기관리를 위해서 NSC는 국가이익 수호를 위한 위기목표 설정과 정치 · 외교 · 군사적 대응방안의 검토 · 조정 · 통합을 통한 위기관리 방안의 결정과 집행에 대한 관리 · 감독 업무를 수행한다. 국가마다 당면한 중대한 안보 위협과 위기에 능동적으로 대처하기 위해서는 NSC 체제하에서 전략적이고 신속하고, 투명하며, 예측 가능한 부처 간 정책논의 및 결정과정이 요구된다.[3]

위기 정책결정시 안보와 정보 관련부처는 각 부처마다 서로 다른 입장에서 정책방안을 고려하는 경향이 있고, 이에 따라 조직행태와 관료정치적 행태가 나타날 수 있으며, 집단사고 및 위기시 스트레스로 인한 심리적 요인도 등장한다. 따라서 최고정책결정자에게 효과적이고 적합한 위기대응 방안을 제시하기 위해서는 다양한 대안을 검토 · 협의 · 조율하여 결정할 수 있는 제도화된 통합적 위기 정책결정 조직이 필요하다. 일반적으로 안보위기 당시 정책결정 단위는 12-15명 정도의 정책결정 그룹이 위기관리 담당하기 위해 적합하다는 연구가 있다. 이와 같은 규모의 단위는 위기시 촉박한 시간, 과도한 책임 및 긴장 속에서 위기대응방안 논의의 공정성을 증진시키고, 다양한 시각을 가지고 수호해야 할 가치와 달성해야할 목표에 대한 합의를 도출하기에 적합하고, 위기조치의 사전 노출을 감소시키며, 위기관리를 담당하는 주요 행위자의 참여를 보장할 수 있다는 장점이 있다는 주장이 있다.[4] 위기관리 임무

---

3) The White House, "The 21st Century Interagency Process," Memorandum (March 18, 2009), pp. 2-3; 윤태영 (2010), "미국과 한국의 국가안전보장회의(NSC) 체제 조직과 운영," pp. 230, 248.

4) Richard G. Head, Frisco W. Short and Robert C. McFarlane, *Crisis Resolution: Presidential Decision-Making in the Mayaguez and Korean Confrontations* (Boulder: Westview Press, 1978), p. 240; Williams (1976), p. 71; 윤태영 (2010), "미국과 한국의 국

수행을 제도적으로 뒷받침하는 위기관리 체계로서 NSC 조직, 역할 및 운영은 위기관리 리더십에도 많은 영향을 미치고 있다.

미국, 영국, 이스라엘, 한국의 사례연구를 통해 나타난 4개국의 위기관리를 위한 NSC의 효과적 구축 · 운영 방향을 살펴보면 다음과 같다. 미국은 1947년 NSC를 설립한 이후 NSC가 대통령을 보좌하여 수많은 위기시 위기관리를 담당하고 있다. 미국의 NSC 체제는 행정부마다 조직과 운영방식에 있어 일정부분 변화가 있지만 일관되게 유지되는 제도화된 회의체와 국가안보보좌관 및 정책 실무를 담당하는 사무처 조직을 운영하고 있다. 이렇게 검증되고 견고한 체제를 기반으로 미국은 수많은 위기시 안보관련 부처의 정책을 통합 · 조정하여 위기목표를 수립하고 이에 적합한 위기관리 조치를 수행하였다. 이러한 안정되고 효과적인 위기관리 체계를 유지하면서 위기사례에 따라 성공과 실패의 명암이 있으나 대체로 성공적으로 위기관리 임무를 수행하였다.

영국은 2010년 범정부적으로 국가안보정책을 조정하기 위해 NSC를 창설하고 국가안보보좌관을 임명한 이후, 2011년 리비아 위기 당시 NSC 산하에 리비아위원회(NSCL)를 구성하고 62차례의 회의를 통해 위기관리 임무를 비교적 성공적으로 수행하였다. NSC의 운영을 통해 국가안보 사안에 대해 부처간 논의의 조정 · 통합을 가능하게 하고, 총리의 안보 리더십을 강화하고, 안보정책에 대한 책임과 감사기능을 부여하는 등 효과적인 안보 정책결정과 위기관리에 기여하고 있다.[5] 그러나 NSC는 법정기관이 아니기에 이를 법정기관으로 지정하고, 정책결정 기능과 정보

가안전보장회의(NSC) 체제 조직과 운영," pp. 232-233.

5) House of Commons Defence Committee, "Decision-making in Defence Policy," Eleventh Report of Session 2014-15, 26 March 2015, pp. 35-36.

기관과의 협력을 법률 · 제도적 차원에서 강화가 필요하다. 또한 총리의 NSC 참여와 활용도를 높이고, 국방부, 외교부, 군 등으로부터 파견된 국가안보비서실 요원들의 전문성과 경험을 적절히 활용할 수 있는 체계를 확립해야하는 과제를 안고 있다.[6)]

이스라엘은 1999년 NSC를 창설하고 2008년부터 기능을 강화하여 운영하고 있다. 그러나 네타냐후 총리는 주로 안보내각이나 비공식적 회의체를 통해 안보정책 결정이나 위기관리 임무 수행을 선호하는 경향을 보였다. 지전략적인 환경으로 인하여 이스라엘은 전통적으로 국방부와 방위군의 역할이 강하였고, NSC와 국가안보보좌관 또한 정책 조정 · 통합 역할이 미흡하고 소규모 참모조직을 운영하였기에 그 역할이 제한적이었다. 향후 NSC를 운영의 활성화를 위해서는 정책 수립 · 통합 · 집행 기능의 강화, NSC의 총리 지원 강화, 참모조직 강화, 법률 · 제도적으로 비공식적 회의체보다 공식적인 NSC 활용방안 모색 등이 필요하다.[7)]

한국은 1963년 NSC를 창설하고 대통령을 보좌하여 외교 · 안보정책과 위기관리를 담당하는 기능을 부여하였으나, 정부에 따라 NSC의 역할과 유용성에 대한 인식의 차이로 조직 구성과 운영방식에 있어 차이를 보였다. 김대중 및 노무현 정부 당시 NSC를 확대 · 개편하여 통합적 위기관리 업무의 기획 · 조정 임무를 강화하였다. 특히 노무현 정부 당시 운

---

6) George Bangham and Sarang Shah, "The National Security Council and the Prime Minister," A Policy Research Paper for The Wilberforce Society think-tank, University of Cambridge, March 2012, pp. 2-3, 7; Devanny and Harris(2014), pp. 35, 36, 43; House of Lords and the House of Commons, Joint Committee on the National Security Strategy, "National Security Strategy and Strategic Defence and Security Review 2015," First Report of Session 2016-17, 10 July 2016, pp. 36-37.

7) Even (2009), p. 100.

영측면에서 심의기능을 넘어선 정책 수립 · 결정 기능에 대한 논란이 제기되었다. 이명박 정부에서는 NSC 조직을 대폭 축소 · 폐지하고, 위기관리 업무를 제도화된 NSC가 아닌 외교안보수석실 업무로 이관하였고, 법적규정이 없는 비공식적 외교안보장관회의를 통해 위기관리 임무를 수행하여 위기관리 커맨드 센터(command center) 역할기구의 부재라는 문제점이 나타났다. 현재 한반도에서는 핵 · 탄도미사일 등 대량살상무기(WMD) 위협의 증대와 군사적 긴장과 위기가 빈발하고 있다. 이에 대한 효과적인 위기관리를 위해서 위기관리 커맨드 센터로서 NSC의 정책 심의 · 결정 · 조정 역할 강화와 함께 NSC 회의체, 상설 사무처, 국가위기관리센터의 운영과 기능의 강화가 요구된다. 또한 유관부처의 조기경보, 정보 분석 · 공유, 위기조치 집행, 위기 커뮤니케이션 등을 총괄하여 위기관리 임무를 수행할 수 있는 통합된 위기관리 체계를 구축해야 할 것이다.

12장 위기관리 리더십 평가

Ⅰ. 위기 인식 평가

위기인식을 평가하기 위한 분석단위는 위기 조기경보, 위기상황 파악, 위기영향 판단이다. 첫째, 미국의 경우 1962년 케네디 행정부의 쿠바 미사일 위기 당시 U-2 정찰기를 통해 쿠바의 핵미사일 기지 건설을 뒤늦게 파악하였고, 핵미사일 기지가 완성되면 미국 본토가 소련의 핵공격 위협에 직면하게 핵전쟁이 발생하면 승리하기 힘들다는 인식을 하였다. 당시 소련의 군사독트린에 비추어 핵균형의 불안정성이 증대하고 이로 인한 위기발생시 재앙적 수준의 상황으로 전개될 것이라고 판단하였다. 한편 2001년 9/11 테러 직후 부시 행정부는 알 카에다의 테러공격을 사전에 전혀 예상치 못하였고 공격의 실체와 주체에 대한 파악에 어려움을 겪었다. 부시 대통령은 테러공격을 전쟁행위로 규정하고, 테러리즘에 대한 응징과 추가적인 공격에 대한 대비를 강조하였다.

둘째, 영국의 경우 2005년 블레어 정부의 7/7 런던 테러 당시 테러에 대한 조기경보는 발령되지 않았다. 보안부(MI5)와 경찰의 2004년 대테러 작전 수행 당시 칸과 탄위어가 테러 용의자 감시명단에 포함되어 있었으나 이들의 런던테러 모의 여부에 대한 조사가 이루어지지 못했다. 그러나 CCTV 분석과 반테러리스트 핫라인(Anti-Terrorist Hotline)을 통해 사건경위와 용의자 추적을 신속히 진행하였고, 테러공격이후 안보 불안을 최소화하고 알 카에다의 추가적 테러공격에 철저한 대비를 강조하였다.

한편 캐머런 정부는 2011년 2월부터 발생한 리비아 위기에 대한 심각성을 인식하고 선제적으로 군사적 비행금지구역(NFZ) 및 공습 계획수립을 준비하였다. 또한 리비아 위기의 확대로 임박한 대량살상 위협의 심각성에 대한 민간인 보호 차원의 대응책을 모색하였고, 리비아에서 경제적 이익과 식민지 경영이라는 역사적 배경에 따라 위기상황에 적극적으로 대처하였다.

셋째, 이스라엘의 경우 1976년 라빈 정부는 사전경보 없이 발생한 엔테베 인질위기 직후 모사드의 정보활동을 통해 납치범들의 신원을 파악하고, 인질의 생명이 위협받고 있다는 정보를 수집하고 인질구출 작전을 신속히 수립하였다. 한편 2010년 네타냐후 정부의 가자 구호선단 무력저지 사건은 터키의 인도주의구호재단(IHH)이 사전에 구호선단이 가자지구에 도착할 것이라고 밝힌 상황에서 전개된 이스라엘의 군사작전이다. 선박저지 작전으로 인한 폭력적 상황전개의 가능성을 인지하였음에도 기존의 군사작전과 유사한 작전으로 간주하고 가지지구 봉쇄에 중점을 두고 우발적 상황에 대비하는데 소홀하였다.

넷째, 한국의 경우 1999년 김대중 정부의 제1연평해전은 6월 7일 북한 경비정 침범으로부터 시작되어 6월 15일 발생한 사건으로 위기 초기단계에서는 경비정의 퇴각과 평화적 해결이라는 위기목표의 혼란이 발생하였다. 북한 경비정의 선제공격으로 시작된 교전은 한반도 긴장완화와 평화적 분위기 조성을 위해 위기통제에 중점을 두고 수행되었다. 2010년 11월 이명박 정부의 연평도 포격도발 사건은 한국군의 해상사격 훈련에 대한 북한의 물리적 대응 경고가 있었고, 한국군은 이를 통상적인 협박으로 간주한 상황에서 발생한 사건이다. 북한의 포격도발 직후 한국정부는 영토에 대한 직접적 공격이고 심각한 군사도발로 간주하고 맞대응하였고 서해 해상경계선에서 추가적 도발에 대한 대비태세를 강화하였다.

〈표 12-1〉 4개국의 위기사건 당시 위기인식 평가

구분		위기징후 인지	위기상황 파악	위기영향 판단
미국	쿠바 미사일 위기 (1962)	• 징후 파악 • 조기경보 실행	• 본토 핵위협	• 핵균형 불안정 • 핵전쟁 가능성
	9/11 테러 (2001)	• 징후 미파악 • 조기경보 실패	• 전쟁행위로 규정	• 추가 테러공격 가능성 • 테러리즘 확산
영국	7/7 런던 폭탄테러 (2005)	• 징후 미파악 • 조기경보 실패	• 테러 용의자 추적 • 사건경위 파악	• 추가 테러공격 가능성
	리비아 위기 (2011)	• 징후 파악 • 조기경보 실행	• 민간인 학살 확대 • 인도주의적 위기	• 인도주의적 위기확대 우려 • 경제적 이익 위협
이스라엘	엔테베 인질위기 (1976)	• 징후 미파악 • 조기경보 실패	• 인질 안전 우려 • 테러범 신원 파악	• 유사 인질테러 가능성 • 대테러 역량 및 해결방식 시험대
	가자 구호선단 무력저지 (2010)	• 징후 파악 • 조기경보 실행	• 이슬람 극단주의자 배후 • 가자지구 해상봉쇄 무력화	• 하마스와 연계 강화 우려
한국	제1연평해전 (1999)	• 징후 파악 • 조기경보 실행	• 북방한계선 위협	• 남북관계 긴장 우려 • 확전 가능성
	연평도 포격 (2010)	• 징후 파악 • 조기경보 실패	• 영토 직접공격 • 서해 분쟁 지역화	• 국지도발 가능성 증대 • 적극적 억제 강화 필요

Ⅱ. 위기 정책결정과 조정 평가

위기 정책결정 및 조정을 평가하기 위한 분석단위는 위기 대응체계, 최고지도자 정책결정 역할, 위기 대응책 집행이다. 첫째, 미국의 경우 1962년 케네디 행정부의 쿠바 미사일 위기 당시 운용된 대응체계는 NSC 집행위원회(EXCom: Executive Committee)라는 핵심참모회의였다. 집행위원회(ExCom)에는 국무부장관, 국방부장관, 법무부장관, CIA국장, 국가안보보좌관, 합참의장 등이 참석하였다. 케네디 대통령은 위기대응 방안을 논의하는 회의를 주도하였고, 강경파와 온건파사이에서 유연하고 신중함을 보이면서 초기대응으로 해상봉쇄를 결정하고 집행과정을 정치·군사적 측면에서 적절히 통제하였다. 최종적으로는 쿠바 미사일 철수와 터키 미사일 철거방안을 결정하였다. 한편 2001년 9/11 테러 직후 부시 대통령은 NSC 체제하에서 참석자가 제한된 전쟁이사회(War Council)를 통해 위기관리를 수행하였다. 전쟁이사회의 주요 참석자는 부통령, 국무부장관, 국방부장관, 합참의장, CIA국장, FBI국장, 국가안보보좌관 등이었다. 부시 대통령은 이러한 NSC 회의를 주도적으로 운영하였고, 이를 통해 9/11 테러공격을 전쟁행위로 규정하고, 국가비상사태를 선포하면서 빈 라덴을 테러 공격의 주모자로 지목하고 아프가니스탄 탈레반 정권과 빈 라덴에 대한 대테러전을 결정하였다.

둘째, 영국의 경우 2010년 NSC 설립 이전인 블레어 정부는 2005년 7/7 런던 테러 직후 클라크 내무부장관 주재로 정부 위기관리 조직으로 국가비상대책위원회 역할을 수행하는 내각사무처 브리핑룸(COBR) 회의를 개최하였다. 당시 G8회의에 참석 중이었던 블레어 총리는 사건직후 성명을 발표하였고, 오후에 COBR 회의를 주재하고 공식성명을 통해 경찰과 보안부(Security Service/MI5)의 대응을 통해 테러행위에 대한 응징을 천명하였다. 이후 용의자 추적, 진상조사 및 사후수습이 진행되었다. NSC 설치 이후 캐머런 정부의 리비아 위기(2011) 당시에는 초기단계에서 COBR 회의가 개최되었고, 이후 NSC 리비아위원회(NSCL)가 62차례 개최되어 위기대응 방안을 활발하게 논의하였다. 캐머런 총리는 NSC를 적극적으로 활용하였고 리비아 사태에 대한 개입결정은 주로 총리에 의한 탑다운 방식으로 진행되었다. 캐머런 총리는 리비아에 대한 군사적 비행금지구역(NFZ) 추진을 선도적으로 추진하였고 인도주의적 차원에서 수행된 엘라미(Ellamy) 군사작전을 통해 리비아 위기 해결에 기여하였다.

셋째, 이스라엘의 경우 1999년 NSC 설치 이전인 1976년 라빈 정부의 엔테베 인질위기 당시 대응방안에 대한 논의는 주로 총리, 외교부장관 겸 부총리, 국방부장관, 교통부장관, 법무부장관 등으로 구성된 관계장관 특별태스크포스를 통해 이루어졌다. 정책결정 과정에서 인질협상을 찬성하는 라빈 총리와 인질구출을 주장하는 페레스 국방부장관간의 치열한 의견대립이 나타났으나, 수차례의 회의를 거친 이후 인질구출 작전이 내각의 승인을 거쳐 결정되었다. 인질구출을 위한 선더볼트(thunderbolt) 작전은 사이렛 매트칼(Sayeret Matkal) 부대에 의해 성공적으로 수행되었다. NSC 설치 이후 2010년 네타냐후 정부의 가자 구호선단 무력저지 사건 당시 정책결정은 NSC를 통해 이루어지지 않고 총리가 주재하는 7명으로 구성된 내각의 비공식 고위급회의(Septet)에서 이루어졌다. 구호선단에 대한 군사적 점거작전은 주로 국방부장관과 총참모장 중심으로 계획이 수립·논의되었고, 네타냐후 총리 또한 위기 정책결정

전반을 총괄하고 대응책이 충분히 논의될 수 있는 조치를 취하지 않았다. 군사작전은 해군 특수부대인 사이렛(Shayetet) 13부대가 수행하였으나 구호단체 승선자 9명이 사망하고 55명이 부상당하는 결과가 나타나 국제사회로부터 비난에 직면하였다.

넷째, 한국의 경우 1999년 김대중 정부의 제1연평해전 당시에는 NSC 상임위원회를 중심으로 위기관리 대책이 논의되고 결정되었다. 교전 직전 김대중 대통령은 합참에 선제사격 금지, 확전금지, 북방한계선(NLL) 고수라는 지침을 하달하였다. 이에 해군은 북 경비정에 대해 선수항로 차단과 충돌기동으로 대응하였고, 북한의 선제사격이 있자 함포사격으로 대응하였다. 2010년 11월 이명박 정부의 연평도 포격도발 사건 당시에는 이명박 대통령의 주도하에 청와대 수석비서관회의와 외교안보장관회의를 중심으로 위기관리를 수행하였다. 북한의 포격도발 직후 대통령의 모호한 대응지침이 하달되었고, 한국군은 확전방지에 중점을 둔 대응사격을 실시하였다.

〈표 12-2〉 4개국의 위기사건 당시 위기 정책결정과 조정 평가

구분		위기 대응체계	최고지도자 정책결정 역할	위기 대응책 집행
미국	쿠바 미사일 위기 (1962)	NSC 집행위원회 (ExCom)	• 강온정책 사이 유연 · 신중 · 단호한 정책결정 • 팀워크 상호협력 체계 선호	• 해상봉쇄 • 미사일 철수
	9/11 테러 (2001)	NSC 전쟁이사회 (War Council)	• 폐쇄적 위임형, 단호한 정책결정 • 공식적 · 위계적 핵심참모 그룹 선호	• 비상 재난대응, 추가공격 대비 • 아프가니스탄 대테러전

영국	7/7 런던 폭탄테러 (2005)	내각사무처 브리핑룸(COBR) 회의	• 비전제시, 합의도출, 단호한 정책결정 • 내각 핵심참모 그룹 선호	• 용의자 추적, 사건 진상조사 • 추가테러 억제
	리비아 위기 (2011)	NSC 리비아위원회 (NSCL)	• 성취 지향적 탑다운 방식 • 공식적 자문조직 활용	• 비행금지구역 설정 • 군사적 개입 및 공습
이스라엘	엔테베 인질위기 (1976)	관계장관 특별태스크포스	• 통제적 합의도출 • 내각 참모조직 활용	• 인질협상 • 인질구출 작전
	가자 구호선단 무력저지 (2010)	내각 비공식 고위급회의 (Septet)	• 분권적 위임형 정책결정 • 내각 비공식조직 활용	• 구호선단 무력 저지작전
한국	제1연평해전 (1999)	NSC 상임위원회	• 정치적 통제, 위임형 • 공식적 자문조직 활용	• 선수항로 차단과 충돌기동 • 함포 대응사격
	연평도 포격 (2010)	청와대 수석비서관회의, 외교안보장관 회의	• 정치적 통제, 성취 지향형 • 비공식 자문조직 활용	• 자주포 대응사격

Ⅲ. 위기 커뮤니케이션 평가

위기 커뮤니케이션을 평가하기 위한 분석단위는 프레임 설정, 국내정치적 의사소통, 적대 국가·세력에게 의도전달이다. 첫째, 미국의 경우 1962년 쿠바 미사일 위기 당시 케네디 대통령은 10월 22일 텔레비전 대국민 담화를 통해 소련의 쿠바 미사일 기지 건설 상황과 해상봉쇄 계획을 밝혔다. 대통령은 쿠바 미사일 기지 설치는 미국뿐만 아니라 라틴 아메리카 안보에도 심각한 영향을 미친다고 강조하였고 미주기구 및 유엔 안전보장이사회 개최를 요청하는 등 국제사회의 지지를 얻으려했다. 이후 위기상황에 대해 백악관 성명서를 통해 국민들에게 소상히 알리고, 의회지도자와 대응책을 상의하였다. 소련과 소통은 케네디 대통령과 흐루시초프 서기장사이의 서신교환 및 미국주재 소련대사관을 통해 이루어졌다. 한편 2001년 9/11 테러 직후 부시 대통령은 대국민 연설과 의회연설을 통해 미국이 외부세력의 테러공격으로 위기에 직면해있다는 대중의 인식을 강화하였고, 적대세력(알 카에다, 탈레반)에 대한 메시지 전달과 책임 추궁 및 보복에 대한 명분과 정당성을 확보하였다. 아울러 대통령은 국민, 의회, 국제사회에 대한 커뮤니케이션을 통해 정부의 신뢰성 향상과 위기해결 방향을 설정하였다.

둘째, 2005년 영국의 7/7 런던 테러 당시 블레어 총리는 사건직후 성명 발표를 통해 야만적 테러행위를 규탄하고 이에 대한 응징과 국민 삶의 안정을 다짐하였다. 특히 영국 정부는 대중 매체에 대한 신속하고 객관적인 메시지 제공을 통해 국민의 불안을 해소하고 공동체 의식이 발동될 수 있도록 노력했다. 또한 신속한 용의자 추적과 진상조사를 통해 범인을 밝혀내고 영국의 강경한 대테러 대응 의지를 표명했다. 2011년 리비아 위기 당시 캐머런 총리는 민간인 학살에 대한 국제사회의 인도주의적 보호책임을 강조하고 이를 영국의 군사적 개입에 대한 정당성으로 삼았다. 총리실 소속의 리비아커뮤니케이션팀(LCT: Libya Communication Team)은 NSC 리비아위원회(NSCL)에서 결정된 사안을 정부 관련부처와 조율하고, 영국 국내 및 NATO 등 국제사회에 대한 메시지를 제공하였다. 또한 영국 정부는 리비아 카다피 정권의 선전과 선동 공세를 저지하는 한편 반카다피 세력의 국가과도위원회(NTC)를 지원하는 활동도 전개하였다.

셋째, 이스라엘의 경우 1976년 엔테베 인질위기 당시 라빈 총리는 사건 직후 1972년 사베나(Sabena) 항공 여객기 납치사건과의 유사성을 언급하면서, 항공기 납치 테러를 국가적 위기상황으로 인식하고 즉각적인 대응태세에 돌입했다. 인질사태에 대한 대응방안에 대한 논의는 인질의 안전을 우려해 내각의 관계장관 특별태스크포스를 중심으로 비공개로 개최되었다. 이스라엘 정부는 인질위기를 해결하기 위해 사건 직후에는 우간다 아민 대통령을 통해 협상을 시도하였고, 7월 1일부터는 프랑스 정부를 통해 협상을 시도하였으나, 인질의 안전이 위협받자 구출작전을 단행하였다. 2010년 가자 구호선단 무력저지 사건 당시 네타냐후 총리는 하마스 세력이 활동하는 가자지구에 구호선단의 접근봉쇄에 중점을 두었다. 이스라엘 정부는 군사적 저지작전에 대해 구호선단 단체가 하마스와 연계되어 있고, 구호선단 승선원들의 폭력적 행동에 대한 자위권 차원의 대응이었다고 주장하였다. 이러한 주장에도 불구하고 이스라엘의 군사작전은 국내뿐만 아니라 국제사회의 비판에 직면하였다.

넷째, 한국의 경우 1999년 제1연평해전 당시 김대중 대통령은 북방한계선(NLL) 고수와 확전금지라는 프레임 하에서 남북대화 국면을 유지하기 위해 위기통제에 중점을 두었다. NSC 상임위원회를 통한 정부의 공식입장을 발표하였고, 북한과는 판문점 장성급 회담을 통해 한국 정부의 입장을 전달하였다. 2010년 11월 연평도 포격도발 직후 이명박 대통령은 북한의 포격을 반인륜적 범죄라고 규정하고, 추가도발에 대한 응징을 천명하였다. 수석비서관회의와 외교안보장관회의를 통해 위기대응 방안을 논의하고 발표하였다. 아울러 교전규칙의 강화, 자위권 차원에서의 응징결의, 한·미동맹의 국지도발 대비계획 강화를 통해 대북한 결의를 전달하였다.

〈표 12-3〉 4개국의 위기사건 당시 위기 커뮤니케이션 평가

구분		프레임 설정	국내정치적 의사소통	적대 국가·세력에 의도전달
미국	쿠바 미사일 위기 (1962)	• 직접적 심각한 핵위협 • 라틴 아메리카 안보위협	• 대통령 대국민 담화, 백악관 성명서 발표 • 의회지도자와 상의	• 흐루시초프와 서신 교환 • 미국 주재 소련대사에게 최후통첩
	9/11 테러 (2001)	• 사악한 테러집단의 공격 • 테러범에 대한 적대적 심리형성	• 대통령 대국민 연설 • 상·하원 합동 연설	• 알 카에다 및 탈레반 책임추궁 • '선과 악' 이분법적 대응책 전달

영국	7/7 런던 폭탄테러 (2005)	• 야만적 테러행위 • 국민 일상 삶에 대한 공격	• 총리 대국민 연설 • 대중매체에 신속한 정보제공	• 대중매체를 통한 결의 전달 • 테러리즘 응징 결의 전달
	리비아 위기 (2011)	• 리비아 민간인 학살 • 인도주의적 보호책임	• 리비아 커뮤니케이션팀 (LCT) 운영 • 군사작전과 메시지 전달 동시진행	• 유엔 및 나토를 통한 결의 전달 • 대중매체를 통한 메시지 전달
이스라엘	엔테베 인질위기 (1976)	• 국가적 위기상황 • 인질 안전 최우선	• 정부 인질협상 기조 발표 • 인질협상 대중매체 보도	• 우간다 아민 협상 통로 • 프랑스 정부 중재
	가자 구호선단 무력저지 (2010)	• 가자지구와 하마스 연계 • 자위권 차원 대응	• 국방부 대변인 중심 담화 • 대아랍 소통 소홀	• 정부 억류 방침 발표 • 구호선단 경고 메시지 전달
한국	제1연평해전 (1999)	• 북방한계선 고수 • 확전금지	• NSC 상임위원회 발표 • 국방부 대북한 성명	• 판문점 장성급 회담 • 비료지원 선박 운항, 금강산 관광 진행
	연평도 포격 (2010)	• 반인륜적 범죄 • 도발 응징 천명	• 정부 성명 발표 • 국회 결의문 채택	• 장성급 군사대표 대북 전통문 • 대통령 대국민 특별담화 • 한·미 합참의장 공동기자회견

Ⅳ. 위기관리 리더십 총괄평가

미국·영국·이스라엘·한국의 위기관리 리더십을 각국의 주요사례에서 나타난 위기인식, 위기 정책결정과 조정, 위기 커뮤니케이션 측면을 종합적으로 평가하면 다음과 같다. 첫째, 미국의 경우 1962년 쿠바 미사일 위기 당시 케네디 행정부는 U-2 정찰기의 정보수집을 통해 늦게나마 위기징후를 인지하였고 핵위협의 심각성을 파악하였다. 케네디 대통령의 주도하에 수차례의 NSC 집행위원회(ExCom)의 위기 정책결정 과정을 거쳐 해상봉쇄와 미사일 철수 조치를 통해 위기상황을 해소하였다. 케네디 대통령의 위기관리 리더십은 위기관리 딜레마를 신중히 검토하여 제한된 위기목표를 설정하였고, 위기통제와 강압흥정을 적절히 조정·통제·구사하여 성공적인 위기관리를 달성하였다. 2001년 9/11 테러 당시 부시 행정부는 테러공격의 징후는 파악하지 못하였으나, 비교적 신속하게 알 카에다의 글로벌 테러리즘 위협을 인식하였다. 부시 대통령은 테러공격에 대한 응징을 정당화하는 위기 커뮤니케이션을 통해 보복공격에 대한 국내·국제적 정당성 확보를 위해 노력하고, NSC 전쟁이사회를 통해 아프가니스탄 대테러전을 결정하고 테러공격에 대한 응징을 단행하였다. 부시 대통령 또한 기습적이고 혼란스러운 테러공격으로 인한 위기상황에서 비교적 신속하고 정확한 상황판단, 정책 논의과정의 조율과 통합, 국익에 기반을 둔 단호한 위기대응 방안 결정 등을 통해 성공적인 리더십을 발휘했다고 평가할 수 있다.

둘째, 영국의 2005년 7/7 런던 테러 당시 블레어 정부는 위기의 조기경보에는 실패하였으나, 예상치 못한 테러공격에 대해 신속한 위기상황

파악과 엄중한 테러위협을 인식하였다. NSC 설치 이전인 상황에서 블레어 총리를 중심으로 COBR 회의를 통한 신속한 위기 정책결정 과정을 거쳐 사건을 조기에 수습하고 추가공격을 예방하는 조치를 취하였다. 2011년 리비아 위기는 NSC 설립 이후 최초의 위기사례로 캐머런 총리는 인도주의적 위기의 심각성을 조기에 인지하였다. 그는 수차례의 NSC 회의를 적극적으로 주재하고 위기 대응책을 조정·통합하여, 인도주의적 보호책임 및 영국의 경제적 이익수호를 위한 군사작전을 주도적으로 실행하였다. 영국의 사례는 2010년 NSC 설치 이전과 이후의 위기 정책결정 과정을 분석하는데 시사점을 제공하고 있고, 두 가지 사례는 성공적인 위기관리 리더십이 발휘된 사례로 평가할 수 있다.

셋째, 이스라엘의 1976년 엔테베 인질위기 당시 라빈 정부는 인질사건을 사전에 인지하지 못하였으나, 사건발생 직후 인질의 안전을 최우선시하여 해외의 중재자를 통해 협상을 추진하면서, 소규모 관계장관 특별회의를 통해 구출작전을 신속하게 수립하고, 성공적으로 인질구출 작전을 수행하였다. 라빈 총리는 위기사건 초기 페레스 국방장관과의 의견차이가 있었으나, 인질사건의 해결을 위한 최선의 방안을 선택하기 위해 군부 및 정보기관의 의견을 통합·평가하여 구출작전을 신속히 결정하였다. 2010년 가자 구호선단 무력저지 사건 당시 네타냐후 정부는 위기징후를 조기에 파악하였으나 가자지구의 해상봉쇄에 치중한 나머지 위기확대의 가능성을 간과하였다. 1999년에 NSC가 설립되었으나 이 사건당시 NSC보다 기존의 내각 비공식 고위급회의(Septet)를 활용하였고, 위기 정책결정 과정에서도 네타냐후 총리의 협의·조정·통제가 부족하였다. 이 사례에서는 전통적으로 군부 중심의 폐쇄적인 정책결정이 이루어졌고, NSC를 설립하고도 활용하지 못했고, 최고정책결정자의 위기관리 리더십에서도 많은 문제점이 나타났다.

넷째, 한국의 1999년 제1연평해전 당시 김대중 정부는 위기징후를 파악하였으나 위기목표 설정의 지체와 혼선이 있었고, NSC 상임위원회를 중심으로 위기통제에 집중하여 강압흥정적 요소가 미약한 방어적 위기관리를 수행하였다. 김대중 대통령은 대북 포용정책 기조를 유지하기 위해 위기통제적 제한된 대응지침을 해군에 하달하여 현장지휘관의 유연한 대응을 어렵게 했다. 그러나 위기 정책결정 과정에서는 비록 위임통제적 방식이었으나, NSC 상임위원회를 중심으로 위기관리 방안을 협의·조정·결정하고 집행한 점은 긍정적으로 평가할 수 있다. 2010년 11월 연평도 포격 당시 위기징후를 심각하게 고려하지 않았고, 교전 당시 제한된 교전규칙의 적용 및 전투대비태세 미비, 미숙한 위기관리 리더십 등 많은 문제점이 나타났다. 이명박 대통령은 NSC를 대체하여 청와대 수석비서관회의와 외교안보장관회의를 중심으로 위기 정책결정을 수행하여 커맨드 센터(command center) 역할기구의 부재 현상이 나타났다. 또한 위기 초기단계에서 대통령의 모호한 대응지침과 교전규칙에 대한 직접적 통제로 인해 위기통제에 중점을 둔 도발 수준보다 약한 맞대응 보복전략이 실행되었다.

향후 한반도 위기 발생시 위기확대는 남북간 원치 않는 상황을 초래할 수 있다는 점을 북한에 인식시키고 위기통제 조치를 구사하면서도, 특정위기의 속성과 수준에 상응하는 신중히 계산된 강압흥정적 조치를 통해 침해된 국익을 보호하기 위한 전략도 필요하다. 북한의 위험감수 전술에 대해 한국이 수호해야할 국익과 인내할 수 있는 한계선을 명확히 전달하고, 북한의 위기상황 조성이 그들의 국익을 저해할 수 있고, 위기확대시 감내해야할 손실이 있다는 것을 주지시킬 필요가 있다.

대북한 위기 커뮤니케이션 측면에서는 제1연평해전과 연평도 포격 당시 판문점 장성급회담을 통해 한국의 입장과 결의가 전달되었다. 한반도 위기시 대북한 대화 및 의도전달 채널은 1953년 정전협정에 근거하여 설치된 군사정전위원회가 있었으나, 유엔사가 1991년 3월 군사정전위원회의 수석대표를 한국군 장성으로 교체하자 북한은 군사정전위원회 개최를 거부하였다. 이후 1998년 6월부터는 유엔사와 북한군간 장성급회담이 한반도 위기시 대화 및 의도전달 채널 기능을 수행하였다. 한반도는 군사적 대치의 강도로 볼 때 세계 어느 지역보다 전쟁의 가능성이 높은 지역으로 위기시 대화 및 의도전달의 채널의 운영이 중요하다.

이상의 내용을 종합하면, 위기관리 리더십이 성공적으로 발휘된 사례는 미국의 쿠바 미사일 위기(1962)와 9/11 테러(2001), 영국의 7/7 런던 폭탄테러(2005)와 리비아 위기(2011), 이스라엘의 엔테베 인질위기(1976), 한국의 연평해전(1999) 등이다. 위기관리 리더십에 문제가 들어난 사례는 이스라엘의 가자 구호선단 무력저지(2010)와 한국의 연평도 포격도발(2010)이다.

결론: 성공적인 위기관리 리더십의 과제, 요건 및 발전방향

Ⅰ. 위기관리 리더십의 과제

국제사회는 냉전기, 탈냉전기 및 9/11 테러를 거치면서 지역간 힘의 분포와 위협양상의 변화로 인해 지역분쟁, 군사적 도발, 초국가적 극단주의자들의 테러공격, 비대칭적 위협, 인도주의적 분쟁 등 복합적인 위협과 위기에 직면하고 있다. 이러한 위협들에 능동적으로 대처하기 위해 미국, 영국, 이스라엘 등 주요국가들은 위기관리 체계를 재정비하기 위해 커맨드 센터(command center) 역할을 하는 NSC를 설립하여 운영하고 있다. 한반도에서는 북한의 핵 실험, 미사일 발사, 국지적 군사도발 및 테러 등 다양한 비대칭적·비정규적 위협으로 인한 연속적인 위기가 발생했다. 국제사회와 한반도에서 위기시 국가이익 보호와 위기확대 방지를 위한 위기관리 임무는 매우 중요한 국가안보적 사안이다.

이 책에서는 성공적인 위기관리 리더십이 발휘되기 위해서는 위기 인식, 위기 정책결정과 조정, 위기 커뮤니케이션이라는 핵심적 임무가 중요하고, 이를 효과적으로 지원할 수 있는 위기관리 체계의 구축과 운영이 이루어질 때 가능하다는 문제의식을 가지고 있다. 이러한 주장을 분석·평가하기 위해 NSC를 설치하고 있는 미국·영국·이스라엘·한국의 위기사례를 통해 위기관리 리더십 행태를 분석하였다. 4개국의 8가지 사례 중에서 미국의 쿠바 미사일 위기, 한국의 제1연평해전 및 연평도 포격 사례는 군사적 위협 및 국지도발과 관련된 위기이다. 침해된 국익보호와 위기확대 방지사이의 딜레마 속에서 위기통제와 강압흥정 조치의 배합을 통한 위기관리가 이루어졌다. 미국의 9/11 테러, 영국의 7/7 런던 폭탄테러, 이스라엘의 엔테베 인질위기 사례는 대테러리즘적 측면에서 위기관리가 수행된 사례이다. 영국의 리비아 위기 사례는 인도주의적 차원에서 군사적 개입을 통한 위기관리가 이루어졌다. 이스라엘의 가자 구호선단 무력저지 사건은 비군사적 우발사태에 대한 대응사례이다.

위기 발생시 위기확대의 위험을 공유하면서도 상호경쟁을 통한 국익의 보호·증진이라는 상충되는 요소가 나타나는 상황 속에서, 위기확대 통제를 통한 손실의 최소화 또는 강압흥정을 통한 이익의 극대화를 조화시킬 수 있는 적절한 대응책이 도출되어야한다.[1] 이러한 위기 정책결정 과정을 효과적으로 조정·통제·집행하기 위해서는 위기관리 체계로서 NSC와 같은 위기대응 네트워크 조직이 구축되고 운영되어야한다. 이러한 위기대응 과정의 전반을 지휘·통제하기 위해서는 위기관리 리더십의 역할이 매우 중요하다.

위기시 정책결정자는 위기관리 조직의 행위자, 구성 형태, 권한분산 형태, 임무수행 능력, 조정·통제 행태, 관료정치 등 조직적 변수에 영향을 받는다. 또한 정책결정자는 제한된 시간 내의 정책결정, 위기결과의 엄중성, 불충분·부정확하고 편향된 정보, 심리적인 편견(오인식, 공포, 증오 등) 등에 직면하게 된다. 또한 위기상황의 불확실성, 적대국 및 위기확대의 역동성에 대한 이미지, 적대세력과의 의사소통, 심리적 스트레

1) Williams (1976), pp. 29-30. Snyder and Diesing (1977), p. 10 참고.

스, 관료·조직의 저항, 제한된 대처방안 등 많은 장애요인에도 직면하게 된다.[2] 이러한 상황에서 위기관리 지도자는 위기관리 체계의 자문과 지원을 받아, 외교·안보·정보 관련 주요기관이 개입하는 부처간 위기 정책결정 과정을 거치면서 국익을 보호하고 위기특성에 적합한 전략적인 위기 대응책을 도출해야하는 임무를 수행해야한다. 또한 위기관리자는 위기정책을 수립·결정·집행하는 과정에서 국민의 공감과 지지를 이끌어내고 국제사회와 동맹국의 지원을 확보해야하는 과제도 안고 있다.

Ⅱ. 성공적인 위기관리 리더십의 요건과 발전방향

미국·영국·이스라엘·한국의 위기사례 분석과 위기관리 리더십 평가를 기반으로 하여, 이론과 정책적 측면에서 성공적인 위기관리 리더십의 요건과 발전방향을 도출하면 다음과 같다. 첫째, 많은 위기사례에서 위기의 징후와 발생을 사전에 예견하고 파악했는지에 대한 문제가 위기관리의 중요한 변수이다. 예상치 못하고 돌발적이며 급변하는 위기상황의 전개를 시의적절하고 명확하게 파악하지 못하면 통제가 어려워지는 상황으로 발전하게 된다. 따라서 위기 인식 임무수행을 위해서는 사전에 구축된 조기경보체계를 통해 위기관리자 간의 정보 수집·공유·환류를 통해 변화하는 위기상황 판단, 상황전개 파악, 잠재적 결과분석 및 특정한 정보 필요성 제기 등이 요구된다.[3]

2) Genovese (1987), p. 85.
3) Boin et al. (2005), pp. 140-142; Boin et al. (2017), pp. 148-151; Arjen Boin, Sanneke

미국의 9/11 테러와 영국의 7/7 테러 사례분석에서 나타났듯이, 특히 테러리즘 발생 당시 징후파악이 어려웠고 이로 인한 조기경보가 실행되지 않았다. 향후 테러공격에 대한 정보기관의 활동 강화를 통해 징후파악과 신속한 조기경보의 실행이 요망된다. 반면 한국의 연평도 포격 당시에는 위기징후는 파악했으나 이를 조기에 경보하고 대응하는데 실패했다. 이는 수많은 국지적 도발이 발생하는 한반도에서 상대국의 의도와 결의에 대한 정확한 정보 판단·공유 및 정보기관과 군의 조기경보 체계의 강화·협조가 중요하다는 교훈을 주고 있다.

둘째, 위기 정책결정에서는 최고지도자의 지휘·통제 및 정책결정 역할과 위기대응 네트워크의 대응방안 협의·조율이 중요한 요소이다. 위기대응은 최고정책결정자로부터의 탑다운 방식으로 이루어지는 전략적인 정책결정만으로 이루어지지 않는다. 위기대응은 대응체계의 정책결정과 조정과정의 질과 결과에 따라 결정된다.[4] 위기 정책결정은 대체로 국가 최상위지도부에서 이루어지는데, 위기관리 지도자는 위기 대응방안의 적용과정을 조화롭게 조율하고, 정책결정을 심사숙고해야하고 적절한 절차를 통해 정책결정과 집행이 수행되어지도록 해야 한다. 한편 위기상황에서는 다양한 조직들 간의 수직적·수평적 차원에서 유기적인 협력이 요구된다. 따라서 위기관리 지도자는 수직적·수평적 협력을 파악·관찰 및 평가해야하고, 협력에 문제가 발생하면 능동적인 협력을 촉진하거나 협조과정에 개입해야한다.[5] 아울러 위험공유와 상호경쟁의 속

Kuipers, Werner Overdijk, "Leadership in Time of Crisis: A Framework for Assessment," *International Review of Public Administration*, Vol. 18, No. 1 (2013), pp. 82-83.

4) Boin et al. (2017), p. 50.

5) Boin, Kuipers, Overdijk (2013), pp. 83-84.

성이 내재된 안보위기 상황에서 정책결정자들은 위기확대 회피와 침해된 국익수호라는 위기관리의 기본적인 딜레마에 빠지게 되어 매우 어려운 정책적 판단을 해야 한다. 따라서 성공적인 위기관리를 위해서는 특정한 위기상황에 적합한 위기목표 설정과 함께 위기통제와 강압흥정 조치의 상호보완적 실행이 중요하고, 정치·외교·군사적 조치의 적절한 배합과 균형적 적용이 요구된다.

또한 위기에 대응하기 위해 체계적으로 구축된 NSC와 같은 공식적인 정책결정 조직은 시의적절하고 능동적인 있는 대처를 가능하게 한다. 위기상황에 따라 때로는 비공식적 소규모 정책결정 그룹도 활용되기도 한다. 성공적인 위기관리를 위해서는 커맨드 센터(command center) 역할을 수행하는 위기관리 체계의 효과적인 구축·활용과 더불어 위기관리 체계 내에서의 정책결정 과정과 역학관계 또한 중요한 요소로 작용한다.[6] 사례분석에 따르면, 미국과 영국은 체계적인 NSC를 구축하고 위기시 적절한 대응을 했다고 평가되나, 이스라엘과 한국은 NSC를 운영하면서도 위기시 비공식적이고 임시적인 회의체를 통해 위기관리를 수행하였다. 결국 제도적인 NSC 구축만이 중요한 것이 아니라 최고지도자의 활용 의지와 역할, 수직적·수평적 정책조정 및 정책결정 메커니즘의 효율적 운영이 핵심적 사안이라는 시사점을 주고 있다. 한편 현재 한국 문재인 정부의 국가안보실 확대·개편과 위기관리 총괄기능 강화는 바람직하나, 향후 국가안보실 중심의 위기관리에서 탈피하여 국가안보실을 NSC의 실무부서로 재편하고 NSC 사무처를 보강할 필요가 있다. 이를 통해 NSC 중심의 위기관리 체계를 구축하고 위기정보 분석·통합·평가,

6) Boin et al. (2017), pp. 54, 57.

위기 대응책 수립·조정·집행 등 위기관리 전반을 총괄·통제할 수 있는 기능의 강화가 요망된다.

셋째, 위기가 발생하면 국민들은 국가지도자가 어떻게 상황을 인식하고 어떠한 대응방안을 통해 위기상황을 해소할 것인지를 알고자한다. 위기관리 지도자들은 위기 커뮤니케이션 과정을 통해 위기사건의 중요성과 문제점, 수호해야할 핵심가치 및 대응조치 등과 관련된 내용을 국민들에게 시의적절하고 신뢰성 있게 전달해야한다.[7] 이를 위해서 국가지도자는 국가이익 보호와 국력결집에 부합하는 프레임의 설정이 필요하고, 국민·미디어·정당에게 희망, 용기, 위기극복 동기부여, 해결의지 등을 적절한 시점과 단계에서 진솔하고 신뢰성 있게 전달해야 한다.[8]

아울러 적대국 또는 세력에게 침해된 자국의 국익을 보호하고 위기확대를 막으면서 국익에 유리한 위기해결 방안을 전달해야한다. 상대세력에게 의도와 결의가 전달되는 과정 중에 발생할 수 있는 상호간의 오인식(misperception)을 통한 우발적 충돌을 방지하기 위해서는 안정적이고 신뢰할 수 있는 직접적·간접적 위기대화 채널이 필요하다. 특히 한국의 사례분석에서 보듯이 위기시 북한과의 대화채널 구축과 소통은 한반도 위기관리에서 중요한 요소이다. 한반도 안보환경은 여전히 냉전기의 전통적 위협이 상존하는 가운데, 초국가적·비전통적이고 비대칭적인 새로운 안보위협이 전개되고 있는 특징을 보이고 있다. 따라서 제도화된 판문점 남북 연락채널과 2002년 구축된 서해지구 군통신선 활용 및 2013년 구축된 동해지구 군통신선의 복원이 시급하다. 남북간 우발사태 및

7) Boin, Kuipers, Overdijk (2013), pp. 84-85.
8) Boin et al. (2017), pp. 159-160.

위기상황시 활용될 수 있는 군사·통일·정보 분야의 다양한 핫라인 설치와 안정적 운영이 필요하다.9)

21세기 급격한 안보환경의 변화에 따른 전통적 군사도발, 비대칭적 테러리즘, 인도주의적 위기, 비군사적 우발사태 등에 직면하여 주요국가의 지도자와 정책결정자는 위기관리 리더십 임무를 수행해야하는 시험대에 서있다. 국가안보에 대한 최상위 가치가 위협받고, 불확실성, 긴급성이 나타나는 위기상황에서 정책결정자들은 국익의 보호·증진과 위험 및 손실의 최소화라는 상충된 위기목표 달성을 위해 많은 변수를 검토하여 제한된 시간 내에 위기 대응책을 결정하고 집행해야한다.

이를 위해 정책결정자들은 위기를 정확하게 인식하고, 자국의 안보환경과 정책결정 과정의 특징에 부합하는 NSC와 같은 법·제도적 위기관리 체계를 구축하고 이를 능동적으로 활용해야한다. 또한 국민들의 지지, 국력의 결집 및 국제사회의 지원을 이끌어내기 위한 위기 커뮤니케이션 활동을 수행해야한다. 위기관리 리더십 임무는 평화로운 시기에 일상적으로 이루어지는 외교·안보 정책결정과는 매우 다른 양상을 보이고 있다. 국가의 불안정성과 취약성이 높아지는 위기상황에서는 외교·안보·군사·정보적 차원에서 모든 역량이 총집결되어 다차원적 위기관리 리더십 임무가 수행되어야하는 특징을 보이고 있다. 따라서 주요국가들은 위기관리 리더십과 위기관리 체계에 대한 실증적 연구를 통해 도출된 시사점과 교훈을 기반으로 하여, 21세기 급변하는 안보환경 속에서 대두되는 새롭고 복합적인 위기와 도전에 대처해야하는 중대한 과제를 안고 있다.

---

9) 『한겨레』, "남북 우발적 군사충돌 막을 핫라인 10일부터 가동," 2018.1.9 참고.

참고문헌

❑ 국문 자료

강경태, "9.11 미국테러에 대한 미국민의 반응과 부시대통령 지지도," 『국제정치연구』 4집 2호 (2001).

강명세, "리비아 카다피의 몰락과 중동 민주화의 향후 과제," 『세종논평』 No. 224, 2011.9.1.

강영오, 『해양전략으로 풀어본 한·일가상독도해전』 (서울: 연경문화사, 2000).

강정석·이재호·최호진, "정부신뢰와 소통제고를 위한 Public Relations 시스템 구축," KIPA 연구보고서 2010-29, 한국행정연구원, 2010.

고대원, "위기결정작성이론의 재평가," 김달중 (편저), 『외교정책의 이론과 이해』 (서울: 오름, 1998).

고대원, "대북정책의 국내정치적 결정요인: 분석틀과 사례분석," 『한국과 국제정치』 제19권 4호 (2003년 겨울).

공군본부, 『외국 군구조 편람 2005』, 2005.

곽현자, "BBC의 불편부당성과 정확성 심의: 〈지중해의 죽음〉(BBC1) 심의 사례를 중심으로," 『방송통신심의동향』 제2012-03호.

구본학·김계동 외, 『세계외교정책론』 (서울: 을유문화사, 1996).

국가안전보장회의(NSC), "국가위기관리기본지침," 2004.7.12.

국가안전보장회의 사무처, “업무보고,” 2008.1.7.

국가정보원, “파키스탄계 영국 무슬림의 테러가담 원인분석,” 2006.

국방부, 『국방백서 1999』 (서울: 국방부, 1999).

국방부, 『2010 국방백서』 (서울: 대한민국 국방부, 2010).

국방부 군사편찬연구소, 『국방편년사(1998-2002)』 (서울: 국방부군사편찬연구소, 2004).

『국방일보』, “뮌헨올림픽 테러사건,” 2007.6.19.

권재현, “쿠바 미사일 위기와 1차 북한 핵 위기 비교연구: 북핵 위기 해법 모색을 위한 성찰,” 경남대학교 북한대학원, 석사학위논문, 2008년 12월.

길정일, “미국 국가안보회의(NSC) 운영사례 연구,” 『국가전략』, 제6권 2호 (2000).

김병석, “서해해전: 국군 사령탑의 단계적 대응과정,” 『월간조선』 1999.7.

김선빈 · 김용기 · 민승규 · 고현철, “영국에서 배우는 위기관리,” 『CEO Information』, 제530호, 삼성경제연구소, 2005.12.7.

김열수, 『21세기 국가위기관리체제론』 (서울: 오름, 2005).

김열수, 『국가안보: 위협과 취약성의 딜레마』, 제2판 (서울: 법문사, 2011).

김영창, “정부 PR의 조직과 기능에 관한 연구: 국정홍보처를 중심으로,” 연세대학교 언론홍보 대학원 석사학위논문, 2003.

김선빈 · 김용기 · 민승규 · 고현철, “영국에서 배우는 위기관리,” 『CEO Information』, 제530호, 삼성경제연구소, 2005.12.7.

김종대, 『시크릿 파일 서해전쟁』 (서울: 메디치미디어, 2013).

김종대, "청와대 말장난에 무너지는 연평도 위기관리," 김종대의 안보통신, 2011.2.23, http://plug.hani.co.kr/dndfocus/4494.

김중관, "리비아 군사개입과 석유패권: 검은 대륙 향한 미국 · 유럽 · 중국의 세력다툼 결정판," 『신동아』, 2011년 5월호, http://shindonga.donga.com/3/all/13/110207/1.

김지훈, "두 명의 총리를 배출한 특수전대-사베나 항공 작전," 『New Daily』, 2011.5.4.

김태준, "연평해전의 전술적, 전략적 그리고 정치적 의미와 가치에 대한 연구," 『해양전략』 제 107호 (2000.6).

김태준, "연평해전의 정의와 성격에 관한 연구," 『해양전략』 제104호 (1999.9).

김태현, "억지의 실패와 강압외교: 쿠바의 미사일과 북한의 핵," 『국제정치논총』 제52집 1호(2012).

김태현 역, Graham Allison and Philip Zelikow 저, 『결정의 엣센스: 쿠바 미사일 사태와 세계핵전쟁의 위기』 (서울: 모음북스, 2005).

남북회담본부, 남북대화, "4자회담과 6자회담," http://dialogue.unikorea.go.kr/home/data/kdialogue/1073.

네이버 블로그, "엔테베 작전," http://blog.naver.com/PostView.nhn?blogId=vivamd&logNo=10166175238.

『노컷뉴스』, "이스라엘군 조사위 구호선 공격에 실수 있었다," 2010.7.13.

대통령기록관, 청와대 뉴스, "청 국가위기상황센터 신설," 2008.7.22.

대통령기록관, 청와대 뉴스, "이대통령, 전군주요지휘관회의 주재," 2010.5.4.

대통령기록관, 청와대 브리핑룸, "김성환 외교안보수석 브리핑," 2010.5.9.

대통령기록관, "대국민 담화문," 2010.5.24.

대통령기록관, "연평도 포격 도발 관련 대국민 특별담화," 2010.11.29.

대한민국 정부, 『이명박정부 국정백서, 5권 통일 · 안보』 (서울: 대한민국 정부, 2013).

대한민국 정부, 『천안함 피격사건 백서』 (서울: 대한민국 정부, 2011).

대한민국 국방부, "천안함 피격사건 설명자료," 2010.7.15.

동아시아연구원 외교안보정책결정체계연구팀, "비람직한 한국형 외교안보정책 컨트롤타워," 2013 EAI Special Report, 2013.1.

『동아일보』, "[책갈피 속의 오늘], 1968년 이스라엘 항공기 첫 공중납치," 2009.9.24.

『동아일보』, "런던, 테러에 당했다, 출근길 지하철 등서 연쇄 폭발," 2005.7.8.

『동아일보』, "런던테러 배후용의자 1명 체포, 테러범 4명 시신 발견," 2005.7.13.

『동아일보』, "다국적군, 리비아 폭격: 오디세이 새벽 작전, 긴박했던 공격 개시," 2011.3.21.

문순보, "북한의 도발 환경 비교 분석: 1968년과 2010년의 주요 사건을 중심으로," 『세종정책 연구』 2012-13.

박건영, 『한반도의 국제정치: 평화와 통일을 위한 새로운 접근』 (서울: 오름, 1999).

박수민 옮김, 로버트 F. 케네디 지음, 『13일』 (파주: 열린책들, 2012).

박재하 · 정길호, "국가안전보장회의의 활성화 방안연구: 기능 및 기구 정립을 중심으로," 『국방논집』 제7호 (1988.12).

박한규, 『외교정책의 이해』 (서울: 경희대학교 출판국, 2005).

박홍원, "언론-국가관계 연구에 대한 비판적 고찰," 『언론과 사회』, 9권 3호, 2001년 여름.

박희봉, "정부 신뢰와 소통 제고를 위한 Public Relations 시스템 구축: 국정소통 증진을 위한 정부 PR 시스템 개선방안," KIPA 연구보고서 2011-42-1, 한국행정연구원, 2011.

박창권, "아프간 전쟁(항구적 자유작전)의 교훈 및 시사점," 『합참』 제19호(2002.7.1).

박후건, "다국적군의 리비아내전 개입과 R2P," KNSI(코리아연구원) 특별기획 제34-2호, 2011.

배정호 · 박영호 · 박재적 · 이기현, "중동 민주화 혁명과 한반도 전략적 함의," 『통일정세분석』, 통일연구원, 2011.4.

법제처, 국가법령정보센터, "국가안전보장회의법," [법률 제8874호, 2008.2.29. 일부개정].

법제처, 국가법령정보센터, "외교안보정책 조정회의 운영규정," [대통령훈령 제245호, 2009.4.3. 제정].

법제처, "국가안전보장회의 운영 등에 관한 규정," 전문개정 1998.6.8 (대통령령 제15808호).

법제처, "국방부 위기관리규정," [시행 1999.8.5.].

베일리스, 존 · 스티브 스미스 · 퍼트리샤 오언스 편저, 하영선 외 옮김, 『세계정치론』 제5판 (서울: 을유문화사, 2012).

북한정보포털, 군사: 대남도발, "1990년대-2000년대," http://nkinfo.unikorea.go.kr/nkp/overview/nkOverview.do?sumryMenuId=MR115.

북한정보포털, 남북관계 지식사전, "연평도 포격 도발 사건," http://nkinfo.unikorea.go.kr/nkp/term/viewKnwldgDicary.do?pageIndex=13&dicaryId=67&searchCnd=0&searchWrd=

북한정보포털, 군사: 대남도발, "1990년대-2000년대," http://nkinfo.unikorea.go.kr/nkp/overview/nkOverview.do?sumryMenuId=MR115.

서영길, "연평해전이 남긴 교훈," 『해양연구논총』 제24집 (2000년 6월).

송대성, "이스라엘 국가안보: 지혜, 경험 그리고 교훈," 『2011년 한국국가정보학회 학술회의 논문집』 2011.5.26.

신승원, "국가정보와 위기관리의 실증적 연구," 『전략논단』 통권 제2호 (2005년 봄 · 여름호).

양욱, 『그림자 전사, 세계의 특수부대: 그들의 성공과 실패의 역사』 (서울: 플래닛미디어, 2009).

『SBS뉴스』, "9.11 테러, 허둥대다 늑장대응," 2004.6.18.,

『연합뉴스 그래픽』, "국가안보실 개편 기구도," 2017.5.11.

『연합뉴스』, "이스라엘 가자지구 구호선단 봉쇄 긴장고조," 2010.5.26.

『연합뉴스』, "전 미 재난청장: 9·11 때 누구도 책임전가 안 했다," 2014.10.7.

『연합뉴스』, "리비아 사태 일지," 2011.11.19.

『연합뉴스』, "이스라엘 가자 구호선 공격 지나쳐," 2011.9.2.

『연합뉴스 그래픽』, "청와대 NSC상임위 설치 후 기구도," 2013.12.20., https://www.yna.co.kr/view/GYH20131220001300044?section=search,

외교부, "미국개황," 2014.6.

외교부, "이스라엘 국내정세(Flotilla 사건 관련)," 2012.6.28.

외교부, "이스라엘 개황," 2015.11.

외무부, "영국개황," 1998.2.

위키백과, "리비아 내전," http://ko.wikipedia.org/wiki/%EB%A6%AC%EB%B9%84%EC%95%84_%EB%82%B4%EC%A0%84_(2011%EB%85%84).

위키백과, "뮌헨 올림픽 참사," http://ko.wikipedia.org/wiki/%EB%AE%8C%ED%97%A8_%EC%98%AC%EB%A6%BC%ED%94%BD_%EC%B0%B8%EC%82%AC.

위키백과, "9·11 테러," https://ko.wikipedia.org/wiki/9%C2%B711_%ED%85%8C%EB%9F%AC.

위키백과, "리비아 내전(2011년)," https://ko.wikipedia.org/wiki/%EB%A6%AC%EB%B9%84%EC%95%84_%EB%82%B4%EC%A0%84_(2011%EB%85%84).

유성운, "1999년 1차 연평해전 때 북한 사상자 130여명 달해 주장 제기," 『중앙일보』, 2014.11.23.

유용원, "인터뷰: 서해 교전사태의 사령탑 조성태 국방장관," 『월간조선』 1999.7.

윤태영, "연평해전과 한국의 대북한 위기관리" 『해양전략』 제109호 (2000.12).

윤태영, "영국의 대테러리즘 위기관리 체계와 전략: 실제, 문제점 및 정책적 함의," 『한국위기 관리논집』 제6권 제1호 (2010 봄).

윤태영, "미국과 한국의 국가안전보장회의(NSC) 체제 조직과 운영: 위기관리 시각에서 분석," 『평화학연구』 제11권 3호 (2010).

윤태영, "위기관리를 위한 교전규칙의 역할과 고려사항: 미국과 한국의 교전규칙 사례연구," 『시민윤리학회보』 제24집 2호 (2011).

윤태영, "강압외교에 관한 이론적 고찰과 한·미동맹의 대북한 전략에 대한 시사점," 『정책연구』 통권 173호 (2012년 여름).

윤태영, "한국의 대북한 위기관리 평가와 발전방향: 천안함 피격사건과 연평도 포격도발을 중심으로," 『정책연구』 통권 183호 (2014 겨울호).

윤태영, "미국의 아프가니스탄 전쟁 목표와 전략의 변화양상: 대테러전과 대반란전 논쟁을 중심으로," 『국가안보와 전략』 제17권 1호 (2017년 봄).

윤태영, "인질구출 작전의 성공요인 분석: 이스라엘과 한국 사례연구," 『한국치안행정논집』, 제15권 제2호 (2018).

이근욱, 『쿠바 미사일 위기: 냉전 기간 가장 위험한 순간』 (서울: 서강대학교 출판부, 2013).

이근형, "국정홍보 효율화를 위한 정부 조직 구성과 운영방안 연구," 동국대학교 언론정보대학원 석사학위논문, 2001.

이도선 · 윤경희, "대테러 초동조치 시스템에 대한 비교 연구: 7.7 런던 지하철 테러사건 사례를 중심으로," 『한국테러학회보』 제4권 제1호 (2011).

이민호, "사회적 소통 제고를 위한 국정 PR시스템 구축 및 운영방안: 거버넌스 및 소통 메커니즘을 중심으로, KPA 연구보고서 2013-38, 한국행정연구원, 2013.

이봉현 · 김성욱, "미디어 담론분석을 통해 본 리비아전쟁," 『커뮤니케이션 이론』 7집 2호, (2011년 겨울).

이서항, "NSC 개편과 안보정책 결정과정의 변화," 『정세와 정책』 98-07, 세종연구소, 1998.

이수범 · 김성학 · 한성준, "정당의 위기관리 커뮤니케이션 전략과 언론보도 프레임에 대한 연구: 통합진보당 비례대표 경선부정 사건을 중심으로," 『현대정치연구』 5권 2호 (2012).

이승렬 · 박규백, "미국의 대아프간 전쟁 교훈: 클라우제비츠의 삼위일체론 적용 측면을 중심으로," 『해양연구논총』 제30집 (2003년 6월).

21세기 정치학대사전, "쿠바미사일위기(Cuban missile crisis)," 한국사전연구사,
http://terms.naver.com/entry.nhn?docId=729834&cid=42140&categoryId=42140.

이인호 외, "바람직한 국가위기관리 모델," 2009년도 청와대 위기상황센터, 연구용역 최종보고, 2009.4.9.

이진규 외, "위기관리조직의 구조적·행태론적 특성 연구," 국민안전처 연구용역보고서, 2008.

이충묵, "리더십과 외교정책," 김달중 (편저), 『외교정책의 이론과 이해』 (서울: 오름, 1998).

인남식, "최근 리비아 사태의 현황과 의미," 『IFANS FOCUS』, IF 2011-07K, 2011.8.24.

『일요주간』, "이스라엘, 팔레스타인 구호선박 인명학살 전말," 2010.6.18.

임필수, "쿠바 미사일 위기 50년," 사회진보연대 자료실, http://www.pssp.org/bbs/view.php?board=document&nid=40889&page=23.

장정미, "이스라엘, 가자 구호선 공격 그 후: 가자지구 봉쇄 정책 완화되나," 『뉴스메이커』, 2010년 8월 2일, http://www.newsmaker.or.kr/news/articleView.html?idxno=1662.

장준갑, "케네디와 흐루시초프: 위기극복의 지도력," 『서양사학연구』 제22집 (2010).

전경만·정춘일, "신안보정책 결정체계 정립방안 연구," 연구보고, 한국국방연구원, 1994.12.

전봉근, "이명박 정부 외교안보 조정체계의 특징과 의미," 『정세와 정책』 2008년 5월호.

전봉근, “국가안보 총괄조정체제 변천과 국가안보실 구상,” 『주요국제문제분석』 2013.2.7.

전웅, “9·11 테러, 이라크 전쟁과 정보실패,” 『국가전략』, 제11권 4호(2005년).

정상률, “리비아 민주화 혁명의 왜곡과 군사개입,” 『오마이뉴스』, 2011.4.6.

정완, “각국의 테러대응 법제,” 『형사정책연구소식』, 제83호(2004).

정우일, “지역사회 대테러활동에 관한 연구”, 『한국경호경비학회지』, 19집(2009).

정찬권, 『21세기 포괄안보시대의 국가위기관리론』, 제2판 (서울: 대왕사, 2012).

정철호, “한국의 NATO와의 군사협력 방향: NATO 신전략 2010 중심으로,” 『세종정책연구』 2012-10(2012).

정춘일·유영철·서남열, “국가 위기관리체계 정비 방안 연구,” 연구보고서, 한국국방연구원, 1998.7.

제성호, “영국의 테러방지법과 테러대응기구,” 『저스티스』 제114호(2009.12).

제204회 국회, 국방위원회회의록 제1호, “1. 북한 경비정 서해 NLL 침범사건 등 현안보고,” 1999년 6월 10일.

제204회 국회, 국방위원회회의록 제2호, “1. 서해상 교전사태 관련 현안보고,” 1999년 6월 17일.

제294회 국회, 국방위위원회회의록 제5호, “1. 북 연평도 화력 도발관련 보고,” 2010년 11월 24일.

제294회 국회 국방위위원회회의록 제5호, "2. 북한의 무력도발행위 규탄 결의안," 2010년 11월 24일.

조명진, "고립 부른 바다 위 오버 액션," 『시사저널』, 2010.6.8.,

『조선일보』, "나치학살 생존자 · 노벨평화상 수상자 등 700명 탄 선단 급습," 2010.6.1.

조영갑, 『국가위기관리론』 (서울: 선학사, 2006).

조정현, "리비아 사태와 국제법: 한반도에 대한 함의를 중심으로," 『주요국제문제분석』 2011.6.7.

조정현, "보호책임(R2P)의 이론 및 실행, 그리고 한반도에의 함의: 리비아 및 코트디부아르 사태를 중심으로," 『KINU 정책연구시리즈』 11-04, 통일연구원 (2011).

조지, 로저 · 제임스 브루스 엮음, 박동철 옮김, 『정보분석의 혁신』 (서울: 한울 아카데미, 2010).

『주간동아』, "[커버스토리 '21세기 전쟁' 테러 vs 반테러] 공격 받은 미국!! 테러가 인류를 노린다," 2001.9.27. (303호).

주 영국 대한민국 대사관, "영국 정세: 영국의 정치제도," 2008.9.19.

주 이스라엘 대한민국 대사관, "이스라엘군의 가자 구호선단 무력 저지 및 사상자 발생," 2010.6.25.

주 이스라엘 대한민국 대사관, "가자 구호선단 사태에 대한 이스라엘군 자체 조사 결과 발표," 2010.7.13.

주 이스라엘 대한민국 대사관, "가자 구호선단 사태 관련, 이스라엘 특별위원회 구성 발표," 2010.6.25.

『중앙일보』, [뉴스 클립] Special Knowledge 〈376〉 9·11 테러 직후 부시 대통령 담화문, 2011.10.31.

『중앙일보』, "정의용 빼고 다바뀐 청안보실, 김현종·최종건 주목하라," 2019.3.20.

채경석, 『위기관리정책론』, 제2판 (서울: 대왕사, 2007).

청와대, "북한 연평도 포격에 관한 정부 성명," 2010.11.23.

청와대, "외교안보장관회의 브리핑 2010.11.23.

청와대, "이 대통령 합참방문 관련 브리핑," 2010.11.23.

청와대, "각국 정상과의 전화통화 관련 브리핑," 2011.11.24.

청와대, "수석비서관회의 관련 브리핑," 2010.11.24.

청와대, "한·미 연합사령부 방문 관련 브리핑," 2010.11.29.

케네디, 로버트 F. 지음, 박수민 옮김, 『13일』 (파주: 열린책들, 2012).

케이건, 도널드 지음, 김지원 옮김, 『도널드 케이건 교수의 전쟁과 인간』 (서울: 세종연구원, 1999).

통일부 남북회담사무국, 『남북대화』, 제66호 ('98.1-'99.9).

통일부, "평화와 화해·협력을 위한 대북정책과 남북현안에 대한 입장," 1999.7.30.

통일부, "북 연평도 포격도발 관련 대응조치," 외교통상통일위원회 보고자료, 2010.11.24.

통일부, 북한정보포털, 남북관계지식사전, "남북적십자회담," http://nkinfo.unikorea.go.kr/nkp/term/viewKnwldgDicary.do?pageIndex=5&dicaryId=152&searchCnd=0&searchWrd=.

통일부, "월간 북한동향," 2010.09.

통일부, 북한정보포털, 남북관계 지식사전, "연평도 포격 도발 사건," http://nkinfo.unikorea.go.kr/nkp/term/viewKnwldgDicary.do?pageIndex=1&dicaryId=67.

통일부, "연평도 폭격 도발 관련 통일부 조치," 2010.11.26.

하상복, "9·11 폭력과 위기 관리의 정치: 머레이 에델만의 정치 이론 연구," 『사회 이론』, 2003 가을/겨울.

『한겨레』, "7·7 런던테러, 착착 가동된 테러대응시스템," 2005.7.8.

한국국방연구원, 세계분쟁정보(WoWW), "리비아 내전," http://www.kida.re.kr/woww/history/closed_detail.asp?idx=768.

한국전략문제연구소, "서해사태 평가와 향후 대비방향", 『정책토론회 결과보고서, 99-7』.

한바란 외, "주요국의 리비아 사태에 대한 대응과 시사점," 『KIEP 오늘의 세계경제』, Vol. 11, No. 27 (2011년 9월 22일).

한희원, 『국가정보: 법의 지배와 국가정보』 (서울: 법률출판사, 2008).

합동참모본부, 『합동연합작전 군사용어사전』. http://www.jcs.mil.kr/user/indexSub.action?codyMenuSeq=71157&siteId=jcs&menuUIType=sub.

합동참모본부, "북 포사격 도발에 대한 우리 군의 조치," 2010.11.23.

합동참모본부, "북 연평도 포격 관련," 2010.11.23.

합동참모본부, "북 연평도 포격 도발 관련 브리핑 내용-2," 2010.11.24.

합동참모본부, "서해상에서 한·미연합훈련 실시," 2010.11.24.

해군본부, "제1연평해전," http://www.navy.mil.kr/mbshome/mbs/navy/subview.do?id=navy_060406010000.

행정안전부, 『2010 행정안전백서』 (서울: 행정안전부, 2011).

허드슨, 밸러리 지음, 신욱희 · 최동주 · 조윤영 · 김재천 옮김, 『외교정책론』 (서울: 을유문화사, 2009).

허만섭, "MB의 관계장관회의 선호가 천안함 초기대응 실패 원인," 『신동아』, 2010년 6월호, 통권609호,

홍순남, "3.11 마드리드 테러와 7.8 런던테러의 비교분석,"『대테러연구논총』 제3호 (2006.2).

황병무, 『전쟁과 평화의 이해』 (서울: 오름, 2001).

황준호, "영국의 리비아 공습 〈가디언〉도 설명 못해," 『프레시안』, 2011.04.14.,

❑ 영문 자료

Allison, Graham T. and Philip Zelikow, *Essence of Decision: Explaining the Cuban Missile Crisis* (2nd Edition) (New York: Addison-Wesley Educational Publishers Inc, 1999).

Allison, Graham, "14. The Cuban Missile Crisis," in Steve Smith, Amelia Hadfield, Tim Dunne eds., *Foreign Policy: Theories, Actors, Cases,* (2nd ed.) (Oxford: Oxford University Press, 2012).

Arad, Uzi and Amos Harel, "Is There a Future for Israel's National Security Council?" *BESA Center Perspectives Paper,* No. 180 (September 5, 2012).

Bangham, George and Sarang Shah, "The National Security Council and the Prime Minister," *A Policy Research Paper for The Wilberforce Society think-tank*, University of Cambridge, March 2012.

Barton, Laurence, Crisis Leadership Now: *A Real-World Guide to Preparing for Threats, Disaster, Sabotage, and Scandal* (New York: McGraw-Hill, 2008).

Bar-Zohar, Michael and Nissim Mishal, Translated from the Hebrew by Michael Bar-Zohar and Nathan K. Burstein, *No Mission is Impossible: The Death-Defying Missions of the Israeli Special Forces* (New York: HarperCollins Publishers, 2015).

BBC, "7 July London bombings: What happened that day?" 3 July 2015, https://www.bbc.com/news/uk-33253598

Berg, Raffi, "Recollections of Entebbe, 30 years on," *BBC News*, 3 July 2006, http://news.bbc.co.uk/2/hi/middle_east/5101412.stm

Best Jr., Richard A., "The National Security Council: An Organizational Assessment," *CRS Report for Congress*, June 8, 2009.

Best Jr., Richard A., "The National Security Council: An Organizational Assessment," *CRS Report for Congress*, December 28, 2011.

Bligha, Michelle C., Jeffrey C. Kohlesb, James R. Meindl, "Charisma under crisis: Presidential leadership, rhetoric, and media responses before and after the September 11th terrorist attacks," *The Leadership Quarterly*, Vol. 15, 2004.

Boin, Arjen, Paul 't Hart, Eric Stern, and Bengt Sundelius, *The Politics of Crisis Management: Public Leadership under Stress* (Cambridge: Cambridge University Press, 2005).

Boin, Arjen, Paul 't Hart, Eric Stern, and Bengt Sundelius, *The Politics of Crisis Management: Public Leadership under Stress* (2nd Edition) (Cambridge: Cambridge University Press, 2017).

Boin, Arjen, Sanneke Kuipers, Werner Overdijk, "leadership in Time of Crisis: A Framework for Assessment," *International Review of Public Administration*, Vol. 18, No. 1 (2013).

Boys, James, "Intelligence Design: UK National Security in a Changing World," *A Target Paper*, The Bow Group, July 2012.

Brake, Jeffrey D., "Terrorism and the Military's Role in Domestic Crisis Management: Background and Issues for Congress," *CRS Report for Congress*, updated January 27, 2003.

Brecher, Michael and Hemda Ben Yehuda, "System and Crisis in International Politics," *Review of International Studies*, Vol. 11, No. 1 (January 1985).

Brecher, Michael, *Crises in World Politics: Theory and Reality* (Oxford: Pergamon Press, 1993).

Brown, Cody M., "The National Security Council: A Legal History of the President's Most Powerful Advisers," *Project on National Security Reform*, 2008.

Burke, John P., "The Obama National Security System and Process: At the Sixth Month Mark," The White House Transition Project (August 3, 2009).

Cabinet Office, "National Security Council," https://www.gov.uk/government/organisations/national-security/groups/national-security-council.

Cabinet Office, "National Security and Intelligence," https://www.gov.uk/government/organisations/national-security.

Cabinet Office, "The United Kingdom and the Campaign against International Terrorism: Progress Report," 9th September 2002.

Cabinet Office, "Structure Charts," June 2010, https://www.gov.uk/government/uploads/system/uploads/attachment_data/file/60745/Cabinet-Office_0_0.pdf.

Caldwell, Dan (ed.), "Department of Defense Operations during the Cuban Crisis: A Report by Adam Yarmolinsky, Special Assistant to the Secretary of Defense, 13 February 1963." *Naval War College Review*, July-August, 1979.

Cesana, Shlomo and Israel Hayom Staff, "Government's flotilla decision-making process was flawed," *Israel Hayom,* June 13, 2012,

http://www.israelhayom.com/site/newsletter_article.php?id=4665.

Chang, Laurence & Peter Kornbluh (eds.), *The Cuban Missile Crisis, 1962* (New York; The New Press, 1992, 1998), A National Security

Archive Documents Reader, "Chronology 1: September 28 to October 26, 1962," and "Chronology 1: October 26, 1962 to November 15, 1962,".

Christoffersen, Ulf, "When states choose to use military force: A comparative study between Operation Thunderbolt and Operation Neptune Spear," Lund University, Spring Semester 2013.

Cohen, Raymond, *Threat Perception in International Crisis* (Madison: University of Wisconsin Press, 1979).

Cressey, Roger, "U.S. Counter-Terrorism Policy and Organization," MIT SSP, *Wednesday Seminar Series*, September 27, 2000.

Daalder, Ivo H., "How Operational and Visible an NSC?," Brookings Institution, February 23, 2001.

David, Saul, *Operation Thunderbolt: Fight 139 and the Raid on Entebbe Airport, the Most Audacious Hostage Rescue Mission in History* (New York: Little, Brown and Company, 2015).

Devanny, Joe and Josh Harris, "The National Security Council: National Security at the Centre of Government," Institute for Government, 4 November 2014.

Diker, Dan, "Why Are Israel's Public Relations So Poor?" *Jerusalem Letter/Viewpoints*, No. 487, 9-26 Heshvan 5763, 15 October-1 November 2002, Jerusalem Center for Public Affairs, http://www.jcpa.org/jl/vp487.htm.

Drennan L. T. & A. McConnell, *Risk and Crisis Management in the Public Sector* (NY: Routledge, 2007).

Edwards, Charlie, "National Security for the Twenty-first Century," Demos, 2007.

Entman, Robert M., "Framing: Toward Clarification of a Fractured Paradigm," *Journal of Communication*, 43(3), Autumn 1993.

Even, Shmuel, "The National Security Staff: Will the New Law bring About Change?" *Strategic Assessment*, Vol 11, No, 3 (January 2009).

Federal Bureau of Investigation, "CONPLAN: United States Government Interagency Domestic Terrorism Concept of Operations Plan," January 2001.

Federal Emergency Management Agency, "Federal Response Plan, Notice of Change," February 7, 1997.

Freilich, Charles D., "National Security Decision-Making in Israel: Processes, Pathologies, and Strengths," *Middle East Journal*, Vol. 60, No. 4 (Autumn 2006).

Genovese, Michael A., "Presidents and Crisis: Developing a Crisis Management System in the Executive Branch," *International Journal on World Peace*, Vol. 4, No. 2 (April-June 1987).

Genovese, Michael A., "Presidential Leadership and Crisis Management," *Presidential Studies Quarterly*, Vol 16, No. 2 (Spring 1986).

Genovese, Michael A., "The Transformation of the Bush Presidency: 9/11 and Beyond," Paper prepared for the conference "The Presidency, Congress, and the War on Terrorism: Scholarly Perspectives," Department of Political Science, University of Florida, 7 February 2003.

George, Alexander L. (ed.), *Avoiding War: Problems Of Crisis Management* (Boulder: Westview Press, 1991).

George, Alexander L., "A Provisional Theory of Crisis Management," in Alexander L. George (ed.), *Avoiding War: Problems of Crisis Management* (Boulder: Westview Press, 1991).

George, Alexander L., "The Tension Between "Military Logic" and Requirements of Diplomacy in Crisis Management," in Alexander L. George (ed.), *Avoiding War: Problems of Crisis Management* (Boulder: Westview Press, 1991).

George, Alexander L., "Strategies for Crisis Management," in Alexander L. George (ed.), *Avoiding War: Problems of Crisis Management* (Boulder: Westview Press, 1991).

George, Alexander L. "The Operational Code: A Neglected Approach to the Study of Political Leaders and Decision-Making," *International Studies Quarterly*, Vol. 13, No. 2 (June 1969).

George, Alexander L. and Andrew Bennett, Case Studies and Theory Development in the Social Sciences (Cambridge: MIT Press, 2005).

GOV.UK, "Announcement: New National Security Council Established," 12 May 2010, https://www.gov.uk/government/news/new-national-security-council-established.

Greenleaf, Jason R., "The Air War in Libya," *Air & Space Power Journal,* March-April 2013.

Gregg II, Gary L., "Crisis Leadership: The Symbolic Transformation of the Bush Presidency," *Perspectives on Political Science*, Vol. 32, No. 3, 2010.

Gur, Haviv Rettig, "Inside Israel's White House: How Netanyahu runs the country," *The Times of Israel*, January 6, 2014.

Hansén, Dan., "Crisis and Perspectives on Policy Change: Swedish Counter-terrorism Policymaking," Swedish National Defence College, Crismart, Publication No. 34 (January 2007).

't Hart, Paul, Karen Tindall, Christer Brown, "Crisis Leadership of the Bush Presidency: Advisory Capacity and Presidential Performance in the Acute Stages of the 9/11 and Katrina Crises," *Presidential Studies Quarterly*, Vol 39, No. 3 (September 2009).

Head, Richard G., Frisco W. Short, and Robert C. McFarlane, *Crisis Resolution: Presidential Decision Making in the Mayaguez and Korean Confrontations* (Boulder: Westview Press, 1978).

Hermann, Charles F. and Linda P. Brady, "Alternative Models of International Crisis Behavior," in Charles F. Hermann (ed.), *International Crises: Insights from Behavioral Research* (New York: The Free Press, 1972).

Hermann, Charles F., *Crises in Foreign Policy*: A Simulation Analysis (Indianapolis: The Bobbs-Merrill Company, Inc., 1969).

Hermann, Charles F., "International Crisis as a Situational Variable," in James N. Rosenau (ed.), *International Politics and Foreign Policy: A Reader in Research and Theory* (New York: The Free Press, 1969).

Hermann, Margaret G., "Indicators of Stress in Policymakers During Foreign Policy Crises," *Political Psychology*, Vol. 1 (Spring 1979).

Hewitt, Steve, *The British War on Terror: Terrorism and Counter-terrorism on the Home Front Since 9/11* (London: Continuum, 2008).

HM Government, "Countering International Terrorism: The United Kingdom's Strategy," July 2006.

HM Government, "The United Kingdom's Strategy for Countering International Terrorism," March 2009.

HM Government, "National Security Strategy and Strategic Defence and Security Review 2015: A Secure and Prosperous United Kingdom," 23 November 2015.

Homeland Defense Journal, "The London Bombing. Special Report," July 29 2005.

Homeland Security Institute, "Underlying Reasons for Success and Failure of Terrorist Attacks: Selected Case Studies," 4 June 2007.

Holmes, Kim R. "Memo to a New President: How Best to Organize the National Security Council," The Heritage Foundation, *Backgrounder*, No. 3098, April 14, 2016.

House of Commons, Home Affairs Committee, "Project CONTEST: The Government's Counter Terrorism Strategy," Ninth Report of Session 2008-09, 29 June 2009.

House of Commons Defence Committee, "Decision-making in Defence Policy," Eleventh Report of Session 2014-15, 26 March 2015.

House of Lords and House of Commons, Joint Commission on the National Security Strategy, "First review of the National Security Strategy 2010," First Report of Session 2010-12, 27 February 2012.

House of Lords and the House of Commons, Joint Committee on the National Security Strategy, "National Security Strategy and Strategic Defence and Security Review 2015," First Report of Session 2016-17, 10 July 2016.

Inderfurth, Karl F. and Loch K. Johnson, *Fateful Decision: Inside the National Security Council* (New York: Oxford University Press, 2004).

Intelligence and Security Committee, "Report into the London Terrorist Attacks on 7 July 2005," Presented to Parliament by the Prime Minister by Command of Her Majesty, May 2006.

Intelligence and Security Committee, "Could 7/7 Have Been Prevented? Review of the Intelligence on the London Terrorist Attacks on 7 July 2005," Presented to Parliament by the Prime Minister by Command of Her Majesty, May 2009.

Israel Defense Forces, "IDF Appoints Internal Team of Experts to Examine Flotilla Operation, 7 June 2010," 7 June 2010, https://idfspokesperson.wordpress.com/2010/06/07/idf-appoints-internal-team-of-experts-to-examine-flotilla-operation/.

Israel Defense Forces, "Maj. Gen. (Res.) Eiland Submits Conclusions of Military Examination Team Regarding Mavi Marmara, 12 July 2010" July 12, 2010, https://idfspokesperson.wordpress.com/2010/07/12/maj-gen-res-eiland-submits-conclusions-of-military-examination-team-regarding-mavi-marmara-12-july-2010/.

Jacobson, Sid and Ernie Colón, The 9/11 Report: *A Graphic Adaptation Paperback* (Hill and Wang, 2006).

Janis, Irving L., *Groupthink* (2nd Edition) (Boston: Houghton Mifflin Company, 1982).

John, Anthony Wanis-St., "The National Security Council: Tool for Presidential Crisis Management," *Journal of Public and International Affairs*, vol. 9, no. 1 (1998).

Keesing's World News Archive, "Hijacking of Air France Airbus by Followers of Popular Front for the Liberation of Palestine - Israeli Action to liberate Hostages held at Entebbe Airport," *Keesing's Record of World Events*, Volume 22 (1976), Issue No. 12 (December).

Kellerman, Barbara, "Allison Redux: Three More Decision-Making Models," *Polity*, Vol. 15, No. 3 (Spring 1983).

Kennedy, Robert F., *Thirteen Days: A Memoirs of the Cuban Missile Crises* (New York: W.W. Norton & Company, 1971).

Kennedy, Robert with a forward by Arthur Schlesinger, Jr., *The Thirteen Days: A Memoir of the Cuban Missile Crisis* (New York: Norton, 1967).

Kwa Chong Guan, "Role of Intelligence in International Crisis Management," *RSIS Working Paper*, No. 243 (23 July 2012).

Landi, Dale M., Bruno W. Augenstein, Cullen M. Crain, William R. Harris and Brian M. Jenkins, "Improving the Means for Intergovernmental Communications in Crisis," *Survival*, Vol. XXVI, No. 5 (September/ October 1984).

Lebow, Richard Ned., *Between Peace and War: The Nature of International Crisis* (Baltimore: The Johns Hopkins University Press, 1981).

Lindström, Madelene, Kristina Zetterlund, "Setting the Stage for the Military Intervention in Libya: Decisions Made and Their Implications for the EU and NATO," *Swedish Defence Research Agency's (FOI's) research programme Atlantic Security-European Crisis Management*, October 2012.

London Assembly, "Report of the 7 July Review Committee: Report," June 2006.

Lord, Carnes, "Rethinking the NSC Role," Comparative Strategy, vol. 6, no. 3 (1987).

Lord, Carnes, "Crisis (Mis-) Management," *Joint Forces Quarterly* (Summer 1999).

Lunn, Jon, Louisa Brooke-Holland, Claire Mills, "The UK National Security Council," House of Commons Library, *Briefing Paper*, Number 7456, 11 January 2016.

Maoz, Zeev, "The Decision to Raid Entebbe: Decision Analysis Applied to Crisis Behavior," *The Journal of Conflict Resolution*, Vol. 25, No. 4 (Dec. 1981).

Marcella, Gabriel (ed.), "Affairs of State: The Interagency and National Security," Strategic Studies Institute, U.S. Army War College (December 2008).

Marsden, Chris, "Unanswered questions in London bombing," World Socialist Web Site, 11 July 2005, http://www.wsws.org/en/articles/2005/07/lond-j11.html.

Mason, Chris, "London 2012: What exactly is a Cobra meeting?," BBC News, 23 July 2012, http://www.bbc.com/news/uk-politics-18958032 .

May, Ernest R. and Philip D. Zelikow, (ed.), *The Kennedy Tapes: Inside the White House during the Cuban Missile Crisis* (Cambridge: Belknap Press, 1997).

McCllelland, Charles A., "Access to Berlin: The Quantity and Variety of Events, 1948-1963," in J. David Singer (ed.), *Quantitative International Politics* (New York: Free Press, 1968).

McCormick, James M. "International Crises: A Note on Definition," *The Western Political Quarterly*, Vol. XXXI, No. 3 (1978).

McRaven, William H., *SPEC OPS: Case Studies in Special Operations Warfare: Theory and Practice* (Novato: Presidio Press, 1995).

Muhareb, Mahmoud, "The Process of National Security Decision-Making in Israel and the Influence of the Military Establishment," *Research Paper*, Arab Center for Research & Policy Studies, May 2011.

National Commission on Terrorist Attacks Upon the United States, *The 9/11 Commission Report: Final Report of the National Commission on Terrorist Attacks Upon the United States,* July 22, 2004.

National Commission on Terrorist Attacks Upon the United States, "The 9/11 Commission Report," *Final Report of the National Commission on Terrorist Attacks Upon the United States*, "Executive Summary," July 22, 2004.

National Defense University, "Interagency Management of Complex Crisis Operations Handbook," (January 2003).

National Security Act of 1947.

National September 11 Memorial & Museum, "FAQ about 9/11," https://www.911memorial.org/faq-about-911.

NATO Letter, "Crisis Management or Crisis Prevention," (August-September 1966).

Norris, Robert S. and Hans M. Kristensen, "The Cuban Missile Crisis: A nuclear order of battle, October and November 1962," *Bulletin of the Atomic Scientists*, 68(6).

Olsson, Eva-Karin Malin, Söderlund and Jesper Falkheimer, "Communicating Terror: Selecting, Reinforcing and Matching Frames in Connection to the Attacks in Norway on July 22, 2011," *Scandinavian Journal of Public Administration*, 19(1), 2015.

Paraszczuk, Joanna and Yaakov Katz, "Lindenstrauss slams Nethanyahu, Barak in report," *The Jerusalem Post*, June 13, 2012, http://www.jpost.com/National-News/Lindenstrauss-slams-Netanyahu-Barak-in-report.

Pfaltzgraff, Roberts L., "Crisis Management: Looking Baqck and Kooking Ahead," Presented at the Crisis Management Conference: Athena 2008, Organized by the Hellenic Ministry of National Defence, July 2, 2008.

Pfeifer, Joseph W., "Crisis Leadership: The Art of Adapting to Extream Events," *Program on Crisis Leadership Discussion Paper Series*, Harvard Kennedy School, March 2013.

Prime Minister's Office, "About the Office," http://www.pmo.gov.il/ENGLISH/PRIMEMINISTERSOFFICE/Pages/About.aspx.

Prime Minister's Office, "Libya crisis: National Security Adviser's view of central coordination and lessons learned," 29 April 2013.

Ravid, Barak, "State Comptroller Report: Netanyahu Inadequately Heeded IDF Warnings Ahead of Gaza Flotilla Raid," *Haaretz*, June 13, 2012, http://www.haaretz.com/israel-news/state-comptroller-report-netanyahu-inadequately-heeded-idf-warnings-ahead-of-gaza-flotilla-raid-1.436116.

Richardson, James L., "Crisis Management: A Critical Appraisal," in Gilbert R. Winham(ed.), *New Issues in International Crisis Management* (Boulder and London: Westview Press, 1988).

Rizvi, Hasan-Askari, "National Security Council: A debate on institutions and processes for decision-making on security issues," *PILDAT Discussion Paper*, Pakistan Institute of Legislative Development and Transparency, April 2012.

Roberts, Jonathan M., *Decision-Making during International Crises* (London: MacMillan Press, 1988).

Robinson, James A., "Crisis: An Appraisal of Concepts and Theories," in Charles F. Hermann (ed.), *International Crises: Insights from Behavioral Research* (New York: The Free Press, 1972).

Richardson, James L. *Crisis Diplomacy: The Great Powers since the Mid-Nineteenth Century* (Cambridge: Cambridge University Press, 1994).

Rogers, J. Philip, "Crisis Bargaining Codes and Crisis Management," in Alexander L. George (ed.), *Avoiding War: Problems of Crisis Management* (Boulder: Westview Press, 1991).

Rosenthal, Uriel, Michael T. Charles, and Paul 't Hart, *Coping with Crises: The Management of Disasters, Riots and Terrorism* (Springfield: Charles C Thomas Publisher, 1989).

Rosenthal, Uriel, R. Arjen Boin, and Louise K. Comfort, *Managing Crises: Threats Dilemmas, Opportunities* (Springfield: Charles C. Thomas Publisher, LTD, 2001).

Rosenthal, Uriel, "September 11: Public Administration and the Study of Crises and Crisis Management," *Administration & Society*, Vol. 35, No. 2 (May 2003).

Rusten, Lynn and Paul C. Stern, *Crisis Management in the Nuclear Age* (Washington, D.C.: National Academy Press, 1987).

Sagan, Scott D., "Rules of Engagement," in Alexander L. George(ed.), *Avoiding War: Problems of Crisis Management* (Boulder: Westview Press, 1991).

Sasley, Brent E., "The Price Israel Pays for Its Poor National-Security Decision Making," *The Atlantic*, June 10 2013.

Sathe, Chaitanya Arun, "A Case Study on Crisis Management with a Specific Reference to Operation Thunderbolt Executed by Israeli Defense Forces," *SAMVAD: SIBM Pune Research Journal*, Vol X (December 2015).

Schoenberg, Allan L., "What it Mean to Lead During a Crisis: An Exploratory Examination of Crisis Leadership," *Chapter Proposal*, Syracuse University, S.I. Newhouse School of Public Communications (Spring 2004).

Security Service, MI5, "What We Do,"
https://www.mi5.gov.uk/home/about-us/what-we-do.html.

Security Service, "Joint Terrorism Analysis Centre,"
https://www.mi5.gov.uk/home/about-us/who-we-are/organisation/joint-terrorism-analysis-centre.html.

Shuster, David, "9//1 Mystery: What was Flight 93's target?" 9/12/2006, http://www.nbcnews.com/id/14778963/ns/msnbc-hardball_with_chris_matthews/t/mystery-what-was-flight-s-target/#.WUjVDcsUk_w.

Snyder, Glenn H. and Paul Diesing. *Conflict among Nations: Bargaining, Decision Making, and System Structure in International Crises* (Princeton: Princeton University Press, 1977).

Suh, Young-Kil, "The Naval Battle of Yeon Pyung, the West Sea," In My View, *Naval War College Review*, Vol. LIII, No. 2 (Spring 2000).

Taylor, Stan A. and Theodore J. Ralston, "The Role of Intelligence in Crisis Management," in Alexander L. George (ed.), *Avoiding War: Problems of Crisis Management* (Boulder: Westview Press, 1991).

The Association of the United States Army's Institute of Land Warfare, "Reforming the National Security Council for the 21st Century: Integrating Homeland Security and Transnational Threats," *Defense Report*, DR 09-4 (July 2009).

The Knesset, "Operation Entebbe,"
https://www.knesset.gov.il/lexicon/eng/entebbi_eng.htm.

The National Archives, "Terrorism Act 2000,"
http://www.legislation.gov.uk/ukpga/2000/11/contents.

The National Archives, "Anti-Terrorism, Crime and Security Act 2001,"
http://www.legislation.gov.uk/ukpga/2001/24/contents.

The National Archives, "Civil Contingencies Act 2004,"
http://www.legislation.gov.uk/ukpga/2004/36/contents.

The National Archives, "Prevention of Terrorism Act 2005,"
http://www.legislation.gov.uk/ukpga/2005/2/contents.

The National Archives, "Cabinet and its committees,"
http://www.nationalarchives.gov.uk/help-with-your-research/research-guides/cabinet-and-committees/

The National Security Council Act, 5768(2008)
www.nsc.gov.il/NSCWeb/TemplatesEnglish/HomePageEN.aspx.

The Stationery Office, "Report of the Official Account of the Bombings in London on 7th July 2005," 11th May 2006.

The Turkel Commission, "The Public Commission to Examine the Maritime Incident of 31 May 2010," *Report Part One*, January 2011.

The Turkel Commission, "Report of the Public Commission to Examine the Maritime Incident of 31 May 2010 – Part One," *Summary*, January 2011.

The White House, "National Security Council,"
https://www.whitehouse.gov/nsc/.

The White House, National Security Decision Directive Number 3, "Crisis Management," (December 1981).

The White House, Presidential Policy Directive-1, "Organization of the National Security Council System," February 13, 2009.

The White House, Presidential Policy Directive-1, 2009.

The White House, National Security Presidential Directive-1, "Organization of the National Security Council System," February 13, 2001.

The White House Blog, "Inside the Situation Room," (December 18, 2009),

http://www.whitehouse.gov/blog/2009/12/18/inside-situation-room.

The White House, "Combating Terrorism: Presidential Decision Directive 62," *Fact Sheet*, May 22, 1998.

The White House, "The 21st Century Interagency Process," Memorandum (March 18, 2009).

The White House, "Statement by the President on the White House Organization for Homeland Security and Counterterrorism," May 26, 2009.

Tristm, Pierre, "The 1970 Palestinian Hijackers of Three Jets to Jordan,"

http://middleeast.about.com/od/terrorism/a/dawson-field-hijackings.htm.

Tritz, Trina Wolosek, "Crisis Management strategy utilized by the United States Department of Defense following the terrorist attack on America: A case study,".

https://www.uwlax.edu/urc/jur-online/PDF/2002/T_Wolosektritz.pdf.

UN, "Report of the Secretary-General's Panel of Inquiry on the 31 May 2010 Flotilla Incident," September 2011.

UNC/CFC/USFK/EUSA Public Affairs Office, "UN Command and North Korean Generals Discuss Naval Incidents," *News Release*, Release No. 990611.

U.S. Department of State, Office of the Historian, "The Cuban Mission Crisis, October 1962,"
https://history.state.gov/milestones/1961-1968/cuban-missile-crisis

Vasileios P. Karakasis, "Assessing the crisis communication efficiency of the British officials in 7.7.2005," Assignment, MSc in Public Administration, Universiteit Leiden,
https://www.academia.edu/3011491/Assessing_the_crisis_communication_efficiency_of_the_British_officials_in_7.7.2005.

Wagschal, Hiddai, "Public Information in Emergency Crisis Situations," *Innovation Exchange 17*, Ministry of Public Security, 2014.1.11.

Whittaker, Alan G., Shannon A. Brown, Frederick C. Smith, and Elizabeth McKune, "The National Security Policy Process: The National Security Council and Interagency System," *Research Report*, Industrial College of the Armed Forces, National Defense University, Annual Update (August 15, 2011).

Wikipedia, "Shin Bet," http://en.wikipedia.org/wiki/Shin_Bet.

Wikipedia, "National Security Council (Israel),"
https://en.wikipedia.org/wiki/National_Security_Council_(Israel).

Wikipedia, "White House Situation Room," (27 March 2015), http://en.wikipedia.org/wiki/White_House_Situation_Room.

Wikipedia, "Cuban Missile Crisis," https://en.wikipedia.org/wiki/Cuban_Missile_Crisis.

Wikipedia, "September 11 attacks," https://en.wikipedia.org/wiki/September_11_attacks.

Wikipedia, "Operation Entebee," http://en.wikipedia.org/wiki/Operation_Entebbe.

Williams, Louis, Maj. (Res.), "Entebbe Diary," Israel Defense Forces, 16 February 2004.

Williams, Phil, *Crisis Management: Confrontation and Diplomacy in the Nuclear Age* (London: Martin Robertson, 1976).

Williams, Phil, "Crisis Management," John Baylis, Ken Booth, John Garnett, and Phil Williams, *Contemporary Strategy I: Theories and Concepts* (London: Croom Helm, 1987).

Worley, D. Robert, "The National Security Council: Recommendations for the New President," *Presidential Transition Series*, IBM Center for The Business of Government, 2008.

Yesin, Viktor I., "The Cuban Missile Crisis: Debatable Issues, Instructive Lessons," *Paper*, Belfer Center for Science and International Affairs, Harvard Kennedy School, October 16, 2013.

Young, Oran R., *The Intermediaries: Third Parties in International Crisis* (Princeton: Princeton University Press, 1967).